ELOGIOS PARA *MARXISMO ORGÁNICO*

"*Marxismo Orgánico* es un manifiesto lozano, energético y revolucionario. Clayton y Heinzekehr se instalan en una posición combativa contra los aspectos genocidas del proyecto de la modernidad y desarrollan una serie de recursos constructivos extraídos del linaje histórico común existente entre la ecología y la crítica de la economía política. Combinando la filosofía procesual con desarrollos acaecidos en China, hallan soluciones que van más allá de los dualismos coloniales tradicionales (Occidente v/s Oriente) y abren espacios de diálogo de otro modo inimaginables. Todos aquellos interesados en religión y globalización, estudios procesuales, conversaciones interculturales y la crítica proveniente de la ecología política no pueden dejar de leerlo".

Santiago Slabodsky
Profesor asistente de Ética de la Globalización
Claremont School of Theology
autor de *Decolonial Judaism*

"¡Qué trabajo tan inesperado, perturbador e importante! Si daba la impresión de que en Occidente el marxismo yacía abandonado entre unos pocos académicos de izquierda y activistas nostálgicos, los autores lo traen a la palestra con renovados bríos. Ante una disparidad de ingresos obscena y una amenaza climática demencial, nunca había sido tan necesaria la crítica al capitalismo. Pero lejos de retornar a la mecánica reduccionista de la revolución, los autores demuestran cómo injertar al socialismo— que jamás ha sido un sistema estático— en un modelo ecológico de interdependencia dinámica. Si su propuesta tiene alguna posibilidad, es a través de su movilización potencial en China, donde Marx se da por descontado y una civilización ecológica es un ideal declarado".

Catherine Keller
Drew University

"La globalización ha conectado a China y Occidente como una comunidad con un destino compartido. Encarar la crisis ecológica se ha convertido en la meta común del postmodernismo constructivo, la cultura tradicional china y el marxismo. *Marxismo Orgánico* es una guía oportuna para responder a los hechos acuciantes que nos rodean. En contraste con el marxismo deconstructivo, *Marxismo Orgánico* puede ayudarnos no sólo a reinterpretar el marxismo tradicional sino también a reconstruirlo. Este libro entrega una visión profunda a todos aquellos que quieran comprender el desarrollo futuro de China y del mundo".

Qiang Naishe, Senior Editor of *Philosophical Trends*,
Chinese Academy of Social Sciences

"*Marxismo Orgánico* no sólo enriquece el panorama académico de China y Occidente. Jugará un rol importante en la creación de un nuevo tipo de civilización: una civilización ecológica".

Dr. Wang Zhihe, Executive Director,
Institute for the Postmodern Development of China

"En este libro tan tremendamente original y provocativo, Clayton y Heinzekehr nos muestran cómo un marxismo postmoderno orgánico puede integrarse con la filosofía procesual postmoderna y el pensamiento tradicional chino en una cosmovisión que aporte las bases para una respuesta esperanzadora frente al inminente caos climático. La esperanza no consiste en que nuestra civilización pueda repararse; ya es demasiado tarde para eso. La esperanza consiste en que una nueva cosmovisión pueda echar los cimientos de una civilización no sólo nueva sino ecológica".

David Ray Griffin
autor de *Whitehead's Radically Different Postmodern Philosophy*

"En *Marxismo Orgánico* Philip Clayton y Justin Heinzekehr sostienen que el marxismo abarca un rico mundo de ideas y prácticas: una dialéctica de transformación social que incorpora muchas tradiciones vernáculas de diferentes países. Así entonces, se yergue como la gran esperanza para aquellos que buscan liberar al mundo del ímpetu destructivo del capitalismo que amenaza hoy, de modo cada vez más incesante, a la propia vida planetaria. Es un libro inusual y provocador. No se lo pierda".

John Bellamy Foster, editor, *Monthly Review*;
autor de *Marx's Ecology*

"Como una alternativa constructiva frente un mundo que se precipita sin control hacia la destrucción planetaria, Clayton y Heinzekeher nos ofrecen una visión convincente, debidamente contextualizada y de fácil lectura. Entretejiendo marxismo, filosofía procesual y pensamiento chino, ponen de manifiesto la relación fundamental existente entre capitalismo y destrucción medioambiental al igual que la incapacidad del "libre mercado" para valorar en propiedad al planeta y justificar el daño ecológico. *Marxismo Orgánico* debería convertirse en un expediente para todos aquellos que profesan amor por el mundo y lo habitan como si fuese su prójimo".

Timothy Murphy, Executive Director,
Progressive Christians Uniting

"Una resistencia generalizada a desarrollar el rango completo de las opciones intelectuales disponibles ha infligido un severo daño a la imaginación, no sólo en Estados Unidos, sino en el mundo entero. Hace ya demasiado tiempo que la ortodoxia del capitalismo ha suprimido exitosamente las alternativas en todas las áreas de la vida y del pensamiento, religión incluida. Clayton y Heinzekehr encarnan la tendencia contraria al ofrecernos el primer compromiso sólido entre pensamiento procesual y marxismo en conversación con los desafíos y desarrollos cruciales de nuestro tiempo. El énfasis colocado en perspectivas orgánicas, en contraste con soluciones impuestas en abstracto, sienta las bases para futuros compromisos".

Joerg Rieger, Wendland-Cook Professor of Constructive Theology
Perkins School of Theology, Southern Methodist University

"Es el libro que estaba esperando. Quizá usted también. Aguardábamos un libro que fuera claro en sus ejemplos, enraizado en la historia, amplio de ideas, asombroso en su alcance y esperanzador en las posibilidades que proyecta. Habíamos procurado una alternativa al capitalismo que fuera flexible, buena para las personas, las comunidades y el planeta. Habíamos deseado algo que tuviera sentido para gente de los más diversos ámbitos sociales: académicos, poetas, campesinos y, ¿por qué no? hombres de negocios. ¿Quién habría pensado que esa alternativa llevaría el nombre de *Marxismo Orgánico*? ¿Quién habría soñado que podría otorgar esperanzas a China y otras partes del mundo, Estados Unidos inclusive? No deje que la palabra "Marx" lo asuste. Se comprometerá desde el comienzo y querrá, como yo, unirse a la gran obra de ayudar a construir comunidades locales que sean creativas, compasivas, participativas y variadas, sin excluir a nadie. Philip Clayton y Justin Heinzekehr nos han dado el armazón y el trampolín para que hagamos nuestra parte sirviendo al Bien Común".

Jay McDaniel, Willis Professor, Hendrix College

MARXISMO ORGÁNICO

MARXISMO ORGÁNICO

*Una alternativa al capitalismo
y a la catástrofe ecológica*

Philip Clayton
& Justin Heinzekehr

Presentación de John B. Cobb, Jr.
Presentación a la edición española de
Xavier Garcia-Raffi y Tobies Grimaltos
Traducción de Gorgias Romero García

ANOKA, MINNESOTA 2016

Marxismo Orgánico: Una alternativa al capitalismo y a la catástrofe ecológica

© 2016 Process Century Press

Los libros de Process Century Press se publican en asociación con International Process Network. Todos los derechos reservados. Excepto para citas breves en publicaciones y revistas críticas autorizadas, ninguna parte de este libro puede ser reproducida, en manera alguna, sin permiso previo del editor.

Publicado originalmente como *Organic Marxism: An Alternative to Capitlaism and Ecological Catastophe*. © Process Century Press, 2014

Process Century Press
RiverHouse LLC
802 River Lane, Anoka, MN 55303

XAVIER GARCÍA- RAFFI, Doctor en Filosofía, Profesor en las Universidades de Palma de Mallorca y València, especialista en las áreas de investigación de Epistemología e Historia de la Filosofía. De sus libros destacamos *Alfred North Whitehead: Un metafísico atípico* (2003) y *La teoría de la relatividad y los orígenes del Positivismo Lógico* (2011).

TOBIES GRIMALTOS es catedrático de filosofía en la Universitat de València. Sus temas abarcan el problema del escepticismo, la naturaleza y definición del conocimiento. Es autor junto con J. L. Blasco de *Teoría del conocimiento* (2004). De sus libros destacamos *El juego de pensar: un emocionante paseo por los grandes temas filosóficos* (2000) y *Vista Parcial* (2014).

GORGIAS ROMERO GARCÍA, Bachiller, Licenciado y Doctor en filosofía de la Pontificia Universidad Católica de Chile habilitado con la tesis *Whitehead y Husserl: dos formas de empirismo radical. Nexos con William James* (2012) que fuera examinada por los profesores Xavier García- Raffi y Tobies Grimaltos de la Universidad de Valencia.

Serie Hacia una Civilización Ecológica
Editora, Jeanyne B. Slettom

ISBN 978-1-940447-22-3
Publicado originalmente en 2014
Impreso en los Estados Unidos de América

ÍNDICE

Preámbulo a la serie: hacia una civilización ecológica, i
Presentación a la edición española de Xavier Garcia-Raffi y Tobies Grimaltos, iii
Presentación de John B. Cobb, Jr., xi
Palabras del traductor, Gorgias Romero García, xv
Prefacio, xvii

I ¿POR QUÉ MARXISMO?

1. PROPONIENDO UN MARXISMO ORGÁNICO, 1

    Políticas socioeconómicas marxistas después del "marxismo industrial", 4
    Marxismo Orgánico y "civilización ecológica", 7
    Marxismo chino contemporáneo, 8
    Conclusión: nuevos recursos conceptuales, 10

2. ¿POR QUÉ NO CAPITALISMO? ORÍGENES HISTÓRICOS, 13

    Definiendo al capitalismo, 14
    El ideal del Estado: una historia breve, 16
    El nacimiento del capitalismo, 20
    La "mano invisible" del capitalismo, 25
    Conclusión, 28

3. ¿POR QUÉ NO CAPITALISMO? LAS ACTUALES
   PRÁCTICAS Y SUS CONSECUENCIAS, 31

   Las formas pura e impura de capitalismo, 31
   Ejemplos de capitalismo puro, 32
   Capitalismo, darwinismo social y religión, 36
   Las consecuencias del capitalismo, 41
   Conclusión, 43

   II. DEL MARXISMO MODERNO AL MARXISMO POSTMODERNO

4. MARXISMO EN LA ERA INDUSTRIAL Y MARXISMO ORGÁNICO, 45

   "El poder corrompe...", 47
   Los supuestos de la modernidad que Marx asumió, 49
   Marxismo Orgánico postmoderno, 57

5. DEL MARXISMO ALEMÁN AL MARXISMO
   CULTURALMENTE ENGASTADO, 63

   Muchos marxismos, 63
   El marxismo en Rusia, 65
   El marxismo en China, el pensamiento de Mao Tse Tung, 68
   El marxismo chino hoy, 72

6. POSMODERNISMO DECONSTRUCTIVO Y MARXISMO CRÍTICO, 75

   Jacques Derrida, 75
   Slavoj Žižek, 79
   David Harvey, 82
   Conclusión, 85

7. REPENSANDO LA LIBERTAD Y LOS DERECHOS
   HUMANOS DESPUÉS DEL LIBERALISMO, 89

   Libertad, 91
      Libertad frente a la coacción, 92
      Libertad para la comunidad, 97
   Derechos humanos, 99
      Derechos azules, 101

Derechos rojos y verdes, 103
Conclusión, 107

8. DEMOCRACIA Y JUSTICIA: UNA PERSPECTIVA POST-LIBERAL, 109

Democracia, 110
   Democracia al servicio del mercado, 110
   Una Aclaración terminológica crucial, 112
   ¿Basta con la social democracia europea?, 114
Marxismo Orgánico para el Bien Común, 115
Justicia, 118
Conclusión, 124

III. MARXISMO ORGÁNICO

9. MARXISMO Y CIENCIAS ECOLÓGICAS: LA CIENCIA
   DE LOS SISTEMAS ORGÁNICOS, 129

   Conocimiento orgánico y contextualizado, 129
   Las ciencias de los sistemas interconectados, 132
   Más allá del mecanismo: la nueva ciencia de los organismos, 135
   Conclusión, 139

10. MARXISMO ORGÁNICO, FILOSOFÍA PROCESUAL
    Y PENSAMIENTO CHINO, 143

    El Marxismo Orgánico como un marxismo abierto, 143
    Marx y Whitehead, 145
    ¿Qué es el pensamiento procesual?, 148
    Pensamiento procesual chino, 154
    Conclusión, 158

11. REPENSANDO EL MARXISMO EN UN
TIEMPO DE CRISIS ECOLÓGICA, 161

    Marx, marxismo y ecología, 162
    ¿Marx el ambientalista?, 164
    Marxismo Orgánico: con Marx más allá de Marx, 167
    Conclusión, 170

12. LA ECOLOGÍA DEL MARXISMO ORGÁNICO, 175

  Haciendo trizas el mito del crecimiento ilimitado, 175
  Buscando un cambio en la civilización: la filosofía del organismo, 177
  Manifiesto del Marxismo Orgánico, 182
  Conclusiones, 186

13. LA PRAXIS DEL MARXISMO ORGÁNICO, 189

  Principios rectores, 191
  Directrices políticas, 195
  Las prácticas del Marxismo Orgánico, 199

14. ¿CÓMO SE VE UNA CIVILIZACIÓN ECOLÓGICA?, 207

  ¿Por qué creemos en la posibilidad de un cambio político?, 207
  Nunca es demasiado tarde, 209
  ¿Cómo se ve una civilización ecológica?, 210
  Marxismo Orgánico: una tercera vía, 213
  Conclusiones finales, 219

Notas, 223

PREÁMBULO A LA SERIE: HACIA UNA CIVILIZACIÓN ECOLÓGICA

Estamos viviendo el final de una era. Sin embargo, el fin del período moderno es distinto al de etapas anteriores como la clásica o la medieval. Los impresionantes logros de la modernidad hacen posible, e incluso verosímil, que su final sea el de la civilización, el de muchas especies, e incluso de la especie humana. Al mismo tiempo, estamos presenciando una era de nuevos comienzos que auguran una civilización ecológica cuya manifestación se halla marcada por una sensación creciente de urgencia y una honda conciencia de que el cambio debe ir a las raíces de lo que ha llevado a esta inminente amenaza de catástrofe.

En Junio de 2015, tuvo lugar en Claremont, CA. la 10ª Conferencia Internacional Whitehead. Su título, "Tomando una alternativa: Hacia una Civilización Ecológica", indica que necesitamos una conceptualización orgánica, relacional, integrada, no dual y procesual, y que es Alfred North Whitehead quien la provee de una manera singularmente abarcadora y rigurosa. Es más, sostenemos que él puede ser "el filósofo de la civilización ecológica". Con la ayuda de quienes han llegado a una visión ecológica por otras vías, la Conferencia exploró esta alternativa whiteheadiana mostrando que es suficientemente avanzada como para ofrecer esa visión compartida que con tanta urgencia necesitamos.

La tesis que subyace a este esfuerzo es que la investigación académica contemporánea está todavía presa de la visión de la naturaleza del siglo XVII articulada por Descartes y reforzada por Kant. A menos que liberemos nuestras mentes de esa comprensión del mundo objetivante y reduccionista, es poco probable que podamos dirigir nuestras acciones con sensatez para responder a la crisis a que nos ha llevado esa tradición. Es obvio que se requiere más que una mera conferencia para hacer realidad la ambiciosa meta de reemplazar los actuales patrones dominantes de pensamiento por otros que nos conduzcan hacia una civilización ecológica. Por fortuna, se está desarrollando una plataforma que incluye a la Conferencia y se proyecta más allá: *Pando Populus*, en honor de un bosque de álamos que es el organismo más grande y viejo del mundo. http://www.pandopopulus.com/

Como preparación para la Conferencia, y en apoyo de la iniciativa más amplia de *Pando Populus*, hemos comenzado la publicación de esta serie, llamada con toda propiedad "Hacia una Civilización Ecológica".

John B. Cobb, Jr

PRESENTACIÓN A LA EDICIÓN ESPAÑOLA

Xavier Garcia-Raffi

Tobies Grimaltos

Este libro habla del ocaso de una civilización y, quizás, del de un planeta, y las opciones para evitarlo. Esas ruinas de ciudades espléndidas abandonadas en la selva, esos magníficos edificios a los que poco a poco devoran las lianas, esas calles por las que parece que hace nada paseaban personas comprando, trabajando, visitando a parientes y amigos, encierran una advertencia para toda civilización: sufrieron un colapso, un cataclismo súbito.

Para sus habitantes su mundo era sólido, pero un día se desvaneció no por una catástrofe natural sino por sus propias contradicciones sociales y por problemas medioambientales ¿Sufrirá el mismo destino nuestra civilización? ¿Las contradicciones del sistema económico en el que vivimos, el capitalismo, provocarán también su colapso? ¿Estará acompañado por la destrucción de nuestro entorno natural hasta el punto que la Tierra, el hogar del ser humano, será inhabitable? Y si la respuesta a estas preguntas es afirmativa, ¿qué cambios económicos, políticos y culturales deberían producirse para evitar este final? El libro Marxismo orgánico quiere ofrecer una alternativa global que construya una sociedad mejor y evite el riesgo del apocalipsis. Su propuesta gira en torno a un sistema que históricamente ha sido la única opción al capitalismo: el marxismo.

Una nueva lectura del marxismo podría servir de base de una civilización ecológica que no sacrificaría la Naturaleza en el altar de la producción industrial ni del consumismo sin control, pero que mantendría unos buenos niveles de bienestar social en los ciudadanos: niveles que están en erosión acelerada por la tendencia del capitalismo a incrementar la desigualdad social y destruir las clases medias. El capitalismo es un sistema planetario tras el derrumbe del antiguo bloque socialista. No hay nada que se oponga a su lógica pese a que es necesario, y cada vez más urgente, que aparezca una alternativa racional y creíble que frene su marcha imparable hacia el desastre. Es este el papel que debería desempeñar el marxismo orgánico, una denominación que busca apartar a esta nueva lectura del marxismo del pesado fardo del socialismo real de la era soviética, un experimento social fracasado y con unos costes humanos inasumibles.

El libro gira por tanto en torno a dos polos bien diferenciados: el primero, sería examinar el capitalismo y su lógica para justificar que su supervivencia no es posible, que ha alcanzado un punto de no retorno, en especial por su gestión disparatada del entorno natural. Señalan los autores que «el dictamen es claro: la "economía del crecimiento" se ha encontrado con un límite absoluto a su propio crecimiento: los límites planetarios».

El examen del capitalismo abarca a su ideología subyacente. Los mitos justificativos del acaparamiento de la riqueza, mitos fundantes de la legitimidad del capitalismo, son analizados, en especial la creencia de que el destino de los individuos está marcado por sus capacidades y el trabajo duro. La inteligencia reforzada por una educación superior sería, según esta mitología, la base de la riqueza y garantía del triunfo de los mejores, como subraya el darwinismo social. Pero, en realidad, el elemento esencial del triunfo económico está en la riqueza acumulada, en la pertenencia a una dinastía, todavía más cuando los contactos y acuerdos en la sombra son esenciales para el rápido enriquecimiento unido a casos sonados de corrupción, lo que se ha denominado "capitalismo golfo o de amigotes". Pese a la extensión de esta sospecha entre la población, cada vez más y más personas participan del "capitalismo por defecto", un afortunado concepto con el que los autores designan a los individuos que conociendo que el sistema no funciona se ven obligados a colaborar con él por ausencia de alternativas.

El segundo polo de análisis sería justificar la lectura de Marx acuñada como marxismo orgánico. El marxismo orgánico no propone ningún tipo de revolución violenta, más bien el control de la evolución de la sociedad para beneficiar a la mayoría. Conservaría el ideal histórico de un Estado capaz de guiarse por el bien común y defender a los ciudadanos de la depredación de las multinacionales que han minado las políticas sociales y fiscales. Además, evitaría caer en los excesos socializadores del pasado garantizando la libertad de los individuos pero limitando los efectos de la "mano invisible" de Adam Smith que provocan inevitablemente que la riqueza acabe en cada vez menos manos. Por tanto, respetaría los derechos de los individuos y los mecanismos básicos del mercado— pero sin consentir el egoísmo sin límites del neoliberalismo—, mantendría el marxismo orgánico unos niveles crecientes de igualdad social garantizando los grandes servicios sociales, ofrecería un nivel de consumo racional —evitando la obsolescencia programada, el usar y tirar— y, el punto esencial, recuperaría el medio natural evitando su deterioro continuado.

El marxismo orgánico quiere también evitar los efectos del modelo único. Frente a los intentos uniformizadores del pasado que ajustaban las sociedades a un marxismo eurocéntrico, este nuevo marxismo se adaptaría a distintos patrones culturales, considerando esas diferencias una muestra de la riqueza y creatividad de las sociedades. En esta adaptación cultural subyace la esperanza de los autores de una evolución positiva de China que, de producirse, supondría un cambio radical en el camino hacia el desastre. La cultura china estaría más próxima a la filosofía de Whitehead, base del marxismo orgánico y su elemento teórico más poderoso.

El cambio de la base filosófica del marxismo por la filosofía de Whitehead supondría librar al marxismo de su lastre más pesado: el materialismo decimonónico, que sería sustituido por una filosofía —la filosofía procesal de Whitehead— más acorde con la compleja imagen de la realidad surgida de la teoría de la relatividad y de la física quántica. Además, esta nueva filosofía es capaz de englobar la actividad humana en un enfoque global de la Naturaleza en la que — defiende Whitehead—, existen fines y la vinculación entre los procesos produce armonía. La separación entre la perspectiva del humanismo y de la ciencia se desvanece en una visión unitaria de la realidad capaz de soportar elementos axiológicos, incluso teológicos. Caería así en el olvido la imagen del universo como un mero conjunto mecánico de ruedas y pesas, un gigantesco reloj. El materialismo, tal y como explicaba en *Science and the Modern World* (1925), no debe sobrevivir a su propia decadencia científica.

Alfred North Whitehead fue un brillante matemático, conocedor profundo de las novedades científicas traídas a la física por el cambio del paradigma newtoniano por el relativista. Su filosofía debe ser entendida en el sentido originario que Aristóteles dio a la palabra metafísica: la justificación de la realidad por la universalización de conceptos surgidos de la investigación científica. No hay en la filosofía de Whitehead un discurso filosófico banal, una nueva jerga de palabras altisonantes; al contrario, su complejidad tiene como base lo que la ciencia ha revelado del mundo que nos rodea y que el sentido común ignora: la mesa en la que me apoyo es básicamente vacío en el que los átomos mantienen su aparente solidez gracias a fuerzas electromagnéticas poderosas. La solidez de los objetos físicos es en realidad fruto de la persistencia de una estructura observable a través de periodos de emisión de energía en el campo electromagnético. No existe ninguna entidad aislada en la Naturaleza porque si una característica esencial tiene el campo electromagnético— para Whitehead el medio ambiente en este momento de desarrollo de la Naturaleza— es la conexión e influencia mutua de las entidades por la transmisión de sus propiedades. En su obra maestra *Process and Reality. An Essay in Cosmology* (1929), el mundo físico que nos rodea en este momento no es sino una concreción de la evolución de la Naturaleza, una fase de su desarrollo. Hemos de aceptar que no existe esa realidad estática y separable en elementos aislados en la que vivió cómodamente el materialismo, sino que lo que existe es una evolución global llevada a cabo por sociedades de individuos —organismos— interconectados.

La definición de organismo sería opuesta a la de sustancia: no es algo estático, es un sujeto que se constituye a sí mismo en una evolución compartida. La filosofía procesal de Whitehead intenta mantener de esta manera un equilibrio entre cambio y permanencia que evite ver la realidad como algo fosilizado pero sin tener que pagar el precio de caer en el escepticismo de que todo cambia. La evolución sigue unos patrones que pueden ser conocidos y produce unos resultados predecibles. La ciencia no debe renunciar a comprender esa realidad dinámica por la aparente seguridad ofrecida por la falsa imagen congelada del mundo del materialismo.

La filosofía procesal de Whitehead se postula en el libro como una base para el marxismo superior a la estructura dialéctica heredada de Hegel (la triada tesis-antítesis-síntesis que el lector habrá visto más de una vez, aunque para ser justos es una simplificación abusiva), válida para explicar cualquier cosa y sin respaldo científico convincente para su justificación del cambio. Un marxismo orgánico tendría —esa es la esperanza de los autores— una base filosófica superior al viejo materialismo dialéctico o aplicación de las categorías dialécticas a la realidad material que hizo Marx y que condenaba al marxismo a estar anclado a un sistema conceptual sobrepasado por la ciencia y simplista en su capacidad explicativa.

Más allá de esta nueva base filosófica, las características del marxismo orgánico son resultado de la influencia de la tradición crítica marxista que se desarrolló con intensidad en el siglo pasado a consecuencia de los acontecimientos del Mayo francés y la oposición al dogmatismo de los partidos comunistas europeos; complementada posteriormente con la reflexión de la Escuela de Frankfurt sobre el cambio social en las sociedades de capitalismo avanzado y el trabajo de los filósofos postmodernos. En un capítulo brillante, el libro expone las versiones postmodernistas del marxismo de Jacques Derrida, David Harvey y Slavoj Žižek.

Las características que el marxismo orgánico, como filosofía postmoderna, aceptaría en contra de la interpretación clásica del marxismo serían: la historia no es determinista ni un proceso lineal, el optimismo histórico del marxismo carece de base, debe reducirse el peso del análisis económico añadiendo la capacidad transformadora de los elementos culturales y, por último, que los factores ecológicos son tan importantes como los sociales a la hora de organizar una sociedad mejor.

Desde el punto de vista teórico hay, no obstante, dos puntos que pueden generar controversia en esta visión postmoderna del materialismo dialéctico que defiende el marxismo orgánico, contra las —así se juzgan— rígidas lecturas clásicas. El primero, sería la concepción de que los valores religiosos, como parte de los elementos culturales, deben ser parte de las soluciones transformadoras que proponga el marxismo orgánico. El marxismo es hijo de la Ilustración y aunque ya no sea aceptable el ateísmo radical que defendió —sintetizado en la famosa frase de que la religión es el opio del pueblo—, y haya habido ejemplos de colaboraciones fructíferas entre marxismo y cristianismo como la teología de la liberación, la defensa de un laicismo estatal que limite el influjo de la religión fuera de las conciencias de los individuos debe ser un elemento irrenunciable de la praxis marxista. Las religiones son sistemas de creencias protegidos por el dogma, no revisables; su influencia social socavaría los principios democráticos, hijos de la Revolución Francesa, basados en el concepto religiosamente neutral de ciudadanía.

El segundo punto es de mayor calado porque, en la defensa de la importancia de los elementos culturales como aliados para cambiar la sociedad y marcos de referencia a los que el marxismo debe adaptarse y no al revés, se afirma que la distinción entre infraestructura y superestructura está fuera de lugar. Las ideas son agentes de cambio histórico y no un producto de la infraestructura. Marx pecó de reduccionismo: «En el afán de evitar la tesis hegeliana de que el Espíritu Absoluto es la fuerza real causal de la historia, uno les niega a las ideas cualquier efecto causal directo. Así, las ideas y las ideologías pasan a meramente una "superestructura" que no tiene influencia real en la historia: la historia dialéctica de la producción y del capital determina, por sí sola, el flujo de los asuntos humanos.»

Esta concesión al idealismo del marxismo orgánico es difícil de compaginar con el marxismo que, si en algo ha tenido un éxito notable, es en su análisis de las estructuras ideológicas de las sociedades desvelando las razones materiales que las justifican. Una tendencia especialmente fructífera con movimientos antropológicos tan interesantes como el materialismo cultural. Es cierto que no existe la conexión mecánica que justificaba la estructura ideológica de la sociedad como un mero subproducto de su estructura económica, pero es posible mantener la creatividad y capacidad causal de las ideas de los seres humanos sin aceptar que las ideas descienden del cielo. Los individuos son valiosos, sus ideas deben ser valoradas como fruto de sus esfuerzos, pero no pueden aparecer sin conexión a las condiciones materiales en las que son producidas.

La relevancia de los puntos teóricos destacados resalta la importancia teórica del libro que con habilidad ha reunido un gran conjunto de tópicos en un esquema bien organizado con el fin último de propiciar una discusión política de altura. Es especialmente sano y esclarecedor contar con un material de referencia completo, aunque sea para disentir en parte y acordar en muchas más. La presión de los media mantienen los prejuicios usuales contra el marxismo, una palabra que produce un rechazo automático, mientras que protegen los tópicos del liberalismo de cualquier crítica con acusaciones inmediatas de intromisión en las decisiones personales y ataque a la libertad. El establecimiento de una jerarquía de derechos, marcar los límites de la Justicia, clarificar el significado de democracia y su distorsión en las democracias actuales, ajustar cuentas con la protección solapada que de los derechos de los propietarios efectúa Fukuyama al proclamar "el fin de la historia" y la democracia liberal como un sistema político final e irremplazable, son algunos de los ítems que el lector encontrará especialmente valiosos en el libro para orientarse en el panorama político.

Pero es la llamada a tomar decisiones, no dejarse arrastrar por la inercia y pronunciar un sonoro "no" contra la destrucción del medio ambiente, el motivo más fuerte para leer con pasión y comentar con intensidad las propuestas del libro en el completo apartado dedicado a exponer el programa de sociedad ecológica del marxismo orgánico. En un orden bien tramado, los autores presentan las conexiones entre marxismo y ecología, exponen los principios ecológicos que guiarían al marxismo orgánico, acuñan los lemas de un manifiesto — entre cuyos puntos brilla la afirmación de que los costes del calentamiento global, pese a ser universales, no serán democráticos y afectarán fundamentalmente a las poblaciones más desprotegidas y clases sociales bajas— y ofrecen soluciones políticas específicas. Hay un propósito deliberado de evitar la acusación de utopía o ingenuidad, un libro de unos intelectuales que viven en las alturas. A semejanza del Manifiesto de Marx, hay una detallada exposición de los principios rectores, directrices políticas y prácticas del marxismo orgánico. Entre estas prácticas destacan tres: la necesidad de una agricultura sostenible, el control de la banca —responsable de una crisis financiera sin precedentes— para que ofrezca créditos útiles para la creación de trabajo y la defensa de la comunidad local en contra de la globalización. De ellas, llama poderosamente la atención la defensa de la comunidad local como el marco más adecuado para fomentar la vida buena. La proximidad de los individuos que colaboran, se auxilian, trabajan juntos y gestionan sus recursos democráticamente sería un elemento clave en el freno de la tendencia a la centralización en centros remotos de poder que no benefician sino a una minoría. De sólido prestigio en la sociedad norteamericana, este canto a las virtudes de las comunidades como generadoras de riqueza y genuino bienestar —que no hubiera desagradado a Thomas Jefferson— nos recuerda nuestra responsabilidad como individuos en la tarea de proteger el futuro de la humanidad.

No queda sino resaltar la traducción del doctor Gorgias Romero García, que ha tratado de hacer lo más ágil y accesible posible un texto que, gracias a su esfuerzo, ofrece una lectura fluida y cómoda. Su entusiasmo por poner a disposición del público hispano un texto como el que tienes, lector, entre las manos, consciente de su importancia para aclarar el momento de crisis en el que se encuentra nuestra civilización, debe ser correspondido con una lectura atenta.

Xavier Garcia-Raffi
Tobies Grimaltos
Universitat de València

PRESENTACIÓN
John B. Cobb, Jr.

Éste es un libro asombroso. Muchas de sus buenas ideas se hallan en otras partes, pero aquí están todas reunidas bajo una nueva forma de "marxismo". Uno habría pensado que esa era la peor manera de atraer interés y conseguir apoyo en Estados Unidos. Pero a medida uno lee, afloran las razones. Lo que se necesita ahora es diferente a cualquier forma pasada de sociedad. Pero no se trata de una revisión del capitalismo, la ideología dominante actual. Ése sería justamente el punto de partida equivocado. La crítica al capitalismo que se despliega en estas páginas no se dirige a algunos de sus modos de operar sino a su naturaleza y metas más fundamentales. En esta crítica, los autores edifican sobre el pensamiento de Marx porque ya no es posible rescatar al capitalismo mediante reformas.

Los errores del marxismo, y que derivan más o menos del propio Marx, han sido graves y están a la vista. El marxismo, en sus formas leninista y estalinista, no funcionó y jamás lo hará. Éste es un hecho patente. Pero los supuestos y propósitos básicos de Marx no quedaron por ello invalidados. Alcanzar hoy una sociedad sana y sustentable es hacer realidad las metas de Marx. Y es por eso que este libro invoca una nueva forma de marxismo.

Hoy, cada vez más gente reconoce que el capitalismo global se está destruyendo a sí mismo y, en ese proceso, dejando inhabitable al planeta. Es hora de volver la espalda a los esfuerzos por modificarlo y, al contrario, procurar un nuevo punto de partida. Quizá ya estamos en condiciones de superar los prejuicios que nos han inculcado y podamos reconocer que es Marx quien nos ofrece ese nuevo punto de partida.

En mucha mayor medida que los académicos norteamericanos e ingleses, son los intelectuales europeos los que han intentado actualizar a Marx y hacer un uso positivo de él. En dicho continente se cuenta con una abundante literatura que propone nuevas formas de marxismo que están, según sus autores, libres de los errores que condujeron a la desaparición de los principales partidos políticos marxistas. Muy a menudo, sin embargo, aquellos que han escrito seriamente tratan al marxismo como un estímulo para la crítica, pero no como una opción real. Unos cuantos marxistas norteamericanos han mostrado que un marxismo ecológico puede tener sus bases en Marx, lo cual es importante, fuera de toda duda. Pero este libro va mucho más allá. Uno desearía que se convirtiera en la base de una discusión vigorosa acerca de esta alternativa radical frente al capitalismo.

Tanto los pensadores capitalistas como los marxistas se presentan a sí mismos como científicos. La ciencia que toman como modelo, sin embargo, es la llamada "moderna", cuando es un hecho que el propio avance de la ciencia la ha dejado atrás. Sus hallazgos han hecho estallar los límites de la modernidad y reclaman una reconceptualización radical de la naturaleza de la realidad. En los modelos contemporáneos, la noción de "organismo" ha reemplazado a la de "mecanismo". El marxismo necesita basarse en la ciencia contemporánea postmoderna en vez de apoyarse en una concepción moderna obsoleta. Y de allí la exigencia de un marxismo "orgánico". Una consecuencia clara de este libro es que, al contrario del capitalismo que está inherentemente adherido a modelos anticuados, el marxismo puede hacer este desplazamiento.

Este trabajo será mucho más fácilmente acogido en China que en Estados Unidos. En efecto, China no está tratando de implementar ninguna forma pasada de marxismo. Conoce perfectamente los problemas después de su dolorosa experiencia, pero no ha abandonado al marxismo y algunas líneas de desarrollo que sugiere este texto, están siendo ya consideradas de modo disperso. Disponer de una exposición coherente acerca de la forma que el marxismo podría tomar en China sería algo muy bien recibido como contribución directa a la discusión actual que mantienen allá los líderes políticos y los intelectuales. Unir esos esfuerzos con la comprensión ofrecida aquí podría ser de importancia histórica para China, y lo que sucede en China tiene importancia histórica para el mundo.

Pese a que los autores proponen prácticas y políticas específicas para implementar un Marxismo Orgánico, no promocionan un conjunto único de prácticas para todas las culturas y gobiernos, desde el momento es que eso es una sólida consecuencia de la concepción que proponen. El Marxismo Orgánico demanda una economía que crece orgánicamente a partir de la situación cultural y económica del caso. Respecto de China en particular, los autores reconocen carecer del conocimiento detallado necesario para impulsar políticas específicas. Son los chinos, a lo largo de su vasta tierra, los mejores calificados para ello. Sólo el conocimiento de las situaciones específicas puede bastar para identificar cuáles deberían ser los siguientes pasos a seguir. El Marxismo Orgánico no pretende imponer soluciones desde fuera a ningún país. Al contrario, intenta facultar a quienes estén en las mejores condiciones de tomar las decisiones respectivas. No obstante, es posible hacer sugerencias desde fuera para estimular el pensamiento de aquellos involucrados con su país. Muchas de ellas se encuentran en este libro.

Yo mismo, partiendo del Marxismo Orgánico, podría desplegar una crítica vehemente acerca de lo que se ha hecho en China durante las últimas dos décadas. En efecto, la crítica de aquél al capitalismo es severa, y China le ha abierto las puertas de par en par. Y si bien es cierto que eso le ha permitido a su economía crecer a una velocidad pasmosa, ha creado al mismo tiempo falsas expectativas que apenas puede controlar: ha prestado oídos a los consejos de capitalistas expertos de los Estados Unidos, pero ha sido incapaz de ofrecer una crítica marxista de peso a los supuestos capitalistas de aquellas recomendaciones y ha copiado el modelo norteamericano de la investigación universitaria avalórica para preparar a los futuros líderes capitalistas de China. Sin embargo, creo que todavía está a tiempo de recapacitar acerca de esta zambullida en los brazos del capitalismo global, pero no será fácil. Este libro podría ser un importante aliado para esa resistencia.

Espero que la descripción que se hace en estas páginas de una nueva forma de marxismo que crece de forma auténtica al margen de las propias tradiciones chinas le ayude a ese país a cambiar de curso ¡Y que sea luego! Por el contrario, las posibilidades de un giro serio al socialismo en los países de Europa y Norteamérica, son remotas. Pero uno podría esperar que este libro, aparejado a la conciencia creciente de lo que el capitalismo inflige al 99 % de la población y a los ecosistemas del planeta, tuviese incluso aquí en los Estados Unidos algún efecto retardando esta precipitada carrera hacia la destrucción global.

John B. Cobb, Jr.
Claremont, California

PALABRAS DEL TRADUCTOR

Gorgias Romero García

La intención que los autores expresan en el *Prefacio* define el marco general de esta traducción: "Hemos escrito este libro no sólo para académicos, sino primariamente para quienes diseñan políticas, líderes de gobierno y público en general". Así pues, hemos tratado de suavizar tecnicismos, pulir durezas, agrupar frases y evitar repeticiones en aras una lectura fluida. Como el lector verá, no siempre se pudo, pero ha sido nuestro propósito. Al interior de ese marco hemos introducido algunos cambios *de forma* y hemos tomado decisiones respecto al *contenido* de la traducción de ciertos términos.

En cuanto a la forma. En relación a las citas: (i) en el original, se hacen citas en el *corpus* y en las notas, nosotros hemos trasladado todas las citas que en el original están en las notas al *corpus* del texto; (ii) hemos uniformado el criterio para citar ocupando en todos los casos letra más pequeña y sin comillas. Nos hemos tomado la libertad de agregar numeraciones del tipo (i), (ii), (iii), etc., viñetas y agrupaciones de párrafos con fines aclaratorios y de concisión. Cuando se usa metalenguaje, hemos puesto entre comillas el término del caso. Por cruciales y transversales que son, hemos mantenido dos expresiones con mayúscula en todo el texto: "Marxismo Orgánico" y "Bien Común".

En cuando al contenido. Ante todo, la decisión que hemos tomado frente a dos parejas de términos: "liberal/libertarian" y "freedom from/ freedom for". En el primer caso, si bien es cierto no sería problema para un académico o cientista político, para el gran público no es clara la relación directa entre "libertarian" y "neoliberal", así que, para prevenir malentendidos, hemos traducido "libertarian" como "libertario o neoliberal". Insistiendo en ello, nos hemos tomado la libertad de agregar en el cap. 8 el acápite *Una Aclaración terminológica crucial*. En el segundo caso, hemos traducido ambos términos cómo "verse libre de" y "ser libre para" respectivamente. El término "embedded" lo hemos traducido como "engastado", de "engastar": Encajar firmemente una cosa en otra, especialmente una perla o una piedra preciosa en un metal. "Value-free", que indica una supuesta enseñanza o posición "libre" o exenta de valores, se ha traducido como "avalórico". En las referencias hechas al Islam hemos traducido "God" por "Alá". Cuando hemos agregado notas o referencias hemos siempre indicado (n. del t.) o (t.) según el caso. Cada vez que una nota indica "cursivas añadidas", pertenece a los autores. Igualmente se han mantenido las palabras alemanas que se incluyen en el original. Todas las citas han sido traducidas excepto cuando se trata de textos de sobra conocidos o clásicos, cuya fuente electrónica se ha indicado en consecuencia. Del mismo modo, se ha tratado siempre de indicar si hay traducción castellana de algún texto utilizado por los autores.

No me queda más que agradecer todo el apoyo recibido por el equipo de Process Century Press, autores incluidos, y, muy especialmente, la desinteresada y pronta disposición mostrada por los profesores Xavier García-Raffi y Tobies Grimaltos para escribir tan magnífica presentación.

Gorgias Romero García

PREFACIO

"¿Por qué Marx?", nos preguntan muchos compatriotas. Nuestros amigos chinos nunca nos hacen esta pregunta. Ellos saben que el marxismo está escrito en la Constitución china. Puede que la filosofía que gobierne a China en los años venideros luzca muy diferente a la filosofía socialista que Karl Marx formuló casi doscientos años atrás, pero todavía se llamará marxismo.

Para la mayoría de los norteamericanos las cosas se ven distintas y suelen responder: "Pero Occidente ya probó con el marxismo, varias veces y de diversos modos, y falló. ¿Por qué siguen pensando que es una opción viable?". Buena pregunta. Pero aunque los norteamericanos saben que el comunismo de Rusia y China deriva de Marx, muy pocos lo han leído seriamente y están convencidos de que socialismo y comunismo son idénticos y han escuchado durante décadas que ambos son malos. En términos burdos, se les ha enseñado a que esas palabras significan que el Estado es dueño de todo, que no hay propiedad privada, ni libre mercado, ni derechos humanos. Los intentos por implementar el socialismo o el comunismo han dejado en claro, así lo creen la mayoría de los norteamericanos, que la teoría es falsa.

Sostenemos que esos juicios están errados, y vamos a ofrecer una alternativa en las páginas siguientes. Pongamos sobre la mesa, de entrada, nuestras tesis principales:

- Es urgente que todo el mundo reconozca la situación que enfrenta ahora la raza humana y que demos pasos para implementar soluciones.
- El capitalismo, en tanto sistema social y económico, ha creado injusticias masivas y ha devastado el medioambiente global.
- Hay alternativas reales al capitalismo. Sostendremos que, de lejos, es preferible un sistema híbrido que limite las fuerzas del mercado en el contexto de comunidades socialistas estructuradas para el Bien Común.
- Es inevitable que el cambio climático global produzca un colapso económico y social en muchas partes del planeta.
- Es posible que desde el polvo de ese colapso pueda surgir una nueva civilización ecológica.
- Es mucho mejor para la humanidad y el planeta que actuemos ahora en vez de aguardar a que nos golpee la calamidad con toda su fuerza.

En el proceso de catalogar los problemas y avanzar a sus soluciones, puede y debe jugar un rol crucial una forma de marxismo abierto que llamamos *Marxismo Orgánico*. He aquí tres razones de por qué:

(1) Las ideas nucleares del trabajo de Marx siguen siendo convincentes. Probablemente ningún pensador del periodo moderno escribió con más perspicacia acerca de qué significaría construir una sociedad y una economía para el Bien Común, ni tampoco acerca del modo en que el poder y la riqueza crean un gobierno para los pocos y no para los muchos.

Por haber trabajado ciento cincuenta años atrás, Marx dio por verdaderos supuestos que hoy sabemos falsos. Algunas de sus soluciones fueron diseñadas para la Era Industrial y no para la Era Tecnológica y de la Información post industrial en la que vivimos hoy. No es difícil, sin embargo, reformular su trabajo prescindiendo de aquellos supuestos.

Prefacio

Esperamos mostrar que el programa reformado es más que convincente. Si usted quiere comprender la dinámica actual de las transnacionales, o el modo en que los ricos ejercen su poder sobre la economía global y en sociedades enteras, o cómo el rápido crecimiento de las diferencias de clase vuelve a la clase alta cada vez más inaccesible al resto de nosotros, Marx resulta entonces una guía profética. Un ingrediente importante del *sueño americano* consiste en negar que haya líneas de clase trazadas al medio de la sociedad norteamericana. Y sin embargo cada año, el ensanche de la brecha entre el 1 % y el 99 %, hace que ese persistente *sueño americano* no sea más que un mito. Particularmente instructivo al respecto es el famoso alarde de Warren Buffet que parafrasea el teórico marxista Joerg Rieger: "Hay una guerra de clases, y la de usted la está ganando"[1].

(2) Lo que uno aprende, al crecer en Norteamérica, es una caricatura del socialismo. Se nos enseña que el socialismo equivale a un Estado policial, Stalin y sus campos de exterminio, las ruinosas fábricas de los 80' en Alemania Oriental y, de nuevo, la negación de la propiedad privada, los derechos humanos y el libre mercado. Pero ninguna de esas acusaciones es cierta de la teoría socialista contemporánea postmoderna. Es probable que muchos lectores atraídos por la idea de una cosmovisión relacional orientada hacia el Bien Común jamás se hayan dado cuenta de que el socialismo es la filosofía socio-política más estrechamente alineada con sus propios ideales acerca de la sociedad humana.

(3) El mundo enfrenta una serie de crisis que el capitalismo, por sí mismo, jamás podrá resolver. Considere sólo dos: (i) la primera son los excesos del propio capitalismo. El egoísmo y la codicia de las corporaciones, la capacidad de los ricos para comprar votos y moldear en consecuencia las políticas dentro de las democracias, el aumento de la desigualdad entre ricos y pobres, la creciente vulnerabilidad de la clase media, ¡he allí *realidades* de nuestra situación global actual! Veinte años atrás eran apenas nombradas en el tronco principal de la sociedad norteamericana (pero se las *nombraba* en Europa, Sudamérica y Asia). Hoy, al contrario, son hechos ampliamente reconocidos; (ii) la segunda crisis es todavía más urgente. Ha surgido un consenso científico prácticamente universal en torno a que el desarrollo de la humanidad está causando un trastorno global en el clima del planeta. Entre los efectos ya manifiestos

se cuentan tormentas más violentas, inundaciones, sequías, elevación de la temperatura media y del nivel del mar. Con el pasar de las décadas, los efectos serán más devastadores.

El problema no es que los expertos estén en desacuerdo respecto al futuro ni que a la gente no le importe. El problema es que la configuración del sistema global actual —dejar que los individuos acumulen el máximo de riqueza que puedan y que la gasten como quieran— hace imposible que la especie humana como un todo tome las medidas que es preciso implementar. *Por primera vez desde su aparición en la historia, el capitalismo está enfrentado a una crisis que es fundamentalmente incapaz de resolver.*

Desde la época de la fracasada "Gloriosa Revolución de 1848", algunos socialistas (aunque jamás la mayoría) han sido culpables de un idealismo rayano en la utopía. Por el contrario, no hay nada de idealista en las páginas que siguen. Gracias a las comodidades propias de las economías crecientes y las nuevas tecnologías, el alcance de los supuestos capitalistas ha continuado creciendo en los últimos cincuenta años. Si las circunstancias fuesen tan halagüeñas como lo han sido para los ciudadanos de Europa, Norteamérica y unos pocos países en desarrollo, no habría cambios en el sistema económico global. Pero las circunstancias *están cambiando*. El trastorno climático ya llegó, y los científicos dicen que es sólo el principio. Deberíamos aguardar daños catastróficos causados por tormentas, inundación de ciudades costeras, falta de agua dulce para miles de millones de personas, extinción masiva de animales y hambre creciente debido a escasez de cosechas. Esto no es ciencia ficción ni apocalipsis religioso: es lo que aguarda a los habitantes del planeta en pocas décadas más.

Si el colapso de las civilizaciones pasadas sirviese de alguna guía, podemos estar bastante seguros de que pasarán tres cosas: (i) la gente y las naciones ricas usarán su riqueza para (tratar de) comprar los recursos que necesiten, su tecnología para (tratar de) obtener el agua y los alimentos que requieran y su poder para combatir a la gente y naciones pobres que carezcan de lo que ellos tienen; (ii) los pueblos sin alimentos, agua o apoyo de sus gobiernos se harán de las armas que puedan y avanzarán hacia las naciones que tienen la comida y el agua necesarias; (iii) esos otros gobiernos, en batalla contra sus vecinos antagonistas y contra un

Prefacio

sistema planetario cada vez más hostil, reducirán las libertades civiles y reforzarán su control, haciendo todo lo que consideren necesario para proteger sus intereses y a sus ciudadanos.

Si éste es el futuro que nos espera —y los modelos científicos parecen decir así es— sólo hay, tememos, dos opciones: O no hacemos nada hasta que la crisis se desencadene totalmente sobre nosotros, momento en el cual los que tienen el poder lo usarán como les plazca y, en términos generales, el rico con poder sobrevivirá y el pobre sin él morirá; o actuamos antes de que la situación se vuelva desesperada. En cualquier caso, la humanidad se verá forzada a limitar el consumo excesivo de los ricos, ya sea a través de impuestos, restricciones o confiscaciones. Es sólo cuestión de cuándo.

Ofrecemos entonces este manifiesto de sociedad edificada para el Bien Común como la mejor de las dos opciones, porque debería asemejarse a ella si la humanidad actuara a tiempo y en vista de su propio interés de largo plazo. Cuando el cambio es inevitable y las otras opciones son peores, el curso de acción más racional es hacer lo correcto, aunque sea difícil.

En breve, dejamos este libro en sus manos como una apuesta. La siguiente: apostamos que, mientras estemos a tiempo, los humanos haremos lo mejor en interés de la especie como un todo; esto es, lo que favorezca la sustentabilidad de la vida en este planeta. Apostamos que nuestra especie no es ni suicida, ni irracional ni fundamentalmente egoísta. Desde luego, no poca evidencia alienta las apuestas del lado contrario. Pero quizá, sólo quizá, estas páginas jugarán algún rol, aunque sea pequeño, para aumentar la probabilidad de que nuestra especie escoja la vida sobre la muerte y la sustentabilidad sobre la extinción.

Hemos escrito este libro no sólo para académicos, sino primariamente para quienes diseñan políticas, líderes de gobierno y público en general. Reconocemos en las notas a muchos autores con los cuales estamos profundamente en deuda, ya que sin sus trabajos este libro habría sido imposible. Pero hemos luchado contra la tentación de citarlos *in extenso*. Tampoco nos hemos dado el trabajo de exponer cada desacuerdo que tenemos con los autores que hemos citado y de los cuales hemos aprendido. No es posible ninguna reforma duradera en ausencia de teoría. Pero también el exceso de discusión académica puede bloquear la acción.

Eso sí, queremos dejar un reconocimiento explícito a las personas sin las cuales este libro no podría haber sido escrito:

- Karl Marx y Alfred North Whitehead, las dos fuentes teóricas capitales de nuestro argumento.
- John B. Cobb, Jr., David Ray Griffin y Jay McDaniel, que han ayudado a sintetizar el pensamiento procesual y el postmodernismo constructivo en un programa intelectual y práctico. En particular, hemos sido profundamente influenciados por su compromiso para apoyar un desarrollo ecológico y sustentable en China. John Cobb ha escrito que "China es el lugar más adecuado para lograr una civilización ecológica"[2]. Compartimos su convicción de que, en el mundo entero, es China el suelo más fértil para el crecimiento del pensamiento procesual y postmoderno constructivo.
- Wang Zhihe y Fan Meijun, directores del Instituto para el desarrollo postmoderno de China <www.postmodernchina.org>. Con su trabajo acerca de postmodernismo constructivo en China y de la "Segunda Ilustración" china, han sido pioneros en promover la discusión de estos temas en la República Popular China.
- John Bellamy Foster y Joerg Rieger, marxistas occidentales cuyo trabajo nos ha enseñado e inspirado. La crítica del profesor Rieger a la versión preliminar de este libro incrementó significativamente la calidad del producto final.
- Elizabeth McDuffie, que nos asistió en la revisión y compaginación del texto.
- Nuestra editora, Jeanyne Slettom, por su constante aliento y supervisión profesional durante el proceso de publicación.

Philip Clayton
Justin Heinzekehr
Claremont, California
4 de Julio de 2014

I.

¿POR QUÉ MARXISMO?

1. PROPONIENDO UN MARXISMO ORGÁNICO

EN LAS NACIONES DESARROLLADAS mucha gente cree —equivocadamente, pensamos— que nada tiene que aprender de Marx. Sus gobiernos y los medios de comunicación les han dicho que es imposible implementar los principios socialistas en sistemas políticos y económicos. La caída de Alemania Oriental y la URSS, el menguado rol de los partidos comunistas en las naciones europeas, las dificultades enfrentadas por los gobiernos y partidos socialistas en Latinoamérica y otras partes: he allí los hechos señalados por los críticos para sostener que el marxismo ha fracasado como sistema socioeconómico. Incluso en la República Popular China, donde está consagrado en la Constitución, se percibe escepticismo acerca de la relevancia permanente del análisis marxista.

En la práctica, casi toda la economía global funciona hoy según los principios de la así llamada "economía de libre mercado", acarreando consecuencias desastrosas para el planeta y la mayoría de su población. La dominación de los principios capitalistas ha sido tan exhaustiva que Francis Fukuyama proclamó en 1992 "el fin de la historia", sosteniendo que la humanidad había alcanzado finalmente su forma de gobierno más elevada y final: la democracia occidental basada en el capital[3]. Muchos comentadores, especialmente en Estados Unidos, acudieron a Fukuyama (incorrectamente, según se vio después) para reforzar su fe en que los principios del libre mercado habían obtenido una victoria final y decisiva sobre cualquier otra forma de sistema económico.

Quienes defendieron la tesis de Fukuyama a principios de los 90' se habrían sorprendido de saber que, sólo dos décadas más tarde, la indignación pública contra el capitalismo desenfrenado y las políticas gubernamentales que lo avalan ha aumentado en volumen e influencia. De todos los factores que han causado este cambio, ninguno ha servido tanto para destacar las limitaciones del sistema capitalista como la crisis medioambiental planetaria.

El capitalismo global ha creado la mayor catástrofe ecológica y humanitaria de que se tenga memoria en la historia de la civilización. La desenfrenada persecución de la riqueza por aquellos que detentan el poder económico ha dejado aproximadamente a la mitad de la población del mundo —sobre tres mil millones de personas— viviendo con menos de USD 2,50 diarios[4]. Al menos el 80 % de la humanidad vive con menos de USD 10,00 diarios[5]. Mientras que cuarenta años atrás la brecha entre el 20 % más rico y el 20 % más pobre era de 50 a 1, hoy la disparidad en riqueza es de a 80 a 1. La evidencia de que las naciones ricas han diseñado el sistema económico mundial para obtener el máximo de ganancias es simplemente abrumadora. Bajo el sistema actual es virtualmente imposible que las naciones pobres les den alcance. Las transnacionales disponen de paraísos fiscales, materias primas y mano de obra barata, y acuerdos de "libre" comercio que pueden aplicar permisivamente con el fin de obtener continuamente los más altos dividendos posibles para sus accionistas. Tristemente, Estados Unidos es el líder en permitir condiciones desiguales dentro de sus fronteras y apoyarlas fuera de ellas.

Y como si las consecuencias humanas del capitalismo no fueran suficientes, es el propio planeta el que ahora gime bajo la insoportable carga de esas prácticas. Ningún ejército en su afán de conquista ha tenido un efecto más devastador sobre los ecosistemas que el de las transnacionales con su ansia de lucro. Los individuos y las compañías ricas continúan valiéndose de sus posiciones de poder para obtener ganancias de corto plazo a expensas de dañar al planeta a largo plazo.

Ahora que el Grupo Intergubernamental de Expertos sobre el Cambio Climático (IPCC)[6] ha llevado a la luz pública los resultados de los estudios climáticos, nadie puede decir que *no sabe* las consecuencias que tendrá para el planeta y la civilización el continuar con las emisiones de carbono a la tasa actual. Desgraciadamente, nuestro actual sistema económico basado en el capital requiere expandir continuamente los mercados. El dictamen es claro: la "economía del crecimiento" se ha encontrado con un límite absoluto a su propio crecimiento: los límites planetarios. Han pasado aproximadamente tres millones de años desde que la tierra experimentó niveles de carbono atmosférico de la magnitud actual (sobre 400 partes por millón). Estos "gases de invernadero" han convertido al planeta justamente en eso, en un invernadero; o mejor, en una olla a presión.

A causa de estos desarrollos globales, ha ido aumentando cada vez más el apoyo para un cambio radical en los modelos políticos y económicos con que hemos estructurado la civilización. Centrales para este cambio de paradigma han sido los principios económico-sociales derivados de Marx y de la historia del marxismo. Es el momento ideal para volver a la persistente penetración de los análisis marxistas, y por una simple razón: la que está amenazada ahora por el capitalismo desenfrenado es la propia civilización. Disminución de recursos, deterioro climático global y economías debilitadas tanto en las naciones desarrolladas como en las en desarrollo son realidades que están diariamente a la vista. A medida que la humanidad se aproxime cada vez más al borde del precipicio, el descontento social masivo y la inestabilidad política empujarán a las sociedades cada vez más rápido al abismo.

La gravedad de nuestra situación planetaria es una razón presente y urgente para que pensadores con visión de futuro busquen soluciones que vayan más allá del *status quo*. *Nada excepto un cambio en el paradigma económico global* permitirá la supervivencia de las naciones, culturas y civilizaciones en formas que no tendrán nada que ver con todo lo que hemos conocido hasta ahora. Si usted se da cuenta que su auto se está saliendo del camino y va derecho hacia una muralla, no mantiene el pie en el acelerador. Pues bien, el vehículo de la economía capitalista de crecimiento se ha salido del viejo y seguro camino y está a punto de estrellarse. Las consecuencias pronosticadas por los científicos son prácticamente inconcebibles: derretimiento de los casquetes polares, aumento de los niveles oceánicos, falta de alimentos y agua para cientos de millones de personas, hambruna en masa y extinción del 30 o 40 % de las especies del planeta. Si esta situación no es una razón suficiente para que las naciones comiencen a instituir nuevas prácticas socioeconómicas, es difícil decir *qué podría ser* una razón suficiente.

POLÍTICAS SOCIOECONÓMICAS MARXISTAS DESPUÉS DEL "MARXISMO INDUSTRIAL"

Al mismo tiempo que el capitalismo desenfrenado amenaza con destruir el planeta, su gran alternativa, el marxismo, ha sucumbido a una crítica creciente. Muchos teóricos occidentales han difundido la impresión de que ya está ampliamente desacreditado. A la luz de esta situación, no basta con señalar las premisas falsas del capitalismo. Uno debe también abocarse a un cuidadoso proceso de análisis y selección del legado de Karl Marx para poder definir cuál podría ser el significado de un marxismo viable para el siglo XXI. El programa del Marxismo Orgánico exige un importante número de revisiones y actualizaciones del pensamiento y la práctica marxista clásicas:

(1) El marxismo no es una ciencia universal predictiva. El sueño del determinismo social fue uno de los muchos mitos de la Europa moderna que ahora debe ser dejado atrás. No es posible hacer una lista de factores objetivos que predigan una revolución global del proletariado y el advenimiento de una sociedad socialista puramente utópica. Se sigue de allí que ninguna economía nacional puede ser administrada y controlada sólo mediante planificación central. Los ideales humanos y las filosofías, e incluso las religiones, juegan roles cruciales en la motivación de las conductas personales y sociales a través de las culturas y naciones. Los marxistas de hoy no desestiman a las ideas como mera "superestructura", y nosotros tampoco creemos que las fuerzas productivas sean los únicos factores causales reales de la historia.

(2) Los marxistas no necesitan insistir sólo en la propiedad estatal, el comercio manejado por el Estado y la abolición de todas las fuerzas

del mercado. La mayoría de los sistemas socioeconómicos actuales son "mixtos" o "híbridos" y, en este sentido, "impuros". El impulso que lleva a los ricos y a las empresas a aumentar sus ganancias tiene que ser limitado y contenido mediante políticas e instituciones sociales a nivel de gobierno; y de ahí que la planificación y gobierno centralizados deban jugar algún rol. Pero los marxistas del siglo XXI también dejan espacio para que las fuerzas del mercado desplieguen un rol limitado a nivel local, nacional e internacional. No es preciso que los gobiernos que aspiran a condiciones sociales y económicas justas para todos sus ciudadanos eliminen la competencia y la propiedad privada.

El contexto en que Marx escribió fue el de la industrialización temprana occidental y las soluciones que propuso se referían a la explotación de los trabajadores en las industrias de su tiempo; un tipo de explotación que todavía hoy existe, por ejemplo en las industrias textiles de naciones en desarrollo como Bangladesh. Otras partes de la economía global, en cambio, son post-industriales y los análisis marxistas todavía revelan verdades acerca de estos sistemas económicos (por ejemplo en los mercados financieros globales y el sector servicios), aun cuando las soluciones puedan no ser idénticas a las que Marx propuso.

(3) El marxismo jamás ha pretendido ser una disputa puramente teórica entre profesores universitarios. El debate europeo sobre teoría marxista, dominado ampliamente por los supuestos de la modernidad, se ha astillado en las últimas décadas, literalmente, en decenas de escuelas competidoras. Estos académicos se han enredado en debates cada vez más abstractos relativos a nimiedades teóricas que a menudo tienen una relevancia mínima respecto de las realidades inherentes a la dirección de una ciudad o un país. Las teorías pasan a dividirse en sub-teorías y las escuelas en sub-escuelas hasta que al final (dicen los críticos) cada académico queda convertido en el abogado defensor de una escuela que consta de un miembro: él mismo. Cuando surgieron las grandes figuras y movimientos marxistas —la Escuela de Frankfurt, Althusser, Habermas— cuyos aportes comenzaron a influir en la política pública, sus seguidores comenzaron inevitablemente a disputar entre sí, disminuyendo con ello la influencia práctica de sus maestros. Muy pocos autores marxistas han sometido sus teorías a la rigurosa prueba

de la *realpolitik*, y quienes lo han intentado en los años recientes —en Europa, Asia y Latinoamérica— han tendido a operar dentro de los supuestos del sistema económico global actual. Sólo una mixtura radical de teoría y práctica en el estudio e implementación del marxismo corregirá los desequilibrios del pasado.

(4) Se equivocan los críticos que sostienen que el marxismo se ha convertido en un rótulo sin sentido para cualquier práctica aleatoria de un gobierno con vocación social. Un "marxismo sin contenido real" no ayudará a la civilización en la crisis que ahora enfrenta. No sólo sus oponentes capitalistas se darán cuenta de inmediato que carece de contenido; también lo harán los intelectuales, estudiantes, hombres de negocios y finalmente incluso los burócratas estatales. Es muy fácil reconocer cuando los términos de Marx se repiten puramente de memoria y dejan de proporcionar un esquema rector sustantivo para las políticas e iniciativas de gobierno. Cuando uno es incapaz de trazar líneas claras que lleven de la teoría a la práctica, los otros comienzan a preguntarse si acaso no se estará usando el lenguaje sólo para mantener el *status quo*. Al contrario, análisis marxistas actualizados acerca de la dinámica del poder y la riqueza pueden ayudar a que los líderes modifiquen sistemas injustos e implementen políticas sensatas.

Uno puede acoger los rasgos positivos de las tradiciones que derivan de la obra de Marx y todavía insistir en que muchas de las formas clásicas de marxismo —incluidas la teoría y práctica alemana, soviética y china— necesitan ser actualizadas. De lo cual no se sigue en modo alguno que el marxismo como tal haya sido superado y que sus principios medulares ya no tengan un significado relevante. Tal como lo mostrarán los capítulos siguientes, las intuiciones marxistas centrales siguen plenamente vigentes; de hecho, dada la situación actual, más vigentes que nunca.

(5) Un marxismo viviente y vibrante no puede tener una "talla única" que le quede bien a todo el mundo. Según los supuestos europeos de la modernidad, sólo una teoría universal —una que sea aplicable en todas partes y en todo momento— puede ser una teoría verdadera. Sin embargo, tal como el postmodernismo constructivo ha mostrado, las teorías crecen en, a través, y fuera de sus contextos particulares, tal

como una planta crece en un suelo y ecosistema particular[7]. El único marxismo útil para nuestra época será un marxismo *postmoderno,* lo cual quiere decir que existirá sólo adaptado a un tiempo y lugar particulares: esta nación, esta cultura, este lenguaje e historia, estas necesidades particulares de esa gente en particular. En estas páginas vamos a defender un *marxismo culturalmente engastado:* un conjunto de compromisos medulares que tomen formas diferentes según se apliquen en contextos políticos y económicos diferentes.

MARXISMO ORGÁNICO Y "CIVILIZACIÓN ECOLÓGICA"

> Los hombres hacen su propia historia, pero no la hacen a su libre arbitrio, bajo circunstancias elegidas por ellos mismos, sino bajo aquellas circunstancias con que se encuentran directamente, que existen y les han sido legadas por el pasado. La tradición de todas las generaciones muertas oprime como una pesadilla el cerebro de los vivos[8].

En la segunda década del siglo XXI nos encontramos en un nuevo mundo y frente a retos que la humanidad jamás había arrostrado. Muchos en torno a nosotros ignoran lo que la realidad está pregonando a gritos, otros se refugian en sus placeres y logros privados, y los más peligrosos se la pasan sosteniendo que en realidad los problemas no son tales ya que la ciencia y la tecnología los harán desaparecer por arte de magia. Pero para evitar el desastre planetario se requerirá de hombres y mujeres de coraje que piensen el cambio, lo defiendan y trabajen con sacrificio para hacerlo realidad.

Los líderes de la nueva civilización ecológica necesitarán recursos conceptuales acordes a esta titánica tarea. Su marco dominante requerirá de una filosofía social, económica y política que coloque al *Bien Común* —de la humanidad y del planeta— por sobre todo lo demás. Dada esta meta, se vuelve una prioridad irrenunciable diagnosticar y desconstruir aquellos supuestos de la modernidad europea que la historia ha develado como inadecuados. Marx, por desgracia, aceptó acríticamente muchos de ellos. Si su obra ha de hablar a las necesidades de nuestro mundo postmoderno, se necesitará una reformulación audaz que saque provecho de las nuevas fuentes conceptuales disponibles ahora. Afortunadamente, la alianza natural entre marxismo y filosofía medioambiental ha sido reconocida desde hace mucho. Ya en los 60' Ernst Bloch ligaba el marxismo con el movimiento ecológico al usar la expresión "trascendiendo sin trascendencia"[9].

MARXISMO CHINO CONTEMPORÁNEO

Este libro ha sido escrito poniendo particular atención a la situación actual de China. Hemos tomado esta decisión no sólo a causa del enorme tamaño de su población y poder político, económico y tecnológico, ni porque sea la nación más grande del mundo definida en su Constitución como un Estado Marxista ni porque las decisiones ambientales que tome su pueblo y sus líderes repercutirán en todo el planeta, sino también porque la situación china contemporánea suscita cuestiones particularmente complejas acerca del futuro del marxismo y del capitalismo. Las interrogantes un tanto diferentes que enfrentan los marxistas en Rusia y Latinoamérica no son menos importantes, pero no serán aquí nuestro foco principal.

Dicho esto, debemos agregar una importante salvedad: nosotros, los autores, somos académicos, no políticos; somos "observadores de China", no ciudadanos chinos con especialización en sus asuntos internos. No sería consecuente insistir en que la teoría política en un mundo postmoderno es radicalmente contextual y al mismo tiempo pronunciarse desde afuera acerca de cómo debería conducirse China. No, nos limitamos a la tarea un tanto más general de reconstruir el pensamiento marxista en este contexto postmoderno emergente, reconociendo que los asuntos internos y las decisiones administrativas diarias son prerrogativa de los líderes chinos.

Lo que hace a China particularmente importante para el Marxismo Orgánico son dos cosas que están sucediendo simultáneamente: una profunda reflexión acerca de cuál debería ser la siguiente fase del marxismo de estilo chino y un giro hacia el concepto de "civilización ecológica". En tanto académicos y ambientalistas, estamos convencidos de que la combinación de marxismo y pensamiento ecológico representa la más alentadora orientación para una teoría política y planificación a escala humana. En ese sentido, este libro no es un ejercicio abstracto. Desde el 17º Congreso del Partido Comunista Chino, la idea de crear una "civilización ecológica" ha sido una parte oficial de la plataforma y planes del Partido. Tal como se lee en el informe de Hu Jintao, la meta es formar

> Una estructura de industrias, plataforma de crecimiento y modo de consumo eficientes en energía y recursos, amigable con el medioambiente[10].

Con el rápido crecimiento de la crisis ecológica en China, la urgencia de implementar una civilización ecológica se ha convertido en una prioridad de los líderes del Gobierno frente a la gente. La idea de "civilización ecológica" refleja un cambio importante en el modelo de desarrollo económico de China. Tal como señala el Dr. Wang Zhihe,

> En vez de enfatizar la construcción económica como el núcleo del desarrollo, según se hizo en el pasado, las autoridades del Partido han comprendido que un desarrollo sustentable tiene que basarse en la comprensión de la indisoluble relación que hay entre la humanidad y la naturaleza[11].

Durante el 18º Congreso (noviembre 2012), el Presidente Hu Jintao hizo de la "civilización ecológica" un tema central de su informe. En ese Congreso el Partido incorporó a la Constitución la tarea de construir una civilización ecológica. Tal como Hu insistió:

> Debemos dar la más alta prioridad a la realización de una civilización ecológica, trabajar duro para forjar un país bello y conseguir un desarrollo permanente y sustentable para la nación China[12].

El informe del Presidente de Hu de 2012 integró esas prioridades en los planes de desarrollo de China para los años entrantes. Destacando la importancia de preservar los terrenos de labranza para los agricultores, apoyó las metas de campiñas verdes, agua pura y cielos azules. Xi Jinping, el nuevo líder de China, ha expresado las mismas prioridades. Abrazar la causa de construir una civilización ecológica, ha dicho, "nos beneficiará a nosotros y a las generaciones futuras"[13]. Una de las tesis de este libro es que la meta de construir una civilización ecológica no es ajena a la tradición marxista china sino parte de la evolución natural del pensamiento marxista, tanto en China como en el resto del mundo. Nos hacemos eco de las afirmaciones del Dr. Wang Zhihe:

> Estos comentarios pueden ayudarnos a comprender por qué ha sido tan bien recibido en China el postmodernismo constructivo (…) éste tiene profundas convergencias con el marxismo chino, tales como enfatizar el proceso, asumir una visión orgánica, tener una poderosa conciencia de la responsabilidad social, atención al pobre, defensa de la justicia y persecución del Bien Común. Sugiero que son estas profundas convergencias las que hacen que algunos marxistas chinos abiertos se muestren entusiastas por el postmodernismo constructivo[14].

Nadie se engaña, ni dentro ni fuera de China, respecto a las dificultades que traerá el construir una civilización ecológica, especialmente cuando todo el mundo sabe cuán reacias a los cambios son las naciones y las empresas transnacionales del sistema actual. Pese a ello, la evidencia sugiere que las afirmaciones de los líderes chinos reflejan compromisos substanciales. Los líderes occidentales, las ONG y los hombres de negocios las tomarán todavía más en serio en la medida en que comprendan el crecimiento conjunto del marxismo y la cosmovisión ecológica; y de allí que nos enfoquemos en un Marxismo Orgánico.

CONCLUSIÓN: NUEVOS RECURSOS CONCEPTUALES

Lo bueno es que ahora disponemos de nuevos recursos conceptuales para construir una forma de marxismo significativamente revisada. En las páginas que siguen exploraremos los desarrollos en las ciencias y en la filosofía de la ciencia que apoyan a este paradigma orgánico postmoderno emergente. Entre ellos juegan un rol particularmente importante los estudios de ecosistemas y las filosofías ecológicas. También hemos extraído enseñanzas de los estudios culturales, que rastrean los diferentes modos en que las creencias, normas y prácticas culturales están engastadas y encarnadas en las distintas sociedades.

Muy a menudo el marxismo ha sido enseñado e implementado como si tuviese una "talla única" que le quedara bien a todo el mundo. En ausencia de sensibilidad para las dinámicas y divergencias culturales, ni ésta ni ninguna otra filosofía política podrá ser aplicada con éxito.

El recurso conceptual decisivo que aparece en estas páginas es la filosofía procesual. Hasta donde sabemos, éste es el primer libro sobre marxismo escrito desde esa perspectiva. Algunos marxistas chinos ya han interpretado la filosofía procesual como una nueva escuela al interior del marxismo occidental contemporáneo. En la medida en que esta filosofía comienza a jugar un rol cada vez más amplio en China, es importante meditar cuidadosamente acerca de los modos en que conduce a una comprensión más profunda de los principios marxistas. Por ejemplo, es altamente significativo que el pensamiento procesual aparezca en muchos lugares de la filosofía tradicional china, en los pensadores taoístas y los inspirados en Confucio e incluso en el texto más antiguo de la tradición filosófica china: el *I Ching*.

A la postre, la aplicación de todas las teorías políticas y económicas será juzgada por sus frutos. Nadie niega que se necesitan cambios radicales, y es cada vez más claro que deben hacerse rápido. Hasta los no marxistas han escuchado hablar de la tesis 11 sobre Feuerbach:

> Los filósofos no han hecho más que interpretar de diversos modos el mundo, pero de lo que se trata es de transformarlo[15].

Así pues, dedicamos este libro a todos aquellos hombres y mujeres que, sin importar su vejez o juventud, se han abocado en nuestro tiempo a construir una civilización ecológica sustentable.

2. ¿POR QUÉ NO CAPITALISMO?
ORÍGENES HISTÓRICOS

En los capítulos siguientes vamos a describir y defender al Marxismo Orgánico como un marco para la toma de decisiones sociales, políticas y económicas. Los desarrollos actuales en ciencias sociales y naturales, en ecología y estudios culturales hacen que esta posición sea un serio contendor en el debate actual. Esta versión postmoderna del marxismo merece una atención seria no sólo por sus fortalezas, sino también por la debilidad de las otras alternativas. En particular, debería ser evaluada a la luz de los palpables defectos que el capitalismo, su adversario, ha ido dejando a la vista de todos los observadores del mundo.

Uno no puede emprender esta comparación sin reconocer el grado en que las suposiciones capitalistas han definido el trasfondo de casi todo el pensamiento económico y político desde los albores de la Edad Moderna. A menos que uno se detenga a evaluar cuidadosamente estas suposiciones de base, es imposible estudiar y evaluar seriamente las alternativas.

La crítica más usual contra cualquier alternativa al capitalismo consiste en calificarla de idealista y utópica. De hecho, las últimas décadas abundan en ejemplos del fracaso de los experimentos socialistas.

Generalmente, a medida que las naciones van cayendo bajo el dominio creciente de prácticas capitalistas desenfrenadas, se presta poca atención a las desventajas de cancelar políticas orientadas al Bien Común. Mientras las personas más ricas sólo se enfocan en acceder a mayores ganancias y a aumentar las opciones de compra, prestan muy poca atención a lo que se pierde a medida que crece el "Reino del Capital".

Quizá una breve anécdota ayude. Uno de los autores de este libro estudiaba en Alemania durante el período que culminó en la caída del Muro de Berlín. Debido a los abusos y a la mala gestión del gobierno de la RDA, apenas se prestaba atención a las frustradas esperanzas de este experimento socialista en suelo alemán. A la mañana siguiente de la caída del Muro, los reporteros de los diarios alemanes entrevistaron a los alemanes del Este que comenzaron a cruzar copiosamente a Berlín Occidental a través de los huecos de la muralla. Les preguntaban, "¿Cómo se siente cruzar a Occidente por primera vez?, ¿qué significa para usted?" Uno hubiera esperado escuchar emocionados comentarios acerca de la importancia de la libertad, la autodeterminación y la necesidad de una democracia socialista más abierta. Nada de eso. Las respuestas se referían, uniformemente, al acceso a productos: "Necesito bujías para la moto" y "quiero comprar plátanos para mi familia" era las primeras respuestas que aparecían, y la mayoría de las que seguían eran similares. Una mujer dijo, "lo único que quiero es caminar bajo los tilos de Kurfürstendamm", una famosa avenida de Alemania Occidental.

¿Cómo se volvieron "tan obvias" las suposiciones políticas y económicas del sistema capitalista?, ¿por qué son tantas las personas que asumen que *no hay* alternativa"? Sólo después de bosquejar el nacimiento y la historia de esta cosmovisión podremos comenzar a comprender cómo se manifiesta hoy; y sólo entonces podremos evaluar con precisión si hay acaso alternativas más positivas.

DEFINIENDO AL CAPITALISMO

A los autores norteamericanos les gusta definir al capitalismo como el rechazo a la propiedad estatal. Así, el famoso diccionario *Merriam Webster* sugiere como primera definición: "Una manera de organizar la economía de tal suerte que las cosas utilizadas para fabricar y transportar productos (tales como terrenos, petróleo, fábricas, barcos, etc.) sean propiedad de individuos o compañías y no del Gobierno".

Pero "rechazo a la propiedad estatal" no indica más que una característica secundaria. A nivel primario, el capitalismo significa *un sistema económico en el que el único valor y meta central es la creación y el incremento de la riqueza*. En tales sistemas, la riqueza no es medida primariamente en términos del trabajo que se requiere para producir los bienes, o el valor de uso que tienen para la gente real. En vez de eso, se mide en términos de una realidad económica independiente: el valor de cambio de esos bienes en el libre mercado. El capital es el flujo monetario mediante el cual se compran y venden los bienes y en términos del cual se valoran. Así, el intercambio de dinero pasa a convertirse en la realidad dominante; otros aspectos de la economía —el sistema bancario, comercio, instituciones económicas, trabajo e incluso instituciones sociales— se evalúan en función del monto de capital que el mercado pagará por ellos.

Puesto de otro modo, el capitalismo es un modo de valorar los bienes y servicios separándolos del trabajo que los produce y de los usos que tienen en el mundo real: el arroz que *se come*, las ropas que *se usan*, la casa en que la familia *vive*. Al contrario, el valor de un artículo queda determinado por el monto de dinero que los inversionistas estén dispuestos a pagar por él. A medida que el ámbito del capitalismo se extiende, este criterio da forma a juicios de valor en esferas cada vez mayores de la vida cotidiana. Más y más de la experiencia vivida en los sistemas sociales humanos y de la gente que participa en ellos, pasa a ser evaluado a partir de las decisiones valóricas del mercado.

Ilustrémoslo con otra anécdota. Hace algunos años, fuimos invitados a la casa de un caballero muy acaudalado en Connectituc. Habíamos escuchado por ahí que aprovechaba su casa para exhibir y vender arte y muebles, pero lo que encontramos al llegar nos tomó completamente por sorpresa. No sólo cada cuadro que colgaba en las paredes sino cada pieza del mobiliario de su propia casa tenía adosada una etiqueta con el precio. A las personas que llegaban se les entregaba una lista con ellos y se les sugería realizar compras durante la visita. No se prestaba valor alguno a la amistad, conversaciones o a la experiencia de compartir la mesa. El "libre mercado" había dominado de tal manera la casa de este hombre que todo lo de su "esfera privada" se valoraba según el precio que los visitantes quisieran pagar (no nos atrevimos a preguntar si su esposa y sus hijos estaban también a la venta).

Mucha gente —especialmente aquellos que concentran la riqueza— está convencida de que el mejor medio para estructurar la sociedad humana es basarla en los métodos de mercado para asignar valor. No obstante, uno sólo puede evaluar esta sugerencia contrastándola con la alternativa. ¿Qué se pierde cuando los mecanismos de mercado sustituyen a los modos más antiguos para determinar el valor de los productos: el trabajo que se requiere para producirlos y los usos que les da la gente común y corriente (comida, techo y abrigo)?, ¿qué pasa cuando convertimos cosas que son en sí mismas valiosas —familia, comunidad, ecosistemas, el planeta mismo— en simples *commodities* que se compran y se venden, haciendo que el valor de mercado reemplace al valor intrínseco? Sólo llegaremos a comprender la situación mundial cuando nos demos cuenta de qué se ha perdido cuando el "mercado global" ha pasado a dominar las sociedades y el planeta. Para comprender las implicancias de este giro a la cosmovisión capitalista necesitamos un poco de análisis histórico.

EL IDEAL DEL ESTADO: UN HISTORIA BREVE

Podría parecer obvio a algunos lectores que un sistema económico y político basado en el principio del egoísmo —adquisición para uno mismo y su familia sin importar si eso sea o no lo mejor para la comunidad como un todo— debería ser un sistema inferior. Después de todo, ya sabemos que los seres humanos tienden a ser egoístas. Nos inclinamos a ver el mundo a través de un par de ojos, el nuestro; naturalmente, pensamos antes en nuestros propios deseos que en los deseos de los otros; y nuestro propio sufrimiento nos ciega rápidamente a los problemas de quienes nos rodean. Bueno, si éste es el tipo de animal que somos, ¿por qué deberíamos aspirar a un sistema político que nos estimula a ser más egoístas de lo que ya somos? Incluso, dada la evidencia del egoísmo de los seres humanos —su tendencia a usar su propio poder en beneficio propio, de sus amigos o familia por sobre las necesidades de los otros— ¿por qué no desear exactamente el opuesto a nuestro sistema político? Idealmente, pensaría uno, la función del Estado debería ser ayudarnos a ser *mejor* de lo que somos. Los gobiernos, daría la impresión, deberían aprobar políticas que ayudaran a educar y cultivar a sus ciudadanos. Mediante la palabra y el ejemplo deberían estimularnos a acciones más nobles que, en su defecto, no habríamos realizado. Asimismo, los gobiernos deberían tomar medidas para constreñir a aquellos ciudadanos cuyo egoísmo los ha vuelto ricos y poderosos a expensas de los demás. Uno piensa, por ejemplo, en la astucia de los operadores y gerentes financieros de Wall Street cuya codicia causó la crisis económica global de 2008.

Muy tempranamente en la historia de la mayoría de las grandes civilizaciones se formularon ideales mucho más altos para los gobiernos. Consideremos el caso de China. Se daba por descontado que el Emperador gobernaba la dinastía no en su propio provecho sino para bien de sus ciudadanos (pese a que muchos gobernantes fracasaron en el cumplimiento de esta meta, el estándar estaba claro). La descripción de Confucio del "ciudadano noble" era en verdad una descripción de las virtudes esperables de cada buen gobernante oficial en su puesto. Cuando uno es fuerte, es para fortalecer a toda la comunidad; donde hay conocimiento, el conocimiento es para todos; y donde hay valores y refinamiento, la meta es fomentar la armonía en toda la sociedad. El emperador es nada sin el Estado, y éste encuentra su máxima felicidad y cumplimiento en el Emperador. Así, en todo caso, se decía.

En los albores de la civilización occidental, los filósofos también sostenían que el Estado y sus gobernantes existían para el bien de la sociedad entera. En Atenas, en el siglo VI a.C., el legislador Solón sostuvo que las leyes debían tomar en cuenta a la vez los valores económicos y morales para que la sociedad se mantuviera saludable. Para implementarlo, Solón estimuló a los ciudadanos a expandir el comercio con los extranjeros y a que se aseguraran de que sus hijos tuviesen un trabajo productivo; y condonó también las deudas de los más pobres de Atenas en un esfuerzo por crear una sociedad más igualitaria. Un poema atribuido a Solón dice:

Muchos malvados en riqueza abundan,
y muchos buenos gimen en pobreza;
mas mi virtud no cambio con sus bienes,
que ésta siempre es de un modo,
y la riqueza va caprichosa
de uno en otro hombre[16]

En *La República* Platón ofrece analogías detalladas para mostrar que la salud de los individuos y de las familias depende de un Estado saludable:

También…el Estado, si partió bien, comienza a acumular fuerza como una rueda. Porque una buena nutrición y educación forjan una buena disposición, y esas buenas disposiciones, arraigadas en una buena educación, mejoran más y más[17].

La República ofrece instrucciones detalladas para el adiestramiento de los futuros gobernantes, a fin de que puedan dirigir sabiamente al Estado como un todo. Platón expone cuidadosamente los estándares, el entrenamiento y los requisitos educacionales que necesitan los futuros líderes si han convertirse en sabios y benevolentes. Su ideal es el "Rey-Filósofo", una persona bien educada moralmente que ayuda a establecer y mantener el equilibrio perfecto entre la clase trabajadora, el ejército y los administradores de la sociedad.

La Política de Aristóteles es, si cabe, más clara. Aquellos que dirige el Estado deben poseer la virtud más alta: la *areté* o excelencia. Cuando una nación basada en la excelencia (una aristocracia, i.e. gobierno de los mejores) pierde esta virtud y los líderes comienzan a mandar sólo por mor del poder, el Estado se convierte en una oligarquía y, finalmente, en un gobierno tiránico. Aristóteles advierte severamente acerca de este peligro y busca evitarlo con teoría política, análisis histórico, una teoría de las constituciones y consejos educativos sensatos. Por desgracia, las aristocracias estables consagradas al bien del pueblo han sido la excepción más bien que la regla durante el curso de la historia humana.

Durante la Edad Media Occidental, se esperaba que un gobernante fuese un representante de Dios, y puesto que se decía que los atributos centrales de Dios eran el amor y la justicia, un gobernante excelente debía ejemplificar ambas cualidades. En la tradición medieval islámica, estos requerimientos se generalizaron en una teoría musulmana acerca de la naturaleza humana (una antropología teológica): los seres humanos fueron creados por Alá para ser sus "vice-regentes"; criaturas que reinan en la tierra en nombre de Alá, guiándose mutuamente y a todas las cosas vivientes con sabiduría. Según los teólogos cristianos medievales, el propósito del Estado consistía en funcionar como un microcosmos del Reino de Dios, manifestando el orden que se refleja en la naturaleza de Dios y en la propia creación. Esos ideales dominaron la teoría política aproximadamente durante los mil años de la Edad Media Occidental.

Los liberales y libertarios de la Edad Moderna retuvieron, al menos al principio, la referencia a aquellos elevados valores. Posteriormente, la vertiente "libertaria" de la Europa moderna y Norteamérica (que dará origen al neoliberalismo) rompió con aquella tradición. Considérese el texto de la Declaración de la Independencia, que compusieron los hombres de las colonias británicas de Norteamérica para justificar su lucha para independizarse de Jorge III:

> Sostenemos como evidentes por sí mismas dichas verdades: que todos los hombres son creados iguales; que son dotados por su Creador de ciertos derechos inalienables; que entre estos están la vida, la libertad y la búsqueda de la felicidad; que para garantizar estos derechos se instituyen entre los hombres los gobiernos, que derivan sus poderes legítimos del consentimiento de los gobernados; que cuando quiera que una forma de gobierno se vuelva destructora de estos principios, el pueblo tiene derecho a reformarla o abolirla, e instituir un nuevo gobierno que base sus cimientos en dichos principios, y que organice sus poderes en forma tal que a ellos les parezca más probable que genere su seguridad y felicidad[18].

Cuando Thomas Jefferson escribió esas palabras, y cuando los Padres Fundadores de los Estados Unidos las adoptaron como su lema, basaron la autoridad del Estado en su capacidad para preservar y promover la "la vida, la libertad y la búsqueda de la felicidad" a nombre de todos sus ciudadanos.

Dicho en breve: desde los albores de la civilización, virtualmente toda gran civilización en Oriente y Occidente ha afirmado que los gobernantes dirigen a nombre del bien del pueblo. Los valores medulares de cada civilización han sido articulados por sus monarcas, al igual que por los filósofos, líderes religiosos, artistas, poetas y grandes escritores de la sociedad del caso. La idea de un Estado avalórico —uno que estimulara a los ciudadanos a perseguir su propia conveniencia fuera de cualquier sistema de valores más amplio— habría sido completamente ajena a los modos en que esas civilizaciones se definían a sí mismas. John F. Kennedy dio una concisa expresión a ese estándar: "No pregunte lo que su país puede hacer por usted. Pregunte qué puede hacer usted por su país".

EL NACIMIENTO DEL CAPITALISMO

Comenzamos con esta breve sección sobre la historia de la filosofía política para destacar la anomalía del capitalismo como teoría política. La justificación del Estado ofrecida por los filósofos capitalistas modernos contrasta vivamente con los ideales que subyacen a las grandes civilizaciones de Oriente y Occidente. ¿Cómo pudo ocurrir este cambio revolucionario?

Para comprender qué sucedió debemos regresar a las palabras que usó Thomas Jefferson en la Declaración de Independencia de 1776. Todos los seres humanos, dijo, están "dotados por su Creador de ciertos derechos inalienables", en particular, "la vida, la libertad y la búsqueda de la felicidad". Jefferson extrajo esta lista de derechos humanos capitales de los influyentes *Dos Tratados de Gobierno*, publicados anónimamente por el filósofo y teórico político John Locke en 1689. Pero Jefferson hizo un cambio importante a la redacción de Locke: sustituyó la palabra original "propiedad" por "felicidad". Lo que Locke había dicho en el *Segundo Tratado* era que el propósito del Estado consistía en proteger "la vida, la libertad y la *propiedad*" de los varones propietarios, quienes (según su propuesta) eran las únicas personas que deberían tener derecho a voto[19]. En la influyente obra de Locke, la protección de la riqueza —en este caso, propiedad— proporciona la mayor justificación para la existencia del Estado.

¿Por qué este brusco cambio? Es evidente que la expansión imperial de las naciones europeas tuvo algo que ver en esto. Gracias a su masivo poder naval y militar, habían comenzado a extraer materia prima (y, cuando podían, esclavos) de África, Asia y las Américas; lo que trajo aparejado un rápido aumento de riqueza en las clases superiores británicas. Con el nuevo influjo de capital, alguien necesitó justificar por qué las leyes deberían favorecer la explotación de los recursos extranjeros y su entrada a través de las fronteras nacionales.

Los primeros capitalistas heredaron una visión negativa de la naturaleza humana. Una causa fue el hincapié en el pecado de las iglesias católica y protestante: "Por cuanto todos pecaron, y están destituidos de la gloria de Dios" (Romanos 3:23) y "la paga del pecado es la muerte" (Romanos 6:23), como escribió San Pablo. Otros sostienen que las muchas guerras y plagas que habían asolado a Europa, como la Guerra de los Treinta Años (1618-48) habían ensombrecido la visión europea de la naturaleza humana. Después de todo, se estima que *un cuarto* de la población de Europa murió como resultado de las guerras y las plagas.

Por las razones que fuere, la visión de la naturaleza humana sostenida por el filósofo Thomas Hobbes en su famoso *Leviatán* (1649) dominó el pensamiento político de su época. El Estado natural de la raza humana, sostuvo, es "la guerra de todos contra todos", y lo que debemos esperar es que la vida sea "desagradable, brutal y corta". Como resultado de ello, está en nuestro interés el apoyar un gobernante que sea capaz de acumular el poder suficiente para impedir la guerra civil y la anarquía entre la población, sin importar lo duro que sea. En la práctica, el único valor que los ciudadanos deberían exigirle al jefe de Estado es ser lo suficientemente poderoso como para derrotar a sus oponentes.

John Locke, cuyos *Dos Tratados* son admisiblemente los documentos fundadores de la teoría política capitalista, fue hondamente influenciado por Hobbes. En realidad, Locke generalizó el "estado de guerra" de Hobbes en lo que llamó el "estado de naturaleza" de la humanidad. Su definición es clara: Hombres viviendo de acuerdo a la razón, sin un superior en común sobre la Tierra para juzgar entre ellos, es, apropiadamente, el estado de naturaleza.

Ésta es la situación en que nos encontramos antes de acordar la formación de un Estado político. Según Locke es la

Falta de un juez común, investido de autoridad, lo que deja a todas las personas en un estado de naturaleza[20].

Locke comparte con Hobbes el supuesto de que los seres humanos, dejados en estado de naturaleza, se harán la guerra unos a otros y nadie estará a salvo.

Para Locke, la existencia del Estado se justificaba mediante una especie de contrato social. El gobernante quiere poder sobre la sociedad y los ciudadanos quieren protegerse del estado de naturaleza, que es el peor estado en que los seres humanos pueden vivir. Así, los ciudadanos transfieren algunos de sus poderes naturales —poderes sobre sus propios cuerpos y sus capacidades de producción— al gobernante, a cambio de su protección. El gobierno cumple su parte del pacto en la medida en que ofrece proteger a los ciudadanos de daño físico ("vida"), de ser aprisionados o controlados por otros ciudadanos ("libertad") y a sus posesiones del robo o daño ("propiedad"). Locke apoya cualquier otra función "más elevada" del gobierno sobre este fundamento.

A través de la influencia de Hobbes y Locke, *el gobierno, en la tradición capitalista, se definió desde el comienzo en términos primariamente negativos*. Su tarea es proteger a los ciudadanos unos de otros y del "estado de naturaleza" en el que de otra manera caerían. Cuando los ciudadanos son protegidos de este modo, quedan en libertad de perseguir su meta de adquirir más propiedad. De lo cual se sigue que, con excepción de su rol de protector, mientras menos actúe el gobierno, mejor.

En este sentido, el capitalismo está estrechamente alineado con el trabajo del teórico político Nicolás Maquiavelo (1469-1527). En *El Príncipe* exhorta al gobernante a dar los pasos que sean necesarios para mantenerse en el poder. Su visión de la naturaleza humana es similar a la "guerra de todos contra todos" de Hobbes:

> Se presenta aquí la cuestión de saber si vale más ser temido que amado. Se responde que sería menester ser uno y otro juntamente; pero como es difícil serlo a un mismo tiempo, el partido más seguro es ser temido primero que amado, cuando se está en la necesidad de carecer de uno u otro de ambos beneficios. Puede decirse, hablando generalmente, que los hombres son ingratos, volubles, disimulados, que huyen de los

peligros y son ansiosos de ganancias. Mientras que les haces bien y que no necesitas de ellos, como lo he dicho, te son adictos, te ofrecen su caudal, vida e hijos, pero se rebelan cuando llega esta necesidad.[21]

Al igual que Hobbes, Maquiavelo sostiene que la tarea principal del gobernante es acumular el mayor poder posible, de tal suerte que se convierta en la indisputable autoridad de todo:

Dedíquese, pues, el príncipe a superar siempre las dificultades y a conservar su Estado. Si sale con acierto, se tendrán por honrosos siempre sus medios, alabándoles en todas partes: el vulgo se deja siempre coger por las exterioridades, y seducir del acierto.[22]

El príncipe gobierna para sí mismo y de ninguna manera para el Bien Común. Su única obligación con el pueblo es impedir que lo destruyan sus enemigos o que las personas se destruyan unas a otras. Si lleva a cabo esas funciones negativas, por el medio que sea, permanecerá en el poder:

Un ciudadano hecho príncipe con el favor del pueblo debe tirar a conservarse su afecto; lo cual le es fácil porque el pueblo le pide únicamente el no ser oprimido.[23]

Es interesante comparar esta truncada visión del rol del gobierno con los valores que los filósofos de La Ilustración abrazaron poco tiempo después. Los paladines de este movimiento han sido a veces criticados por concentrarse exclusivamente en la racionalidad y la ciencia a expensas de los valores y la literatura, pero ése es un juicio parcial. Los autores de La Ilustración también sostuvieron que el Estado tiene la responsabilidad de reconocer y desarrollar lo *humanum*: la esencia de lo propiamente humano. Las comunidades humanas no necesitan mera protección física sino también instituciones culturales, artísticas y educacionales que fomenten la formación de personas cultivadas. Así que ni siquiera al interior de la tradición liberal occidental era obvio que una definición negativa del rol de gobierno tenía que dominar la filosofía política.

Bastarán unos cuantos ejemplos. En Francia, Jean-Jacques Rousseau defendió una versión del contrato social que difiere significativamente de la de sus predecesores británicos. Mientras Hobbes y Locke sostuvieron que los seres humanos existen naturalmente en un estado de violencia y miseria, Rousseau creía que era *la civilización* la que corrompía a los seres humanos apartándolos de su armonía original. Sostuvo que, cuando las personas en "estado de naturaleza" concuerdan formar un Estado, renuncian a sus deseos privados para buscar el bien general de la comunidad. Para él, el poder del Estado proviene de la voluntad general (*volonté générale*) de toda la población. Los ciudadanos retienen su voluntad general y no ha de ser transferida a un gobernante omnipotente (como el *Leviatán* de Hobbes), y puesto que Rousseau creía que las personas siempre jugaban un rol en la constitución del poder del Estado, insistía en que la educación y el cultivo de la virtud eran parte importante del ejercicio del gobierno. Es rol del legislador, escribe, inspirar al pueblo para que apoye aquellas leyes que los transformarán, a ellos y a las generaciones futuras, en mejores ciudadanos:

> La voluntad general es siempre recta, pero el juicio que la dirige no es siempre esclarecido. Se necesita hacerle ver los objetos tales como son, a veces tales cuales deben parecerle; mostrarle el buen camino que busca; garantizarla contra las seducciones de voluntades particulares; acercarle a sus ojos los lugares y los tiempos; compararle el atractivo de los beneficios presentes y sensibles con el peligro de los males lejanos y ocultos. Los particulares conocen el bien que rechazan; el público quiere el bien que no ve. Todos tienen igualmente necesidad de conductores.[24]

Los filósofos alemanes llamaron *Bildung* a este entrenamiento de la voluntad general, lo que implicaba formar y moldear a las personas como un todo, desarrollando sus mentes y su carácter. Así Hegel comienza su *Fenomenología del Espíritu* con una discusión acerca de la cultura:

> Esta existencia pasada es ya patrimonio adquirido del espíritu universal, que forma la sustancia del individuo y que, manifestándose ante él en su exterior, constituye su naturaleza inorgánica. La formación (*Bildung*), considerada bajo este aspecto y desde el punto de vista del individuo, consiste en que adquiere lo dado y consuma y se apropia su naturaleza inorgánica. Pero esto, visto bajo el ángulo del espíritu universal

como la sustancia, significa sencillamente que ésta se da su autoconciencia y hace brotar dentro de sí misma su devenir y su reflexión.[25]

Así entonces, para los pensadores franceses y alemanes de la Ilustración, el Estado existe para algo más que la protección de la propiedad: la cultura también importa. Por tanto, la existencia de una mentalidad cívica enfocada en el Bien Común requiere de una cuidadosa formación de los ciudadanos. Para los filósofos de la Ilustración era evidente que el gobierno y sus instituciones tenían alguna responsabilidad en la contribución constructiva del florecimiento de la sociedad y la cultura.

LA "MANO INVISIBLE" DEL CAPITALISMO

Por supuesto, los filósofos del capitalismo aprendieron gradualmente a presentar su filosofía política no sólo en términos negativos. La más importante de esas reformulaciones vino en *La Riqueza de las Naciones* de Adam Smith. Coincidentemente, fue publicada en 1776, en año en que Thomas Jefferson escribió la Declaración de la Independencia que justificó la guerra revolucionaria con Inglaterra y condujo a la formación de los Estados Unidos de América. El capitalismo, da la impresión, forma parte del ADN de Estados Unidos más que de cualquier otra nación en la historia de este planeta.

Adam Smith sienta las bases del capitalismo analizando la división del trabajo. Según él, los miembros de cualquier grupo social comienzan a diferenciarse naturalmente en diferentes ocupaciones. Los trabajadores, sostiene, se vuelven más eficientes cuando ejecutan menos tareas. Como resultado, la producción aumenta y la sociedad es capaz de generar más riqueza. En su análisis, las sociedades más "avanzadas" son aquellas de han dividido más nítidamente sus trabajos[26].

Esta división del trabajo despierta la necesidad de algún medio de cambio para que los trabajadores puedan comerciar el excedente de productos con los producidos por otros trabajadores. Se inventa entonces el capital (la moneda) como un medio adecuado para el intercambio[27]. Adam Smith sostiene que el precio de cualquier producto dado se eleva en función de la cantidad de trabajo que cuesta producirlo. A partir de allí sostendrá que el precio de un producto subirá cuando haya escasez y caerá cuando haya abundancia de aquél[28].

Un supuesto fundamental de Adam Smith es que cada individuo buscará maximizar su propio beneficio. Sobre esta premisa, establece como una ley económica básica que los trabajadores continuarán produciendo sus productos en la medida en que el precio compense el trabajo que lleva producirlos. Cuando el precio de un producto caiga, menos gente se verá incentivada a producirlo. En ese punto, sostiene, el mercado hallará por sí mismo un punto de equilibrio. A largo plazo, los precios tenderán a estabilizarse en el nivel preciso en que los trabajadores son compensados por su trabajo y reciben una ganancia razonable por él. En otras palabras, el mercado exhibirá una sabiduría mayor a la que cualquier persona o política haya mostrado jamás.

La filosofía económica de Adam Smith dio origen a la doctrina del *laissez-faire*[29]. Esta filosofía económica instruye al gobierno a no interferir ni intervenir de ningún modo en los mercados. Irónicamente, esta doctrina pasó a ser conocida como la doctrina del "libre mercado", confundiendo la "libertad" de los derechos humanos y las libertades humanas básicas con la "libertad" de los pudientes para acumular tanta riqueza como les fuera posible.

Note que, según Adam Smith, este equilibrio natural se establecerá por sí mismo tanto nivel nacional como internacional. Dicho en términos contemporáneos, esto equivale a afirmar que la micro y la macroeconomía operan del mismo modo. Al consolidar en sistema de libre mercado, argumenta, las naciones maximizarán sus propias ganancias y, por ello, el bien de sus ciudadanos. El mercado internacional evidenciará la misma estabilidad que Smith cree ser la resultante natural de cualquier sistema local, tal como cuando los agricultores siembran arroz en su granja y lo llevan al mercado local para venderlo a los aldeanos.

Adam Smith reconoció que hay algo sorprendente, incluso milagroso, en este fenómeno. Cada uno de nosotros actúa puramente en interés propio; y el resultado, cuando nos reunimos a transar en el mercado, será el mejor posible para el poblado, nuestro país y, en definitiva, para todos los seres humanos del planeta. Smith veía este resultado como una ley determinista, análoga a las leyes físicas de Newton, que habían causado tan enorme impacto en la mentalidad europea de comienzos del siglo XVIII. No utilizó, sin embargo, términos tomados de la física. En vez de eso, presentó su idea como si hubiese un dios que transformara mágicamente nuestro egoísmo en el mejor resultado para el todo. Smith llamó a esta transformación "la mano invisible":

> (...) a pesar de su egoísmo y rapacidad natural, a pesar que sólo buscan su propia conveniencia (...) comparten con los pobres el producto de sus mejoras. *Son llevados por una mano invisible* a hacer casi la misma distribución de las necesidades de la vida que se habría hecho si la tierra hubiese sido dividida en porciones iguales entre todos sus habitantes y así, sin intentarlo, sin saberlo, avanzan el interés de la sociedad. [30]

O, incluso con más claridad:

> Prefiriendo el éxito de la industria nacional al de la industria extranjera, no piensa más que en darse personalmente una mayor seguridad; y dirigiendo esta industria de manera que su producto tenga el máximo valor posible, no piensa más que en su propia ganancia; *en aquello, como en muchos de otros casos, es guiado por una mano invisible* hacia el cumplimiento de un fin que nunca ha estado en sus intenciones; y no es siempre lo peor para la sociedad que esta finalidad no entre en sus intenciones. Buscando sólo su interés personal, trabaja a menudo de una manera mucho más eficaz para el interés de la sociedad, que si se lo hubiera puesto como objetivo de su trabajo.[31]

Lo más notable de este texto fundacional del capitalismo es que no sólo permite que todos los ciudadanos sean egoístas, *sino que los exhorta a serlo*. Smith quiere hace hacernos creer que nadie necesita actuar conscientemente en interés público y que las políticas que aspiran al Bien Común están condenadas al fracaso. No obstante, milagrosamente, aquellos que promueven sus propios intereses privados y sólo buscan enriquecerse lo más posible, acaban por producir el más alto nivel de Bien Común:

> No es por la benevolencia del carnicero, del cervecero o el panadero que recibimos nuestra cena, sino por propio interés

de ellos. No apelamos a su humanidad sino a su egoísmo, y no le hablamos de nuestras necesidades sino de su provecho[32]

Lo que a uno debería preocuparle más de esta filosofía política no es solamente la negatividad que la impregna, sino la trunca visión de la persona humana que presupone y promueve. John Stuart Mill, el famoso filósofo liberal del siglo XIX, ofrece un conjunto similar de prioridades:

> [La economía política] no trata toda la naturaleza humana en tanto modificada por el estado social, ni toda la conducta del hombre en sociedad. *Lo considera solamente como un ser que desea poseer riqueza*, y que es capaz de juzgar la eficacia comparativa de los medios para obtener ese fin[33]

De todo el complejo de deseos que constituye nuestro ser humano, sólo queda aquí bajo el foco nuestro "deseo de poseer riqueza". Según Mill, se requiere únicamente un tipo de razonamiento para esa actividad: evaluación de medios y fines o lo que Max Weber llamará más tarde "razonamiento instrumental" (*Zweckrationalität*): escoger los mejores medios para lograr un fin deseado. Por contraste, la habilidad de razonar acerca de cuáles son los fines más valiosos (*Wertrationalität*) queda fuera de consideración. En todo caso, Mill admite que está proponiendo

> Una definición arbitraria del ser humano, como un ser que invariablemente hace aquellas cosas en virtud de las cuales puede obtener el máximo de lo que necesita, de lo que le conviene y de los lujos que quiere a cambio del mínimo trabajo y esfuerzo para lograrlo.[34]

CONCLUSIÓN

En suma, Adam Smith introdujo la idea de producción de ganancia, no medida primariamente en términos de los valores inherentes del trabajo y lo que se produce, sino más bien en términos de una realidad económica independiente conocida como dinero o capital. De acuerdo a esta filosofía económica, la creación y el intercambio de dinero se vuelve la meta primaria, y todos los otros "bienes" que el trabajo humano puede producir son meras consecuencias de la lucha por adquirir capital. Es importante recordar que Adam Smith escribió en el siglo XVIII, casi 250 años atrás. Los cambios sociales y económicos ocurrían mucho más lento en esa época y la mayoría de los ciudadanos creía que los reyes y las reinas gobernaban los pueblos por *derecho divino*, esto es, por voluntad de Dios. Tales hechos ayudan a explicar la ingenua visión de Smith respecto de la moralidad y estabilidad natural del libre mercado, pero no lo justifican. Incluso en esa misma época, se usaba la ideología capitalista para defender las injusticias de las naciones europeas, que estaban colonizando casi la totalidad del mundo y enriqueciéndose con su dominio colonial. Por ejemplo, los primeros capitalistas sostenían que era de máximo beneficio para África el que los comerciantes de esclavos comprasen hombres, mujeres y niños para embarcarlos al Nuevo Mundo. ¿Acaso no aportó la venta de esclavos grandes sumas de capital a los jefes y reyes de las tribus africanas?, ¿no fue crucial esta afluencia de divisas para alejarlos de sus modos de vida salvaje, convertirlos al cristianismo y hacerlos jugar un papel en el emergente mercado mundial?, ¿es que no valieron la pena los "costos" de la esclavitud y la colonización, dados los muchos beneficios que trajo el convertirse en parte del sistema capitalista europeo? Claramente, los primeros capitalistas estaban convencidos de que su sistema era el mejor no sólo para las naciones que colonizaban sino para todas las del resto del mundo. Por supuesto, uno podría preguntarse hasta qué extremo Gran Bretaña, Francia, España y Holanda estaban cegadas por las inmensas riquezas que rapiñaban de las colonias africanas, sudamericanas y asiáticas.

Hoy, más de doscientos años más tarde, las injusticias y los abusos que los imperios de Europa infligieron a los pueblos colonizados han quedado a la vista de todos. Igualmente patentes son las imprecisiones de la historia fundacional del capitalismo. El terrorismo de Estado, ya sea apoyado por la España o Alemania fascistas o (de modo más soterrado) por los operativos norteamericanos desplegados en Sudamérica en los 50', ha producido atrocidades iguales o peores a las que los seres humanos supuestamente se hubiesen causado en "estado de naturaleza". Además, la rapidez del cambio del mundo de hoy ha falseado la confianza que Smith tenía en la armonía y estabilidad naturales de los mercados a nivel local e internacional. De modo más importante, el inmenso aumento de la población durante los siglos XIX y XX ha demostrado que los recursos naturales —que parecían inexhaustibles en el siglo XVIII— son limitados y que, en los hechos, restringen el crecimiento a nivel planetario.

Estos y otros factores, que vamos explorar en detalle en los capítulos siguientes, se oponen a la aseveración de Adam Smith de que él habría revelado las inmutables leyes naturales del valor y el intercambio. Por sobre todo, sucedió que la "mano invisible" del libre mercado, cual mano de Dios, no trajo a todas las personas la clase de justicia que Smith sostuvo que traería. El capitalismo desenfrenado ha traído cuando menos tanto daño a las personas y al planeta como lo hizo el colonialismo, y ciertamente por muchas de las mismas razones. La quimera en que Smith creía —que si todos éramos económicamente egoístas todos ganaríamos— resultó ser simplemente falsa. En el capítulo siguiente examinaremos las consecuencias del sistema capitalista y de los efectos que ha provocado en los seres humanos, en las naciones y en el modo en cómo nos tratamos.

3. ¿POR QUÉ NO CAPITALISMO? LAS ACTUALES PRÁCTICAS Y SUS CONSECUENCIAS

LAS FORMAS PURA E IMPURA DE CAPITALISMO

EN EL CAPÍTULO ANTERIOR ACABAMOS de ver que el capitalismo es un tipo de sistema económico y social cuyo impulso central es la acumulación de capital: la creación e incremento de riqueza. En un sistema capitalista "puro", las únicas instituciones públicas que deberían existir (aparte del ejército y un aparato gubernamental mínimo) serían aquellas que dieran retribución a sus dueños. Vemos también que, idealmente, un Estado capitalista no colocará ningún límite a los mercados, puesto que se da por descontado que sus propias fuerzas serán el mejor modo de determinar qué servicios habrán de existir y cuánto costarán.

En el mundo de hoy, rara vez existe el capitalismo en esa forma pura, si es que lo hace. Los gobiernos y las organizaciones internacionales juegan ahora una amplia gama de roles importantes: proporcionan servicios en beneficio de sus ciudadanos; controlan parcialmente el valor del dinero y las tasas de interés; colocan límites a los negocios y al comportamiento abusivo de los inversionistas; son dueños de edificios públicos y parques y administran programas, tales como los militares y educacionales, que son considerados esenciales para el bien de la nación.

La propiedad estatal puede ser un medio para lograr esos fines, pero no necesariamente debe ser considerada un fin en sí mismo (por esta razón es engañoso *definir* al socialismo como la propugnación de la propiedad estatal. De tales definiciones se valen sus oponentes para crear la impresión de que lo quieren los socialistas es arrebatarle las cosas a la gente. Preferiríamos definir como "socialistas" a aquellos sistemas políticos, sociales y económicos que buscan proporcionar servicios sociales a los ciudadanos en aras del Bien Común. Volveremos sobre esto).

Hoy, cuando se trata de estructurar y dirigir la economía, la mayoría de los gobiernos del mundo mezcla elementos socialistas y capitalistas. Como resultado de ello, el capitalismo que conocemos hoy sólo se hace presente en formas "impuras"; es decir, constreñido por políticas de orientación social. Este hecho hace más difícil evaluar dónde son beneficiosas las fuerzas del mercado y dónde son dañinas. Por ejemplo, cuando de dispone de medicamentos para los ciudadanos de un país, ¿deberíamos darle crédito a los principios capitalistas?, ¿es el afán de lucro por parte de los laboratorios el que hace posible que los enfermos obtengan la medicina que necesitan?, ¿o acaso no juegan un rol más importante para suplir las necesidades de salud de los ciudadanos las directrices gubernamentales, los estándares y certificación de drogas (determinados por los ministerios de salud del caso), las políticas de educación nacional y el sistema de cobertura pública de salud? En un sistema "mixto" ni capitalistas ni socialistas pueden atribuirse el derecho exclusivo, puesto que el sistema de salud opera en su totalidad como una fusión de ambos sistemas. Cuando los defensores del capitalismo destacan las consecuencias positivas del libre mercado, ignoran invariablemente el rol que juegan los gobiernos regulando la competencia y previniendo los abusos del mercado.

EJEMPLOS DE CAPITALISMO PURO

Por estas razones, se debe retroceder un siglo o dos para encontrar ejemplos de capitalismo "puro". Aunque el comienzo de la producción industrial puede remontarse hasta finales del siglo XVIII, fue sólo con la rápida expansión de las fábricas durante la Segunda Revolución

Industrial, hace aproximadamente ciento cincuenta años atrás, que comenzaron a hacerse sentir los efectos del capitalismo desenfrenado. En ese tiempo, los industriales fueron capaces de acumular enormes cantidades de capital, transformar las vidas de millones de personas e iniciar el cambio de rostro de la sociedad. Y puesto que los cambios fueron inesperados, el control gubernamental era mínimo. Por estas razones, esa época ofrece buenos ejemplos de los efectos de las fuerzas del mercado —el afán de lucro químicamente puro— sin intervenciones gubernamentales que las restringiesen y adaptasen al Bien Común.

La construcción del primer ferrocarril transcontinental en Norteamérica nos ofrece un buen primer caso de estudio. Ninguna ley regulaba ese proyecto: ni la calidad de la construcción, ni el trato y pago de los obreros. Participaron diferentes compañías. Entre ellas, la *Central Pacific Railroad* que sufrió un déficit de mano de obra en el Oeste. Se enviaron entonces reclutadores a China, desde donde trajeron hombres para realizar la más brutales y peligrosas construcciones. Trabajando en condiciones inhumanas, los obreros chinos construyeron la primera línea de ferrocarril sobre las alturas de la Sierra Nevada y a través de Nevada para conectarse con las líneas que ya estaban en el norte de Utah. A los inmigrantes chinos se les pagaba unos cuantos centavos diarios. Durante las voladuras de rocas con dinamita apenas se tomaba en cuenta su seguridad y muchos murieron o quedaron mutilados. En contraste con ello, la conexión de las líneas trajo grandes ganancias a los dueños del ferrocarril y de los negocios que dependían de él.

A medida que la industrialización se expandía en Estados Unidos, surgieron condiciones de trabajo igualmente inhumanas en la mayoría de las industrias y fábricas; 12 horas de trabajo diarias no eran algo inusual, y los dueños se valían cada vez más de niños y mujeres pobres. El nivel de pago que recibían los obreros era similar al que reciben hoy quienes manufacturan ropa en Bangladesh, y en condiciones de trabajo igualmente peligrosas. Las familias pobres habitaban en viviendas edificadas por las fábricas donde trabajaban y que eran propiedad de estas últimas. Obligadas a pagar precios altos por arriendo y comida, ocurría que a veces esas familias debían a los dueños capitalistas más de lo que les habían pagado por su trabajo. Tal como lo describe una canción popular de la época, tú tenías que "trabajar todo el día por centavos para tu té, allá en la línea del tren, y taladrar y taladrar con alquitrán, dinamitar y quemar".

Como resultado de esos abusos, los gobiernos locales, estatales y federales comenzaron a promulgar leyes que protegiesen a los trabajadores, combinando principios capitalistas y socialistas. Por primera vez, los gobiernos de las naciones europeas y norteamericanas comenzaron a desarrollar un modelo de capitalismo "mixto". Por cierto, las fábricas eran todavía propiedad de ciertos individuos y compañías y los trabajadores no compartían la propiedad ni gozaban porcentaje alguno de las ganancias. Pero los periódicos comenzaron a difundir historias acerca de los abusos que despertaron el clamor público contra esas brutales condiciones de trabajo. La protesta pública condujo a nuevas leyes que pusieron algunas cortapisas a lo que los dueños de las fábricas podían hacer a sus obreros. Surgió también un movimiento de protesta de inspiración religiosa que fue conocido como el *Social Gospel Movement*. Liderado por Walter Rauschenbusch, ese movimiento avivó las protestas públicas contra los abusos, estimulando con ello nuevas leyes y limitando lo que los propietarios podían hacer para disminuir costos y maximizar ganancias.

La legislación financiera puso las primeras limitaciones al poder de las compañías. El *Sherman Antitrust Act*, aprobado por el Congreso en 1890, limitó el poder de una corporación individual para crear un monopolio. Pero la especulación monetaria permanecía en gran medida sin control. "Los locos años veinte" trajeron tal crecimiento al mercado de valores que los ciudadanos norteamericanos promedio comenzaron a invertir sus excesos de capital en la Bolsa. Los bancos garantizaban la inversión, comprometiéndose a pagar a veces el doble o el triple del valor de lo invertido por el cliente si las acciones caían. La promesa de una ganancia rápida llevó a un delirio por comprar; en un solo año, por ejemplo, se duplicó el valor de las acciones del acero.

La gran caída de los mercados de valores europeos y norteamericanos en octubre de 1929 fue, en gran parte, resultado del capitalismo "puro" de los años veinte. En Norteamérica, el *Promedio Industrial Dow Jones*[35] perdió el 89 % de su valor en tres años, y hubo que esperar hasta fines de 1954 para que el mercado recuperara el valor que había perdido. Recuerdo muy bien las historias que me contaba mi abuelo paterno acerca del la caída en los mercados accionarios, y en particular acerca del 29 de octubre de 1929, el "Martes Negro". Propietario de banco y agente, había invertido gran cantidad de sus fondos y los de sus clientes en la Bolsa. Para él, tal como para un vasto número de norteamericanos que había puesto sus esperanzas en el ilimitado crecimiento del capital invertido en acciones, equivalió al fin del mundo. Mi abuelo describía cómo los agentes de bolsa, incluidos algunos de sus amigos, se suicidaban saltando por las ventanas de sus oficinas. Todo el capital que habían amasado se había desvanecido. Habiendo perdido su casa y la mayoría de sus posesiones, él y su esposa se mudaron a un departamento pequeño. Recuerdo cómo me contaba que llenaban sus maletas con ladrillos para que los porteros no se dieran cuenta de que estaban prácticamente vacías.

El gran giro hacia una economía capitalista/socialista "mixta" ocurrió en Estados Unidos durante la Gran Depresión luego del quiebre de la Bolsa y de gran cantidad de instituciones financieras. El desempleo masivo y la pobreza que trajo aparejadas habrían de durar casi una década. En respuesta a los excesos de la especulación capitalista, el Presidente Franklin D. Roosevelt comenzó una serie de reformas sociales conocidas colectivamente como el *New Deal*. Su Programa de Seguridad Social por ejemplo, representó el primer programa de cobertura con apoyo gubernamental para los ancianos, desempleados y enfermos. Además, el *Fair Labor Standards Act* o *Ley de Normas Aceptables para el Trabajo* de 1938 estableció un máximo de horas y salarios mínimos para casi todas las categorías de trabajadores.

Esas y otras medidas que protegían a los trabajadores y al público fueron conocidas como la "red de seguridad" social. Con esta analogía, quienes participan en el sistema capitalista eran como acróbatas del trapecio a gran altura de la carpa del circo. Cuando no lograban agarrarse del trapecio, cosa que ocurría de tiempo en tiempo, la red de seguridad los recibía antes de que estrellaran contra el suelo y perdieran la vida. Similarmente, las políticas sociales que habían sido establecidas e inauguradas por el Gobierno protegían a los trabajadores cuando los mercados los "dejaban caer", a fin de que no quededaran desamparados.

De las múltiples implicancias de la "red de seguridad", vamos a destacar sólo dos: (i) es la primera vez que las referencias a la "mano invisible" de Adam Smith han desaparecido. La amarga experiencia de la industrialización y el aumento del control ejercido por los capitalistas durante los siglos XIX y XX dejaron en abierta evidencia que, de hecho, el libre mercado destruye vidas y crea abusos. Una sociedad puede elegir o dar la espalda al hecho de que personas y familias sean trituradas por las corporaciones e individuos ricos, o puede ofrecer a los trabajadores alguna protección contra las brutales consecuencias de la competencia empresarial. La asistencia social proporcionada por la red de seguridad mantiene con vida a las personas y familias que, de no ser así, habrían sido destruidas por las fuerzas del mercado; (ii) la segunda implicancia de la metáfora es menos alentadora. ¿Por qué los gobiernos no han hecho más que construir una red de seguridad?, ¿por qué han permitido que los mercados operen sin regulación alguna hasta el punto de ocasionar abusos de ese tipo? Habiendo fracasado en enfrentar las *causas* del sistema de clases que el capitalismo crea, los gobiernos han buscado a menudo sólo mitigar unos cuantos *efectos* del sistema de mercado irrestricto sobre los menos afortunados de sus actores.

Uno encontraría desconcertante que los gobiernos, que existen para el bien de sus ciudadanos, limitaran sus intervenciones sólo a los efectos y no a las causas del daño. Imagine que un sector extremadamente peligroso de una autopista cause múltiples accidentes, con heridas graves o muerte de los conductores. Es difícil imaginar que los dirigentes se limitaran a enviar ambulancias a esperar a la orilla del camino para transportar a los heridos al hospital después de cada accidente. Al contrario, esperaríamos que modificaran la autopista para que causara menos daño a los conductores. ¿Por qué, en el caso de la especulación capitalista, escogerían los gobiernos mitigar las consecuencias negativas sólo una vez que han ocurrido?

CAPITALISMO, DARWINISMO SOCIAL Y RELIGIÓN

Planteamos que han sido muchas las personas cegadas por una ideología creada por los defensores del capitalismo irrestricto a fin de mantener los gobiernos al margen. Desde que fue evidente (*contra* Adam Smith) que no hay una "mano invisible" que proteja a los trabajadores de los "subproductos" de la competencia, los abogados del "libre" mercado se han valido de la ciencia, por una parte, y de la religión, por otra, para defender su posición. Consideremos respectivamente ambas estrategias.

En 1859, en medio de la Revolución Industrial, Charles Darwin publicó su célebre *Origen de las Especies*. En tanto ciencia, ese trabajo pionero fue decisivo para impulsar las ciencias biológicas tal como hoy las conocemos. Pero como ideología causó un perjuicio enorme. Las intuiciones científicas de Darwin fueron simples pero brillantes. Postuló que tenía que haber en los organismos algún mecanismo de "variación aleatoria" (posteriormente los biólogos descubrieron la estructura de ADN y los detalles de las mutaciones genéticas para explicar este fenómeno). Luego, el medioambiente provoca una "retención selectiva" de algunos de estos genotipos. Finalmente, los organismos con mayor "aptitud reproductiva" se multiplican pasando a jugar un rol de peso en su ecosistema, mientras las otras especies comienzan a extinguirse con el tiempo.

El segundo libro de Darwin, *El Origen del Hombre* (1871), otorgó un papel central a los comportamientos cooperativos y mostró que la biología darwiniana estaba lejos de ser una filosofía del individualismo. Al contrario, Darwin tuvo una profunda comprensión de la función crucial que juegan los grupos, los comportamientos sociales y la cooperación en la evolución de la vida[36]. Pero sus contemporáneos prefirieron pasar por alto las características sociales y cooperativas de sus descubrimientos científicos. Ya en la recepción temprana de la obra de Darwin, los escritores victorianos se focalizaron en la idea de la "supervivencia del más apto". Alfred Lord Tennyson, uno de los primeros que popularizara la teoría de la evolución, escribió un poema que capturó la imaginación del público:

¿Están pues en discordia Dios y la Naturaleza,
ya que la Naturaleza presta tales sueños de maldad?
Que tan cuidadosa de la especie se muestra
y tan indiferente a la vida individual…

"¿Tan cuidadosa de la especie?", pero no.
Desde escarpados precipicios y canteras

grita que miles de especies se han marchado:
'No me cuido de nada y todo ha de marcharse' (...)

Y lo hará el hombre,
su obra postrera, que parecía tan limpio
tan espléndido propósito ante sí mismo,
quien abrió el rollo de los Salmos bajo los cielos invernales
dándose alas de estériles plegarias,

quien creyó de verdad que Dios era amor
y el amor la ley final de la Creación.
Tú, Naturaleza, roja en los colmillos y las garras
aúllas contra su credo en tus gargantas...[37]

Según esta visión, que se volvió la interpretación dominante del darwinismo, la evolución consiste en la cruda guerra de todos contra todos; muy similar a la "desagradable, brutal y corta" visión de la vida que había propalado Hobbes en 1649. La Naturaleza está "roja de colmillos y de garras", creían los victorianos, porque en el fondo se trata de que los animales más fuertes maten a los más débiles.

Una importante escuela de teoría social y económica conocida como "Darwinismo Social" nació a raíz de esta tergiversación de Darwin. Si la "sobrevivencia del más apto" es una ley natural, argumentaban los capitalistas, entonces el modo en que construimos y estructuramos la sociedad humana debería estar guiado por la misma regla. Quienes poseen riqueza *tienen que ser* ricos porque son más "aptos" para sobrevivir, y quienes carecen de ella tienen que ser pobres porque son "inaptos". En las formas más viciadas de Darwinismo Social, los teóricos sostenían que quienes detentaban el poder simplemente debían dejar que los pobres murieran y, de preferencia, antes de que se reprodujesen. Después de todo, son los eslabones más débiles de la cadena evolutiva; la especie en su totalidad será más fuerte si se permite al rico tener más hijos y al pobre ninguno. Incidentalmente, se han usado argumentos similares para defender el nacionalismo: el país que conquista a otros debe ser más apto y en consecuencia merece regirlos en virtud de un poder imperial. Durante el periodo colonial, los teóricos británicos, franceses y alemanes se valieron de este lenguaje para defender sus imperios.

Uno de los primos de Darwin, Francis Galton, convirtió esta actitud, muy poco después de la muerte de aquél, en un programa específico que llamó "eugenesia" (del griego "bien nacido"). El movimiento eugenésico defendió programas sociales y gubernamentales para mejorar la calidad del la reserva genética humana. Específicamente, Galton procuró introducir programas para incrementar el número de niños de la gente con características deseables e impedir la reproducción de la gente con características indeseables. William Goodell, su seguidor norteamericano, por ejemplo, sostuvo que los hombres enfermos mentales deberían ser castrados y que debería extirparse los ovarios de las mujeres enfermas mentales. Si quedaban embarazadas las mujeres con cualidades indeseables debería forzárselas a abortar, y aquellas con cualidades deseables deberían ser fecundadas a la fuerza por hombres cuyos rasgos se consideraran ventajosos. El racismo jugó un rol gravitante en el movimiento eugenésico. Puesto que los victorianos británicos consideraban que la gente de piel blanca era más evolucionada que la de piel oscura, argumentaban que debería otorgárseles ventajas reproductivas. Los abogados más extremos de los programas eugenésicos procuraron disminuir o incluso exterminar a los grupos étnicos indeseables (genocidio) sobre la base de eran más primitivos que los grupos más avanzados de piel clara. Adolfo Hitler y los nazis adoptaron después esta misma ideología de eugenesia social en virtud de lo que alegaban ser razones científicas. Como es bien sabido, se valieron de un lenguaje pseudo-darwiniano a fin de justificar sus esfuerzos para exterminar a todos los miembros de la religión judía, a quienes, equivocadamente, trataron como una raza[38].

En el capítulo 9 exploraremos desarrollos recientes en biología que han socavado la interpretación de la evolución a la luz del Darwinismo Social. Esta doctrina ilustra, por desgracia, un caso típico en que la ciencia se usa como ideología para defender el *status quo* de quienes detentan el poder. Y aunque la justificación científica para esta aplicación ha sido socavada hace mucho tiempo, continúa aflorando en la defensa de las fuerzas del mercado hechas por los neoliberales, sin importar cuán duras sean las consecuencias para los pobres.

Así que quizá no sea una sorpresa que el darwinismo haya sido y todavía sea usado para dar justificación científica al capitalismo. Pero es un poco más sorprendente, o al menos decepcionante, que algunos teólogos cristianos hayan dado también su propio respaldo religioso a los capitalistas. Al ofrecer su apoyo, los teólogos apelaban a menudo a Juan Calvino, el gran teólogo de la Reforma que creía que Dios había predestinado a algunos a la salvación eterna y otros a la condenación eterna. Pero, ¿cómo puede saber uno si se cuenta entre los salvados o los condenados? Bueno, sostuvieron los teólogos, Dios seguramente dejará caer bendiciones sobre los que ha escogido para que gocen de la vida eterna en el Cielo y las negará a aquellos destinados al Infierno. Los calvinistas sabían que no podían cambiar los resultados de la decisión de Dios. Pero si trabajaban duro, podrían llegar a ser ricos, y las riquezas serían un signo de que ellos estarían probablemente entre los "elegidos" de Dios. El gran sociólogo alemán Max Weber llamó a este fenómeno "la ética protestante del trabajo" y demostró la inmensa influencia que tuvo en el desarrollo del capitalismo en la Europa Moderna[39].

De hecho, el cristianismo y el capitalismo han trabajado a menudo como estrechos aliados. Este matrimonio es difícil de comprender, ya que Jesús, el fundador del cristianismo, hizo muchas advertencias a los ricos y proclamó que el Reino de Dios era para los pobres ("Bienaventurados vosotros los pobres, porque vuestro es el reino de Dios" Lucas 6:20). Quizá la razón es que el cristianismo también ha enfatizado la elección personal y la responsabilidad individual. La religión invita a cada persona a escoger entre el cielo y el infierno, enseñando que esa decisión individual acarreará consecuencias inescapables. Es cierto que a veces el Nuevo Testamento usa analogías con el dinero para explicar el resultado de esa elección individual: si usted invierte bien sus recursos, será recompensado; pero si invierte mal, será castigado:

> Respondiendo su señor, le dijo: Siervo malo y negligente, sabías que siego donde no sembré, y que recojo donde no esparcí. Por tanto, debías haber dado mi dinero a los banqueros, y al venir yo, hubiera recibido lo que es mío con los intereses. Quitadle, pues, el talento, y dadlo al que tiene diez talentos (Mateo 25:14-30)

Esta suerte de lógica lleva a la gente a pensar que el éxito o fracaso económico tiene que ser una consecuencia de decisiones personales.

LAS CONSECUENCIAS DEL CAPITALISMO

En una palabra, el argumento capitalista estándar es que todos los grandes desarrollos de la época moderna —ciencia, tecnología, confort creciente, altos niveles de vida y aumento de la expectativa de la vida— son resultado del capitalismo de libre de mercado. Este argumento tiene un corolario: aquellos que trabajan duro tendrán éxito y quienes no lo tienen, no han trabajado duro.

Creemos que ambas afirmaciones son falsas. Comencemos con la segunda. Uno de los mitos fundacionales del capitalismo es que la riqueza se consigue mediante trabajo duro y capacidades naturales. Aquellos que tienen talento y lo aplican a la consecución de riqueza se elevarán por sobre la clase económica en la cual nacieron. El reciente libro de Thomas Piketty, *El Capital en el siglo XXI* muestra que incluso en la era actual, las sucesiones o herencias son un indicador más sólido del nivel de riqueza que las propias ganancias. En otras palabras, el capital continúa siendo controlado en mucha mayor medida por dinastías familiares que por aquellos con talento natural. La investigación de Piketty muestra que la desigualdad económica continuará aumentando a menos que hagamos cambios económicos estructurales, quizá a través de un sistema de impuestos progresivos[40]. En suma, los datos actuales socavan el mito capitalista de que los resultados en la competencia por la riqueza están determinados primariamente por la virtud, carácter, inteligencia y habilidades que usted tenga y por cuán duro haya trabajado.

Sucede que los factores que determinan la riqueza son otros, y que en general se imponen sobre los factores individuales recién mencionados. Considere esto cuatro ejemplos:

(1) Su acceso al capital. Obviamente, quienes que no tienen dinero no pueden multiplicarlo invirtiendo, mientras que los ricos pueden usar su dinero para hacer más dinero. En una era tecnológica, y en un sistema económico global que favorece cada vez más el emprendimiento de grandes negocios, poseer una capitalización significativa es una condición

indispensable para tener éxito en los negocios. En términos globales, la gente de la clase alta tiene, de lejos, un acceso expedito a la riqueza, en tanto la gente de las clases bajas no goza de él y tienen grandes trabas para pedir préstamos. En muchos países occidentales es más difícil que la gente de color obtenga grandes préstamos, y en la mayoría de los países las mujeres tienen mayores trabas financieras que los hombres. Por último, el acceso al capital es significativamente más fácil en el Norte del planeta que en el Sur.

(2) Su educación y preparación. En general, el salario aumenta a medida que lo hace el nivel educacional[41]. Los graduados del Programa MBA de Harvard en 2013 comenzaron a trabajar con un salario promedio anual de USD 120.000; los graduados del MBA de la Universidad de Madras, uno de los Programas más sólidos de la India, comenzaron ganando USD 85.000 de promedio anual[42]. Las personas formadas en alta tecnología y negocios acceden a los más altos ingresos. Los profesores ganan menos, y su capacidad de ingreso decrece todavía más cuando enseñan a niños pequeños. Los agricultores y los trabajadores sin calificación ganan todavía menos. Muchos de quienes habitan en entornos rurales, especialmente en los países en desarrollo, tiene poco o ningún acceso a las oportunidades educacionales. En todo caso, a nivel mundial, la correlación entre ingreso y educación es indesmentible.

(3) La región del mundo de donde usted proviene. Su región no determina si acaso usted será o no un capitalista exitoso, pero tiene algunos efectos. Si usted nació en una nación desarrollada, probablemente tendrá mayor acceso a mercados lucrativos y mejores probabilidades de éxito financiero. De acuerdo a los datos de la OCDE, Estonia se ubica en el último lugar de los países miembros (la mayoría países desarrollados) con un salario promedio anual de USD 17.323[43]. A nivel mundial, sin embargo, la media de ingreso familiar es sólo de USD 10.000, según Gallup[44]. Y el Banco Mundial estimó que el 2010 cerca del 21 % de la gente en el mundo en desarrollo (1,22 personas en miles de millones) vivían con USD 1,25 diarios o menos[45].

Otra medida comparativa utilizada para calcular la paridad de poder adquisitivo o PPP (*purchasing power parity*) es el producto interno bruto (PIB) dividido por la población del país, lo que arroja el PIB *per capita*. De acuerdo al FMI, cuando uno se vale de este método, Qatar lidera el ranking con USD 100.889 ocupando uno de los últimos lugares del mundo la República Democrática del Congo con USD 365. Puesto de otro modo, la PPP es *276 veces más alta* en Qatar que en la República Democrática del Congo.

(4) Su raza. Alrededor del mundo, la raza y la etnia influyen en el ingreso de la persona. De acuerdo a la Oficina del Censo Norteamericana,

> Mientras los norteamericanos blancos constituían *grosso modo* el 75, 1 % de todas las personas el año 2000, 87,93% de todas las familias del 5% más alto estaban encabezadas por una persona que se identificó como puramente blanca. Sólo el 4,75% de todas las familias del 5 % más alto estaban encabezadas por alguien que se identificó como hispano o latino de cualquier raza, versus el 12,5 % de personas que se identificaron como hispanos o latinos en la población general[46].

Uno podría extender sin esfuerzo esta lista, ya que los datos son públicos y de fácil acceso. Pero es muy difícil negar el mensaje central: *los factores que determinan el destino de él o ella en el "libre" mercado son numerosos y están más allá del propio control individual*. Hablando en general, los hombres tienen ventajas sobre las mujeres, la gente blanca sobre la de piel oscura, los ya ricos sobre los pobres, las naciones desarrolladas sobre las naciones en desarrollo y los habitantes de las ciudades sobre los de los campos. Si su país goza de una divisa estable, baja tasa delictual, sólido sistema educacional y una infraestructura bien desarrollada, es muy probable que usted supere a los que carecen de esas ventajas; aún si ambos se embarcan en sus emprendimientos comerciales con las mismas habilidades y esfuerzos.

CONCLUSIÓN

A los norteamericanos les gusta la expresión "¡Que gane el mejor!" Pero en el a veces brutal mundo de los mercados globales, frecuentemente *no gana* el mejor. Al contrario, múltiples ejemplos sugieren que a menudo son las personas *menos* virtuosas quienes ganan la batalla por ser ricos. Estos hechos también minan la tesis de que deberíamos abonarle al capitalismo los logros de la modernidad. No es la competencia humana desbocada y sin dirección la que ha proporcionado los bienes sociales que han mejorado la calidad de vida al mayor número de personas. Al contrario, los grandes beneficios vienen cuando la gente se organiza en *sociedades que sirven de palabra y de obra al Bien Común*; esto es, con sus más hondos convencimientos y con su práctica real. Como veremos en el capítulo siguiente, los sistemas socialistas exitosos pueden dejar un espacio razonable para actividades empresariales. *Contra* el marxismo tradicional, los sistemas híbridos funcionan; las fuerzas de mercado adecuadamente constreñidas pueden beneficiar el bien público.

Muchas personas encuentran contraintuitiva la idea de que un sistema motivado exclusivamente por la codicia y la competencia sanguinaria pueda traer los más grandes beneficios al mayor número de personas. Ahora vemos que hay buenas razones para que la encuentren así: *es falsa*. Los abusos sólo se contienen cuando los gobiernos, las agencias internacionales, el sector laboral, los defensores de los consumidores y un sistema bien organizado de fiscalización y equilibrios actúan mancomunadamente como perros guardianes sobre la competencia de mercado. Como veremos en el capítulo siguiente, la mejor solución no es ni el capitalismo *laissez-faire* ni la propiedad estatal de la gran industria. A medida que se agudice la crisis del cambio climático, habrán de encontrarse nuevos tipos de soluciones focalizadas en el Bien Común que fusionen las necesidades de la sociedad, de la humanidad como un todo y del planeta del cual dependemos.

II.

DEL MARXISMO MODERNO AL MARXISMO POSTMODERNO

4. MARXISMO EN LA ERA INDUSTRIAL Y MARXISMO ORGÁNICO

"EL PODER CORROMPE..."

En los dos capítulos precedentes hemos examinado en detalle las flaquezas teóricas y prácticas del capitalismo. En tanto teoría de la naturaleza humana avala la visión de que los seres humanos son fundamentalmente combativos y mucho más proclives a competir que a cooperar. Y de allí que asuma que el mecanismo de la competencia de mercado, más que los incentivos para una acción cooperativa compartida, otorgará los mejores resultados. En tanto teoría social y política, el capitalismo presupone una visión minimalista del Estado, cuyo propósito primario es negativo: repeler los ataques del exterior y la corrupción en el interior. La responsabilidad fundamental del gobierno es permitir que los mercados funcionen independientemente, con poca o ninguna protección u orientación gubernamental de interés público.

Tal como vimos en el capítulo 2, ésta es la filosofía económica conocida como capitalismo *laissez-faire*. Históricamente, las políticas *laissez-faire* se han combinado con inversión gubernamental en equipamiento militar y manufactura de armas, tal como uno lo esperaría de una teoría proteccionista. Filosóficamente, las dos políticas van juntas: el rol del gobierno es proteger a la nación de cualquier ataque enemigo a fin de que sus capitalistas puedan amasar más riqueza, por cuanto en teoría su riqueza es buena para la nación y todos sus ciudadanos. Además, ganar guerras tiende a ser bueno para la economía de la nación, según se evidencia en las estadísticas económicas norteamericanas entre 1917 y 1945. Los gobiernos estilo *laissez-faire* tienden a colocar menos énfasis en educación pública, apoyo de las artes, medicina social u otros medios en virtud de los cuales los gobiernos normalmente trabajan para el Bien Común y aumentan la calidad de vida de sus ciudadanos. En vez de eso, tales gobiernos han invertido tradicionalmente de modo primario en sus fuerzas armadas y en infraestructuras que contribuyan al éxito financiero de sus negocios de gran escala.

De modo similar a las teorías del capitalismo, las prácticas de los sistemas capitalistas desde Adam Smith han sido las que uno esperaría a partir de una teoría semejante. Una y otra vez, cuando se ha otorgado poder ilimitado a los seres humanos, lo usan para enriquecerse a sí mismos, a sus amigos y a sus familias sin preocuparse en lo más mínimo de los efectos que pueda acarrear a los demás. Los romanos, cuyo sistema de emperadores (césares) tiene mucho que enseñarnos acerca del ejercicio del poder absoluto, solían decir, "el poder corrompe, y el poder absoluto corrompe absolutamente". Desde la alborada de la Revolución Industrial hasta las prácticas actuales de los bancos y las transnacionales, las personas y empresas que acumulan enormes cantidades de riqueza y poder a menudo lo han usado en su propio beneficio con gran costo para el resto de la gente, las otras naciones y el medioambiente.

Tal como lo sabemos a partir del deporte organizado, cuando la competencia humana es cuidadosamente regulada de acuerdo a reglas claras, se le asigna un campo de juego específico y, en el caso del fútbol, todos tienen igual acceso a la pelota, puede lograse un espectáculo y desempeño notables. En contraste, eventos deportivos que carezcan de árbitro a menudo quedan fuera de control —especialmente si hay algo importante en juego y apuestas— y es probable que haya heridos. ¿Por qué podríamos esperar que fuese diferente cuando se deja funcionar sin restricciones a los mercados "libres" y no se los guía por controles y un espectro más amplio de bienes sociales? Uno no necesita mirar muy profundo en la historia de la industrialización occidental o en el comportamiento de las transnacionales actuales para reconocer que el funcionamiento irrestricto de las fuerzas del mercado es una receta para el desastre.

Siendo estos principios tan obvios, uno podría preguntarse por qué se han ignorado. Dos razones vienen a la mente: (i) los poderosos y las corporaciones no quieren verse restringidas ni en sus prácticas ni en la cantidad de dinero que puedan ganar y ejercen de múltiples modos su influencia para impedir que los gobiernos y las organizaciones intergubernamentales limiten sus actividades; (ii) mucha gente está simplemente convencida de que no hay alternativa. Esto llama la atención, puesto que, a lo largo de la historia, los socialistas han propuesto vías para limitar a los multimillonarios en aras de la sociedad como un todo. Así que no es ninguna sorpresa que los capitalistas hayan buscado desacreditar a Marx y sus seguidores: lo último que querrían en el mundo es que la gente se diera cuenta de que las sociedades pueden diseñarse para favorecer al 99 % perjudicado. Pero es sorprendente que, hasta hoy, hayan sido tan exitosos en gran parte de Europa y Norteamérica. Más y más personas se han vuelto "capitalistas por defecto". Saben que el sistema sólo favorece a los más ricos, pero no ven alternativa.

Esta situación es trágica. Un porcentaje cada vez mayor de la población mundial reconoce ahora que el capitalismo desenfrenado empobrece a las naciones, apoya vasta injusticias y conduce al planeta a la destrucción medioambiental. Análisis marxistas acerca del poder de la riqueza y el flujo de capitales, tal como se presentan en el reciente libro de Thomas Piketty, *El Capital en el siglo XXI*, revelan que el "libre" mercado no es lo que dice ser. Las alternativas socialistas están ahí a la mano. ¿Por qué no son vistas como posibilidades vivas?

LOS SUPUESTOS DE LA MODERNIDAD QUE MARX ASUMIÓ

No tiene nada de sorprendente que propuestas económicas desarrolladas 150 años atrás tengan que ser actualizadas; pero sí lo es el que muchas de ellas sigan siendo tan certeras en pleno siglo XXI. Marx escribió en los albores de la Era Industrial, cuando los abusos apenas comenzaban a ser visibles. Las economías no se habían diversificado todavía, el sector servicios era pequeño y la globalización estaba en su infancia. Los bancos privados, si bien poderosos, ejercían una pequeña fracción del control que hoy imponen sobre la oferta global de divisas. Cada uno de esos desarrollos recientes reclama actualizaciones al "marxismo industrial" que Marx legó a sus sucesores. En particular, merecen nuestra atención cuatro puestas al día del contexto industrial moderno de Marx a nuestro contexto "postmoderno" actual.

(1) A mediados del siglo XIX, mucha gente estaba convencida de que los principios de la historia eran deterministas y que podían ser captados y codificados en un único sistema omnímodo.

Karl Marx escribió en el contexto de las grandes filosofías sistemáticas alemanas y sus supuestos acerca del conocimiento. Por un lado, esas suposiciones le ayudaron a concebir una alternativa a la filosofía capitalista de Adam Smith. Por otro, le hicieron más difícil ver la especificidad de su propio contexto y época histórica.

La influencia decisiva en el joven Marx fue Georg W. F. Hegel (1770-1831), el más grande idealista alemán. Inspirado por las leyes deterministas de la física de Newton, Hegel interpretó el flujo de la historia como un proceso inevitable. Su *Fenomenología del Espíritu* y la *Enciclopedia* describen cada uno de los pasos en virtud de los cuales un estadio de la historia hace surgir al siguiente. Para Hegel, los resultados de la historia son predecibles no porque estén determinados (*bestimmt*) por las necesidades de la ciencia natural; en vez de eso, la historia y la sociedad manifiestan *su propio* determinismo, sus propios estadios invariables de desarrollo. Al mismo tiempo, Hegel era un racionalista. Tal como escribió, "lo real es lo racional y lo racional es lo real"[47]. Por cuanto la progresión de la historia humana es al mismo tiempo la progresión de la racionalidad o "el concepto" (*der Begriff*), Hegel sostuvo que los diferentes estadios del proceso histórico podían ser conocidos de antemano por los filósofos, una vez que han desarrollado una ciencia filosófica universal. O cuando menos, creía, podían ser conocidos *por él*.

Como es bien sabido, Marx "puso a Hegel de cabeza". En vez de la progresión del "Espíritu Absoluto" desplegándose a sí mismo en la historia, interpretó a las condiciones socioeconómicas como su fuerza impulsora. Por esta razón, *El Capital* ofrece un estudio del despliegue de la lógica del capital según se manifiesta en los estadios progresivos de desarrollo socioeconómico y, en particular, en los estadios de los medios de producción. No obstante, era todavía Hegel quien aportaba el marco para su pensamiento. Como resultado de ello, Marx aceptó el panorama determinista de la historia hegeliano sin revisarlo.

Desde entonces, hemos aprendido que la visión determinista de la historia incorrecta. Los físicos han demostrado que el determinismo ni siquiera es válido a nivel de física elemental: muchos fenómenos del mundo cuántico se comportan de modo indeterminista. Los científicos de hoy estudian "sistemas caóticos" en los que las condiciones en un momento dado jamás pueden ser establecidas con precisión suficiente como para predecir las etapas futuras del sistema[48]. Las conclusiones de los teóricos del caos se hicieron famosas a partir del llamado "efecto mariposa", según el cual el aleteo de una mariposa en China podría ocasionar enormes e impredecibles consecuencias, tales como afectar el clima de Los Ángeles. Los sistemas biológicos están construidos sobre los mismos principios que la teoría del caos, agregando por tanto nuevos estratos de complejidad que socavan todavía más la predictibilidad[49].

Los sistemas sociales multiplican la impredictibilidad exponencialmente. No sólo se basan en la complejidad de los principios del mundo biológico sino que agregan incluso la complejidad mayor de las ideas y estructuras simbólicas. Ninguna ley puede predecir las grandes obras de ficción o la idiosincrasia de los líderes poderosos que han cambiado el curso de la historia. Desde el momento en que tantos factores aleatorios contribuyen a los desarrollos económicos y sociales emergentes, es falaz hablar de estadios necesarios de desarrollo social. Los marxistas postmodernos todavía estudian las relaciones de poder de clase, riqueza y capital al igual que los modos en que los trabajadores y su trabajo son devaluados y convertidos en *commodities*, esto es, tratados como simples productos que pueden comprados y vendidos; pero estos estudios empíricos no necesitan presuponer una representación determinista de la historia. Las sociedades y las prácticas humanas de hoy evolucionan en una era postmoderna. Los capitalistas han abandonado rápidamente (o al menos disimulado) los supuestos modernos de Adam Smith y sus predecesores Thomas Hobbes y John Locke, que crearon el mito del sujeto capitalista: "el individuo aislado que produce y consume"[50]. Por ejemplo, teóricos capitalistas señeros del siglo XX, tales como Friedrich Hayek y John Maynard Keynes, fueron cuidadosos en evitar las tesis de Adam Smith acerca de los sistemas deterministas[51]. Por contraste, los portavoces de las grandes economías socialistas no se han distanciado tan cuidadosamente del lenguaje determinista de Marx. Y puesto que tales supuestos particulares de la modernidad son ahora ampliamente considerados como inexactos, desorientadores e inapropiados, es importante desarrollar un marxismo postmoderno (post-industrial, post-determinista y culturalmente engastado) para las realidades socioeconómicas del siglo XXI.

(2) Marx y sus primeros seguidores creían que los trabajadores, una vez que estuviesen suficientemente informados, actuarían en función de sus propios intereses y se alzarían contra las injusticias de sus patrones y del sistema capitalista. Eran optimistas respecto a la construcción de una sociedad más equitativa.

Esas reivindicaciones del marxismo tradicional reflejan en parte la visión determinista de la historia que hemos estado discutiendo. Pero también revelan varios otros supuestos de la modernidad europea. El primero es una visión lineal del tiempo y de la historia. El tiempo, sostenía la modernidad, es como una flecha; se mueve en línea recta desde un origen hacia un final. En contraste, las visiones tradicionales del tiempo de las civilizaciones china o india tienden a ser cíclicas; la historia se construye a partir de una serie de ciclos[52]. Los europeos agregaron entonces la creencia, conocida como *meliorismo*, de que las cosas van mejorando cada vez más con el tiempo. En adición a ello, fueron profundamente influenciados por la suposición judía y cristiana de que habrá un punto final en la historia cuando Dios envíe un Mesías o Salvador, que intervendrá y traerá el "cielo a la Tierra". De acuerdo a un mesianismo secularizado, las condiciones sociales mejorarán con el tiempo hasta que finalmente la utopía, la sociedad ideal, sea realidad.

En parte por su historial judío, Marx fue influenciado por esas suposiciones. Claro que, como ateo, creó una versión secular de este relato: las fuerzas socioeconómicas, no Dios, conducirán a estadios cada vez mejores. Más todavía, el estadio final no será el cielo sino una utopía *secular*: la "extinción" del Estado y la formación de algo así como la sociedad ideal. En ella uno podría (parafraseando a Marx) cazar en la mañana, pescar en la tarde y conversar de filosofía por las noches[53]. Marx esperaba un futuro en el que los trabajadores ya no estarían alienados de los productos de su trabajo. El valor de los productos estaría circunscrito al trabajo real que tomó producirlos y a los usos para los que fueron designados (pan, techo y abrigo), en vez de ser fijados por las actividades lucrativas de las corporaciones a medida que transfieren los productos y las divisas a través de los mercados globales.

Los marxistas de hoy son mucho menos proclives a usar un lenguaje utópico. Hemos sido testigos de cuán poderosamente los ricos luchan contra las reformas del sistema actual y cuán sutilmente los empleadores y el mercado pueden hipnotizar a los trabajadores para hacerlos creer que si se limitan a trabajar duro, algún día tendrán participación en la opulencia. La evidencia es ahora clara: el capitalismo global crea y se apoya en una clase baja que vive permanente en o bajo la línea de pobreza. Incluso aquellos que gozan de una riqueza moderada parecen dispuestos a aceptar las injusticias del sistema con tal de gozar del confort suficiente y acceso a los últimos avances tecnológicos. Los miles de millones de personas que carecen de riqueza, confort y protección no están tan felices de vivir en condiciones de desamparo, pero no tienen ni la educación ni el poder para provocar un cambio.

En suma, la experiencia de los últimos 150 años debería dejarnos bastante menos optimistas acerca de las posibilidades de un cambio. Tampoco ha contribuido el que algunos gobiernos socialistas hayan adoptado el lenguaje de la sociedad perfecta y que, basados en él, hayan hecho promesas irrazonables a sus ciudadanos. Al mismo tiempo, los trabajadores han visto que sus gobiernos no son perfectos y que muchas de las viejas dificultades continúan surgiendo incluso en los Estados marxistas. En muchos casos, los trabajadores perdieron la fe en las promesas que sus gobiernos les hicieron, y los académicos se desilusionaron más rápido todavía. Así, el destacar los errores de las predicciones de Marx ha hecho las delicias de los defensores del capitalismo, y ha llevado a mucha gente —que no se dio el trabajo de separar las verdades perdurables de los análisis marxistas de los rasgos contingentes del contexto industrial temprano de Marx— a arrancar el trigo junto con la cizaña.

A la luz de la historia, los marxistas postmodernos hemos aprendido a moderar nuestras reivindicaciones. El utopismo y mesianismo seculares del siglo XIX yacen en un pasado distante. No nos ceguemos frente al poder e influencia crecientes del 1 % más rico del mundo. Pero también es cierto que la crisis global climática está produciendo una indignación creciente frente a los estilos de vida derrochadores de las clases adineradas del planeta. No obstante, si bien esta indignación aumenta la posibilidad de reformas, no por ello las garantiza: la situación actual tiene muy poco de utópico.

(3) La obra de Marx como teórico social, historiador de la economía y estudioso de la lucha de clases conserva relevancia. Esas reflexiones pueden separarse del rol Marx en tanto filósofo de la modernidad. Sus esfuerzos (especialmente es sus escritos tempranos) para probar la doctrina del materialismo dialéctico valiéndose de las categorías de la filosofía de Hegel son menos perdurables. En el peor de los casos, producen un "marxismo vulgar" que desentona con el espíritu científico de su obra y con los supuestos medulares de una civilización ecológica.

Karl Marx se embarcó en un estudio riguroso de los sistemas económicos de la historia y de los efectos del capital en las condiciones de trabajo. No obstante, sus intereses no eran abstractos; pretendía que sus resultados provocaran cambios revolucionarios para la clase trabajadora. Es por tanto desafortunado que los filósofos occidentales se hayan concentrado en sus escritos filosóficos tempranos como si fueran la esencia de su obra.

Cundo uno ignora cómo Marx se entregó a un estudio empírico riguroso y presenta su pensamiento como un sistema filosófico, suena arbitrario y dogmático. Con esa óptica, toda la historia humana es consecuencia de las estructuras socioeconómicas. Si Hegel había sido un idealista estricto, Marx se convierte en un materialista estricto. En el afán de evitar la tesis hegeliana de que el Espíritu Absoluto es la fuerza real causal de la historia, uno les niega a las ideas *cualquier* efecto causal directo. Así, las ideas y las ideologías pasan a meramente una "superestructura" que no tiene influencia real en la historia: la historia dialéctica de la producción y del capital determina, por sí sola, el flujo de los asuntos humanos. Las ideas son meros "epifenómenos", esto es, apariencias resultantes de las causas reales, que son sociales y económicas. La religión y la filosofía, en particular, son enteramente ilusorias.

Aunque reconocemos que tales sentencias existen en los escritos tempranos de Marx, no deberían ser tomadas como expresión de su visión madura y tampoco representan su legado perdurable. Después de todo, ¿No sería contradictorio escribir una filosofía marxista si usted estuviese convencido de que las ideas no producen efectos y que todas las filosofías carecen de sentido? Marx sabía que el análisis cuidadoso puede revelar el (a menudo oculto) poder de los ricos y de su dinero, y pretendió socavar las estructuras capitalistas publicando sus textos. Es obvio que no creía en completa impotencia del pensamiento humano.

No toda teoría en ciencia o filosofía sirve a una ideología. Pero la obra de Marx es un buen recordatorio de que *algunas lo hacen*. Las clases adineradas crean justificaciones para hacer que los otros piensen que está bien y es justo que posean la vasta mayoría de los recursos y de que trabajemos para ellas. Como Marx escribió en la *Ideología Alemana*:

> Las ideas de la clase dominante son las ideas dominantes en cada época; o, dicho en otros términos, la clase que ejerce el poder material dominante en la sociedad es, al mismo tiempo, su poder espiritual dominante. La clase que tiene a su disposición los medios para la producción material dispone con ello, al mismo tiempo, de los medios para la producción espiritual, lo que hace que se le sometan, al propio tiempo, por término medio, las ideas de quienes carecen de los medios necesarios para producir espiritualmente. Las ideas dominantes no son otra cosa que la expresión ideal de las relaciones materiales dominantes, las mismas relaciones materiales dominantes concebidas como ideas[54]

Algunas cosas han cambiado desde que Marx escribiera esas palabras. Por ejemplo, es muy probable que los profesores pertenezcan al 99 % y ganen menos que los carpinteros o plomeros. La "clase intelectual", que desde los 60' se ha enfrentado en gran medida a la clase alta, ha sido ampliamente despojada y desguazada. Hoy, en Estados Unidos, el 76 %

de los cursos universitarios y de postgrado son impartidos por profesores contratados para dar sólo un curso o un semestre, como temporeros[55]. Los hombres de negocios acaudalados (y los economistas que sirven a sus intereses) escriben ahora sus propias justificaciones para el sistema que los hace ricos.

(4) Según el marxismo clásico, el mundo natural es el telón de fondo de la lucha de clases, pero sólo en tanto la "mera cosa" del materialismo: el aportador de materias primas y la ocasión para trabajar. Sin embargo, podría ser el escenario en que se desenvuelve el drama humano; lo cual, en las exposiciones tradicionales, no está suficientemente incorporado al análisis.

En el capítulo 11 examinaremos la tesis de John Bellamy Foster de que el propio Marx trató de superar esos límites. Pero pocos de los seguidores modernos de Marx reconocieron los rasgos ecológicos de su pensamiento. De acuerdo a las exposiciones clásicas, Marx se centró primariamente en las condiciones sociales humanas. Se sostuvo que aunque presentó a la humanidad como una parte integral del mundo natural, no extendió su preocupación por las condiciones injustas (ni cómo mejorarlas) hasta los animales.

El foco exclusivo en lo humano es distintivo del pensamiento europeo de la época moderna. El "padre la filosofía moderna", René Descartes, sostuvo que los animales eran meras máquinas. Esta filosofía del "excepcionalismo" humano, que sostiene que la humanidad debe ser analizada de acuerdo a principios separados de los otros seres vivientes, dominó por varios siglos a la filosofía europea.

Los marxistas postmodernos rechazan esta posición. Según nuestra visión, no es consistente que un materialista categorice a los humanos como únicos basándose en el alma, espíritu o cualquier otra cualidad mental, ya que estudios empíricos han revelado numerosos paralelos entre los humanos y los otros animales. Fuera de toda duda, éstos claramente sufren los excesos capitalistas tanto como los humanos, si es que no más. Además, recursos tales como la tierra, el agua y el aire juegan un rol central al definir la naturaleza y la necesidad de trabajar. Una de dos: *o* los humanos y no humanos permanecen orgánicamente conectados al ciclo del trabajo y a los productos resultantes *o* ambos pueden ser relegados a meros medios para que otros acumulen riqueza. Los sistemas capitalistas alienan a la gente de su propio trabajo *y* de su hogar en el mundo natural.

Muchos autores gustan de citar la Tesis 11 sobre Feuerbach:

> Los filósofos no han hecho más que interpretar de diversos modos el mundo, pero de lo que se trata es de transformarlo[56].

Apelar a la transformación no se aplica meramente al mundo social, sino también al mundo natural. Uno puede comprender muy bien cómo los supuestos rectores del tiempo de Marx hicieron que concentrara su atención en los sistemas humanos. Pero este énfasis unilateral hace mucho más urgente que resaltemos y formulemos las dimensiones ecológicas implícitas en los análisis de Marx (ver capítulo 11). No sólo es inconsistente detenerse en los sistemas humanos, es también evidente que las necesidades del mundo natural claman por una respuesta más robusta que la presentada en el pasado por la teoría política. Los seres humanos no son las únicas víctimas de los excesos capitalistas.

MARXISMO ORGÁNICO POSTMODERNO

Dados los enormes cambios de los últimos 150 años, no tiene nada de sorprendente que muchos de los supuestos de la modernidad del tiempo de Marx no sean hoy creíbles. Lo que *sí* sorprende es que, pese a esos cambios, tantas de sus intuiciones hayan resistido el paso del tiempo.

Hoy, la mayor parte de la gente no cree que la historia sea una progresión lineal. Las cosas no están simplemente mejorando cada vez más tal como los modernos sostenía que iba a ser (meliorismo). Los trabajadores saben que la mayoría jamás tendrá las mansiones y los autos de lujo que aparecen en sus televisores o en los avisos publicitarios, y sin embargo no han contrarrestado (todavía) a sus opresores del modo en que una vez se esperaba. Al contrario, muchos de entre los más pobres de mundo son los más ardientes defensores del capitalismo. En gran medida, "los juguetes de la tecnología" y los placeres de poseer algo propio, aunque sea pequeño, han hipnotizado a la clase media, incluso si pierden más de lo que ganan. La tecnología ha producido también un alza en el estándar de vida de la clase trabajadora, creando la ilusión de que algún día serán ricos y poderosos como la clase alta. Los seres humanos no suelen actuar a largo plazo por su propio bien, y mucho menos por el Bien Común del planeta y de la sociedad como un todo.

Lo que hemos aprendido es que el gobierno "para el Bien Común" requiere equilibrar las fuerzas del mercado y los principios sociales, las necesidades de los humanos y las del medioambiente. Hemos aprendido que las dialécticas de la *cultura* son tan importantes como la teoría del materialismo dialéctico, porque la historia también manifiesta una relación dialéctica entre cultura y condiciones económicas. La cultura —que incluye no sólo estructuras físicas sino también un vasto rango de ideas, valores, prácticas, costumbres y creencias religiosas— moldea profundamente todos los aspectos de la lucha de clases. Como veremos en el capítulo siguiente, las transformaciones radicales hechas por el marxismo en Rusia y China, tuvieron en gran parte que ver con hondas y antiguas características de la cultura de ambos pueblos, únicas de sus historias particulares.

Rechazar el modernismo es inaugurar una forma de análisis marxista distintivamente postmoderna que procura aprender de la dinámica de la cultura para provocar reformas sociales. Aquí, los principios marxistas y los estudios culturales se vuelven aliados. Estos últimos revelan cuán profundamente se ven influenciadas las decisiones políticas por las diferencias culturales, incluso en regiones distintas de un mismo país. Se requiere de inmensa sensibilidad cultural para aplicar enfoques socioeconómicos a "ecosistemas" culturales diferentes. La teoría marxista hace frente a mundos culturales tremendamente diversos según se aplique en Europa Occidental, Latinoamérica, Rusia, China o en otra parte.

El Marxismo Orgánico brota de esas intuiciones más recientes. Retenemos los principios medulares de los análisis económicos y sociales de Marx, pero rompemos con los supuestos de la modernidad que dominaron el pensamiento europeo del siglo XIX. La cuestión no es si acaso Marx ha sido "verificado" o "falseado" por la historia subsecuente. Después de todo, mientras revisamos este capítulo, tenemos ante la vista el hecho de que el *best seller* en no ficción en Estados Unidos es un libro sobre economía marxista: *El Capital en el siglo XXI* de Thomas Piketty. No, la cuestión es qué es lo que uno puede aprender de los últimos 150 años. Combinando las mejores intuiciones de Marx con la cosmovisión postmoderna en desarrollo, obtenemos los cuatro puntos de la plataforma básica del Marxismo Orgánico:

(1) La historia no es determinista sino abierta. Ningún sistema omnímodo singular podrá capturar jamás las complejidades del cambio civilizador.

El cambio ocurre como parte de procesos orgánicos, ya sea en los sistemas sociales humanos o en la biósfera. Las metáforas para procesos impredecibles son extraídas de las redes, de internet y de los ecosistemas y no de los sistemas deterministas y cerrados de la física newtoniana. Y puesto que todos ellos son procesos abiertos, el marxismo postmoderno se comprende mejor como una forma de filosofía procesual. Curiosamente, ésta es una intuición que uno encuentra en la obra de Engels. En *Del Socialismo Utópico al Socialismo Científico* escribió:

> La filosofía alemana moderna encontró su remate en el sistema de Hegel, en el que por vez primera —y ése es su gran mérito— se concibe todo el mundo de la naturaleza, de la historia y del espíritu como un proceso[57].

Esta intuición de que el proceso permea toda la realidad yace también en el corazón del pensamiento chino tradicional (ver capítulo 10). En una reformulación china genuina del marxismo europeo, uno espera que se dé cada vez más un rol prominente a los procesos abiertos.

(2) Nada hace augurar que la historia humana vaya simplemente mejorando a medida que pase el tiempo. Es improbable que cambios en la estructura de clases, mejoras en tecnología o seres humanos más altruistas produzcan una utopía en este planeta.

El Marxismo Orgánico enfatiza el crecimiento y el empeño por una sociedad saludable y floreciente. Pero uno puede concebir el mejoramiento social sin la necesidad de imaginar algún Estado ideal utópico en el futuro. En el contexto postmoderno, los procesos de mejora reemplazan los procesos hacia la perfección. Gestionar una sociedad no es como armar un rompecabezas a partir de piezas perfectamente diseñadas. Se parece más al *bricolaje*, (del francés *bricoler*, "arreglar, reparar"[58]). El filósofo francés Jacques Derrida utilizó estupendamente esta noción para explicar su posición desconstructiva postmoderna:

> El "bricoleur" [dice Levi-Strauss] es aquel que utiliza "los medios de a bordo", es decir, los instrumentos que encuentra a su disposición alrededor suyo, que están ya ahí, que no habían sido concebidos especialmente con vistas a la operación para la que se hace que sirvan, y a la que se los intenta adaptar por medio de tanteos, no dudando en cambiarlos cada vez que parezca necesario hacerlo, o en ensayar con varios a la vez, incluso si su origen y su forma son heterogéneos[59]

Éste es un modelo de administración social muy diferente tanto del enfoque *laissez-faire* de los primeros capitalistas o de la "ingeniería social" de los filósofos sociales en la tradición de Max Weber. El modelo recuerda al jardinero o agricultor que trabaja en los campos, rodeado de una profusión de brotes. Uno tiene que trabajar con las plantas, el suelo y el clima. El agricultor tiene metas claras en mente: plantas saludables y una buena cosecha. Pero no es un ingeniero que construye y ensambla todo lo que toca; trabaja orgánica, cooperativa y simbióticamente con lo que crece en torno a él. Este modelo también extrae predicciones más cautelosas respecto de la clase trabajadora. Las clases más empobrecidas, como todos los otros grupos de seres humanos, actuarán a menudo en contra de sus mejores intereses. Sin embargo, son posibles reformas reales en todos los niveles. Las sociedades pueden estructurarse para el Bien Común, o pueden continuar siendo organizadas para enriquecer a un pequeño número de ciudadanos. Los gobiernos pueden servir al 1 % o al 99 % de la población. El arte de la administración, tanto en la esfera pública como en la privada, es tratar hábilmente con el hecho de que la gente suele tomar decisiones estando mal informada y demasiado enfocada en ganancias de corto plazo. La meta de las reformas es crear condiciones para que la gente conozca sus opciones y las consecuencias de largo plazo de sus decisiones.

(3) Los análisis socioeconómicos marxistas incluyen los asuntos de la producción y el capital, pero se extienden mucho más allá. Los seres humanos son criaturas pensantes y que operan con símbolos; lo que tiene enormes efectos en cómo estructuramos nuestras sociedades. Ideas, creencias, arte y literatura, filosofía e incluso religión; todas ellas juegan un rol capital a la hora de abordar las inequidades de riqueza y pobreza y las injusticias entre las clases.

Parte de lo atrayente de la aproximación orgánica y procesual al marxismo es que incluye en su entramado a todas las dimensiones de la realidad. Los marxistas contemporáneos son capaces de adaptar el lenguaje tradicional a los sistemas semi-capitalistas, a las socialdemocracias de Europa del Norte, a las volátiles sociedades de América Latina y África y a las poblaciones cada vez más tecnologizadas con una confortable y satisfecha clase media (sólo por dar algunos ejemplos). En cada caso uno es capaz de rastrear los roles jugados por clase, capital y poder. El vocabulario cambia, pero la dinámica esencial es la misma. Tal como lo vio Marx, los seres humanos son animales sociales, insertos e influidos por su historia, cultura, clase social y jerarquía, condiciones económicas y tipo de trabajo. La cultura incluye mucho más que las condiciones materiales de nuestra existencia. Los análisis orgánicos de las interconexiones no tratan a ninguna dimensión como fundacional, sino que exponen el rango completo de lo que Marx (siguiendo a Feuerbach) llamaba nuestra "esencia o ser especial" (*Gattungwesen*) en su conexión con otros agentes en nuestros ecosistemas biológicos y sociales. Sólo desde esta perspectiva sinóptica puede uno guiar y administrar el desarrollo humano para el Bien Común.

(4) Cualquier marxismo viable para el siglo XXI considerará a los seres humanos en el contexto entero de su existencia sobre la Tierra. Todos los seres vivientes, todos los recursos naturales —en suma, todo el planeta— es relevante para la lucha de clases.

Las estructuras y prácticas capitalistas han violado y saqueado todo el planeta, no sólo a los seres humanos. El marxismo, en consecuencia es y tiene que ser, desde su médula, una filosofía ecológica y ambientalista. El concepto marxista de "alienación", por ejemplo, provee un entramado para pensar la relación humana con la naturaleza y no sólo la relación de algunos humanos con otros humanos (ver capítulo 11). En el contexto postmoderno estamos aprendiendo a reconocer la aplicabilidad de la teoría de la alienación de Marx mucho más allá de los contextos de trabajo, producción y capital. El sentimiento generalizado de descontento por parte de la clase media en múltiples culturas implora un análisis marxista: "¡Miren todo lo que he logrado! ¿Y ahora qué? Si ya tengo todo esto, ¿Por qué todavía me siento vacío?, ¿por qué siento que tiene que haber algo más, algo más elevado, por lo cual vivir?". La crisis ecológica planetaria, el trastorno climático, la rápida pérdida de biodiversidad, la peligrosa polución del aire y del suelo de la Tierra; todos esos son asuntos que reclaman respuestas urgentes por parte de los gobiernos y de la comunidad global. Las naciones ya están siendo forzadas a enfrentar las consecuencias sociales y económicas secundarias de aquellos cambios primarios. Es cada vez más previsible que las perturbaciones que están frente a nosotros conduzcan a cambios revolucionarios en los roles y responsabilidades de los gobiernos y la comunidad global. *La crisis venidera es una oportunidad sin precedentes para repensar qué significa estructurar las sociedades para el Bien Común.* Sólo un marxismo edificado sobre principios orgánicos será capaz de responder fructíferamente a esas demandas de nuevas teorías políticas y nuevos roles para los gobiernos en una era de catástrofe medioambiental. Para las décadas siguientes, a medida que los gobiernos enfrenten las repercusiones de una mala gestión ecológica, predecimos que los principios del Marxismo Orgánico jugarán un rol cada vez más importante.

5. DEL MARXISMO ALEMÁN AL MARXISMO CULTURALMENTE ENGASTADO

MUCHOS MARXISMOS

UNA DE LAS EXIGENCIAS CENTRALES del entramado "orgánico" que estamos considerando es que la lucha por una sociedad equitativa y sustentable está siempre engastada y encarnada en un contexto cultural particular. Las sociedades no se desarrollan de acuerdo a leyes universales, y no todas ellas pasan a través de los mismos estadios en el mismo orden. Puede que los avances tecnológicos, por una parte, y la catástrofe ambiental, por otra, alteren la dinámica de la lucha de clases.

Basados en la evidencia que tenían, Marx y Engels esperaban que las reformas comunistas ocurrieran más rápidamente en las sociedades industrializadas, desde el momento en que representan estadios posteriores de la evolución del capitalismo. A fin de que el proletariado desarrollara su conciencia de clase, la sociedad debía desarrollarse hasta el punto en que los dueños del capital explotaran severamente a los trabajadores despojándoles como ganancia el valor de su trabajo:

> Y la burguesía no sólo forja las armas que han de darle la muerte, sino que, además, pone en pie a los hombres llamados a manejarlas: estos hombres son los obreros, los proletarios. En la misma

proporción en que se desarrolla la burguesía, es decir, el capital, desarrollase también el proletariado, esa clase obrera moderna que sólo puede vivir encontrando trabajo y que sólo encuentra trabajo en la medida en que éste alimenta a incremento el capital[60].

Sin embargo, lo que ocurrió de hecho fue que el comunismo halló sus aplicaciones más famosas en naciones que no se habían desarrollado en plenitud como sociedades industriales; en aquellas que Marx y Engels habrían definido como "feudales". El marxismo se movió hacia el Este, primero a Rusia y luego a China, a pesar de que esos países carecían de una gran clase trabajadora industrializada. El comunismo fue atractivo en esos contextos no porque aquellas sociedades estuviesen "listas" para la transición (según los criterios de Marx), sino porque albergaban una enorme cantidad de gente frustrada por las descaradas injusticias de sus sociedades, como dijo Robert Service:

Sucedió que la pobreza y la opresión fueron el mejor terreno para que brotara y creciera el marxismo[61].

Cada vez que los principios marxistas se han encarnado en un nuevo contexto cultural, han sido modificados para ajustarse a las características económicas, sociales y culturales de ese tiempo y lugar. La implementación del comunismo ha diferido muy significativamente en los contextos chino y ruso. Aunque las versiones posteriores del comunismo no calzan exactamente con la visión original de Marx, se han inspirado en el ideal de una sociedad más justa y equitativa. Los principios de Marx exigen que los líderes instituyan reformas en aras de los más desfavorecidos y requieren de alternativas constructivas frente a la explotación capitalista de los trabajadores y la naturaleza. Los ideales sociales y económicos básicos no cambian, aún cuando los medios para implementarlos y las soluciones específicas que se apliquen varíen grandemente de un país a otro.

Para recalcar el rol crucial de estas diferencias culturales, vamos a bosquejar en este breve capítulo la evolución del marxismo ruso y chino. Incluso para expertos, es provechoso hacer una pausa y considerar las implicaciones de estas narrativas de adaptación histórica y cultural, *porque nos llevan al corazón del nuevo marxismo postmoderno*. En cada caso, el pensamiento de Marx fue aplicado de diferentes maneras consistentes con los patrones culturales y religiosos que antecedían la llegada de las ideas marxistas. Incluso cuando los líderes marxistas creían que estaban rompiendo completamente con el pasado de su nación, seguían apareciendo elementos clave de ese pasado mientras se esforzaban en la construcción de un Estado comunista.

En China en particular, esta adaptación a un contexto cultural único está haciendo surgir un marxismo típicamente postmoderno que a veces contrasta fuertemente con el propio contexto cultural de Marx: la Alemania del siglo XIX. Uno de los fenómenos sorprendentes, tanto en Rusia como en China, fue que algunos líderes no reconocieron la deuda que el marxismo de sus países tenía con las grandes tradiciones de su propio pasado y cultura. Esencialmente, trataron al marxismo como un paradigma moderno incluso cuando sus esfuerzos lo estaban transformando en uno postmoderno. Los líderes chinos están ahora corrigiendo este prejuicio modernista y creemos que con ello están allanando el camino para una nueva comprensión del marxismo en China que tome en cuenta su potencial constructivo postmoderno.

EL MARXISMO EN RUSIA

Rusia estaba experimentando un rápido cambio social en el siglo XIX. Rezagada respecto de Europa Occidental en ciencia e industria, su sistema de agricultura todavía dependía de la clase rural campesina que constituía cerca del 90 % de la población[62]. El Zar regía el país con autoridad absoluta y había muy poca oportunidad de que otros influenciaran las políticas públicas. Entre los campesinos y el Zar se intercalaban clases sociales rígidamente definidas que incluían a los nobles, que poseían la tierra, el clero, los funcionarios estatales, comerciantes y trabajadores de la ciudad. En una palabra, y como lo habría dicho Marx, la forma de la sociedad rusa era feudal: estaba estructurada por muchas clases distintas fijas y era fundamentalmente rural (revísese la transición del feudalismo al capitalismo en el *Manifiesto Comunista*). Tras la derrota de Rusia en la Guerra de Crimea (1856), Alejandro II comenzó a realizar reformas radicales en la sociedad rusa, aboliendo la servidumbre, otorgando gran libertad a las cortes y gobiernos locales, expandiendo la industria y estimulando la inversión capitalista. Según señalan McClosky y Turner:

> La expansión del capitalismo industrial puso a Rusia en estrecho contacto con Europa, exponiéndola todavía más a las ideas occidentales…sus líderes eran impulsados por el deseo de ponerse al día con Europa y comprimir en unas pocas décadas los progresos científicos y tecnológicos que a otras naciones les había tomado siglos conseguir. Acudiendo a la experiencia europea, Rusia fue capaz de saltar rápidamente de una economía en muchos aspectos todavía medieval a una que se valía de los más avanzados medios de producción[63].

Pero este rápido desarrollo acarreó muchas consecuencias negativas. Con el desplazamiento del poder desde las áreas rurales a las urbanas, muchos de los antiguos campesinos se hallaron peor que antes, ya que quienes se trasladaron a las ciudades fueron explotados en el trabajo industrial incluso más duramente de lo que lo habían sido en la agricultura. A su vez, el gobierno zarista tampoco estaba preparado para el giro de la sociedad hacia el liberalismo e intentó seguir gobernando con un estilo autocrático[64]. La combinación de esos factores hizo que, para finales del siglo XIX, la sociedad rusa adoleciera de gran inestabilidad. En ese ambiente, el marxismo pareció atractivo a muchos como una vía para mejorar las vidas de la mayoría de los rusos, por cuanto criticaba el malestar social y el sufrimiento que el capitalismo estaba creando, prometiendo al mismo tiempo modernización y equidad social. El problema estribaba en que el marxismo tradicional requería de una sociedad capitalista fuerte como cimiento para la emergencia del comunismo a partir del proletariado. En palabras de Von Laue:

> La autocracia, concordarían los marxistas, era una institución feudal antes que burguesa. El capitalismo ruso era todavía débil. Así, el marxismo parecía exigir que sus seguidores aspiraran en primer lugar a una Rusia capitalista; una insinuación a primera vista descabellada[65].

Uno de los modos de superar este problema fue sugerir que la conciencia de clase debería ser llevada a los trabajadores por la *intelligentsia*.

Ésa fue la propuesta de Lenin y los bolcheviques. Desde el momento en que Rusia no había desarrollado todavía una clase proletaria, el Partido sería la "vanguardia del proletariado" proveyendo el liderazgo y la ideología necesarias para transformar a Rusia en una nación comunista.

Las contribuciones de Lenin al marxismo fueron de honda repercusión, ya que, con el correr del tiempo, crearon una separación entre el Partido Comunista —que promovía una ideología de Estado y un gobierno fuertemente centralizado— y la clase trabajadora, que se suponía iba a seguir la dirección del Partido. De ese modo, Lenin (y luego Stalin) terminó en realidad emulando muchos rasgos del modelo zarista, estructurando un partido autocrático en lugar del Zar. Al revés de lo uno podría haber esperado, eso no fue un gran cambio. Por ejemplo, incluso bajo las reformas de Alejandro, el Estado ya era el primer inversionista y patrocinador de los proyectos industriales; así que una economía de propiedad estatal no era algo completamente ajeno al pueblo ruso, como bien indican McClosky y Turner:

> [El Gobierno] era el más grande empleador individual, dirigiendo una burocracia gigantesca e imponiendo el servicio de muchos de sus súbditos sin importar su voluntad, incluyendo sirvientes estatales. Incluso se esperaba que aquellas áreas de la economía dejadas a la operación de privados se engranaran con las necesidades militares y económicas del Estado. Así, bajo el zarismo, el Estado creció a expensas de sus ciudadanos, estableciendo un patrón de absolutismo sobre el cual, más tarde, iban a edificar los comunistas[66].

El marxismo ruso retuvo también algunas características clave del Cristianismo Ortodoxo, a pesar de que la ideología oficial del Partido sostenía una ruptura completa con la historia religiosa rusa. Por una razón principal, el Cristianismo Ortodoxo era una religión mucho más comunitaria que su contraparte occidental; la persona religiosa se consideraba primariamente como un miembro de una congregación y se le restaba importancia a la experiencia religiosa individual. Los ortodoxos también tendían a apoyar la autoridad absoluta del monarca nacional (a diferencia del catolicismo romano, que consideraba al Papa como el líder religioso de la sociedad), según los mismos autores:

A pesar de sus raíces marxistas, la sociedad comunista erigida por los bolcheviques debe ser comprendida como derivando en parte de la tradición rusa, que estaba fundamentalmente en desacuerdo con los valores y hábitos occidentales…la sociedad soviética refleja en paralelo tantos de los usos tradicionales rusos, que es evidente la influencia significativa de estos últimos[67].

La introducción del marxismo en Rusia dio como resultado un marxismo transformado. Sin duda que el impulso para el marxismo ruso fue todavía la liberación de los trabajadores de la opresión, pero el método de implementación fue profundamente ruso. Por desgracia, al dar por descontado Lenin y otros líderes que llevaban un marxismo universal predeterminado al pueblo, fueron incapaces de ver que muchos de los recursos culturales que necesitaban ya estaban presentes en la sociedad rusa. Si hubiesen pensado el marxismo de un modo postmoderno, quizá hubiesen visto lo mucho que los campesinos tenían que ofrecer al movimiento. Por supuesto, no todo lo inherente a la cultura rusa habría sido deseable a medida que la nación avanzaba (la tendencia al absolutismo, por ejemplo), pero la diferencia habría sido enorme si los líderes marxistas hubiesen invertido sus energías en conectar el marxismo con aquellos valores culturales que apoyaban una sociedad orientada al Bien Común (incluyendo el énfasis ruso en lo comunitario por sobre lo individual). Si los líderes comunistas hubiesen reconocido el modo en que el marxismo ruso estaba edificado sobre patrones culturales y religiosos preexistentes, podrían haber evitado la separación entre el Partido y el proletariado que llevó a tantos abusos sobre los pobres y al descontento de muchos de sus ciudadanos.

EL MARXISMO EN CHINA, EL PENSAMIENTO DE MAO TSE TUNG

El contexto chino produjo una revisión todavía más complicada de la concepción que Marx tenía de la historia. En primer lugar, Marx definió a las sociedades asiáticas de diverso modo en diferentes partes de su obra[68]. En los *Grundrisse* sostuvo que las sociedades asiáticas estaban caracterizadas por villorrios en que la tierra era poseída de modo comunal, teniendo el Estado una propiedad puramente formal. Creía, además, que esas comunidades no estaban necesariamente organizadas como un sistema feudal:

> Por lo tanto, en medio del despotismo oriental y de la carencia de propiedad que parece existir jurídicamente en él, existe de hecho, como fundamento, esta propiedad comunitaria o tribal, producto sobre todo de una combinación de manufactura y agricultura dentro de la pequeña comunidad, que de ese modo se vuelve enteramente autosuficiente y contiene en sí misma todas las condiciones de la reproducción y de la plusproducción. Una parte de su plustrabajo pertenece a la colectividad superior, que en última instancia existe como *persona*, y este plustrabajo se hace efectivo tanto en tributos, etc. como en el trabajo común destinado a exaltar a la unidad, en parte al déspota real, en parte a la entidad tribal imaginada, al dios. Este tipo de propiedad comunitaria, en tanto se realiza realmente en el trabajo, puede a su vez aparecer de dos maneras: por un lado, las pequeñas comunidades pueden vegetar independientemente una al lado de la otra y en ellas el individuo trabaja independientemente, con su familia, en lote que le ha sido asignado (…) o, por el otro lado, la unidad puede extenderse hasta incluir también el carácter colectivo del trabajo mismo[69].

Pero en *El Capital* Marx regresó a la visión europea más común de su tiempo, según la cual se consideraba que el modo de producción asiático dependía de la propiedad imperial de la tierra. Aquí, Marx asumió que la sociedad china requería de un gobierno despótico para construir y mantener los extendidos trabajos hidráulicos necesarios para la agricultura. Estaba convencido de que este hecho impedía cualquier tipo de propiedad privada de la tierra en China, colocando al país de nuevo en la categoría de una sociedad feudal:

> Por otra parte, si en Asia la renta de la tierra pagada en especie, que es al mismo tiempo el elemento fundamental de los impuestos gubernamentales, se funda en condiciones de producción que se reproducen con la inalterabilidad de las condiciones naturales, esa forma de pago ejerce a su vez un influjo conservador sobre la

vieja forma de producción. Constituye uno de los secretos que explican la conservación del Imperio Otomano[70].

Puesto que los *Grundrisse* fueron publicados muchos años después de la muerte de Marx, fue la visión de Marx de *El Capital* la que estuvo disponible para los primeros marxistas chinos.

Muchos académicos chinos piensan que la idea que Marx tenía de la historia de China, especialmente en *El Capital*, era eurocéntrica y demasiado simplista. En realidad, China siempre ha tenido una historia dinámica, que ha incluido vastos cambios en su economía y estructuras sociales a lo largo del tiempo. Durante gran parte de su historia, la agricultura china estuvo efectivamente caracterizada por una mezcla de propiedad privada y estatal, incluso en aquellos imperios que acometieron vastas obras públicas. Por ejemplo, las obras de irrigación fueron a menudo posibles por inversiones de grandes terratenientes y no del propio Estado[71]. Sin duda que China no puede ser llamada "feudal" en el mismo sentido que la Europa Occidental de la Edad Media, como han apuntado Brugger y Kelly:

> Nunca, sino desde las dinastías Tang y Wei del Norte, había consistido la sociedad china en feudos patrimoniales en que los siervos estuviesen atados a la tierra obteniendo protección a cambio del servicio prestado al señor de la propiedad. Incluso entonces, el grueso de la economía estaba fuera de ese sistema de propiedad[72]

Asimismo, la economía china se había desarrollado durante siglos en modos que no calzaban con el modelo de historia europea que Marx conocía a partir de su propio contexto, si bien incluía una inequidad significativa entre los campesinos, la burguesía y los terratenientes.

Al igual que en Rusia, el marxismo fue atractivo para muchos chinos a comienzos del siglo XX porque prometía, a la vez, una alternativa a la inequidad de los sistemas capitalistas y una vía constructiva hacia el futuro. China había padecido por muchos años bajo la explotación del imperialismo inglés y japonés, y necesitaba hallar un modo de fortalecerse como nación. Al mismo tiempo, las desigualdades del orden social pasado eran inaceptables para la mayoría de la gente, que eran agricultores. Tal como Mao Tse Tung escribió,

> La despiadada explotación económica y la opresión política de los campesinos por la clase terrateniente, los forzó a numerosas sublevaciones contra su yugo...fue la lucha de clases de los campesinos, sus alzamientos y revueltas las que constituyeron la fuerza impulsora real del desarrollo en la sociedad feudal china[73]

Mao y otros adaptaron el marxismo a su contexto particular convirtiendo a las áreas rurales en centro del movimiento marxista en China, en vez de apoyarse en el proletariado urbano:

> El problema más serio es la educación del campesinado. La economía campesina está dispersa, y la socialización de la agricultura, a juzgar por la experiencia soviética, requerirá de largo tiempo y arduo esfuerzo. Sin la socialización de la agricultura no habrá un socialismo completo y consolidado[74].

Al igual que en Rusia, el contexto cultural chino afectó el modo en que el marxismo fue aplicado. En particular, la moral de Confucio tuvo un gran efecto en el pensamiento de Mao, pese a que él rechazó el rol que aquella cumplía manteniendo las opresivas estructuras sociales del pasado. El confucianismo siempre había enfatizado la necesidad de que los líderes del país fuesen virtuosos, censurando a los que no alcanzaban ese estándar. Cada individuo debía conformarse a un exigente código de conducta para poder actuar en consonancia con el ideal de Confucio[75]. Aunque Mao fue crítico de muchos elementos del confucianismo, mantuvo esas formas de pensamiento en su adaptación del marxismo. Como dice Judith Berling:

> Como el confucianismo antes que él, el maoísmo enseña un compromiso para transformar el mundo aplicando las lecciones de una ideología utópica a las acciones e instituciones de la vida cotidiana. Esto no equivale a sostener que Mao era un "confucianista solapado", sino a enfatizar que la vía de Confucio era virtualmente sinónimo de la vía china. Ambos, confucianismo y maoísmo, son puramente chinos[76].

Los patrones de pensamiento de Confucio han mantenido su importancia en la sociedad china, incluso durante las épocas en que los líderes han buscado cortar todos los vínculos con los valores culturales previos.

EL MARXISMO CHINO HOY

Hoy, China está enfrentando nuevos desafíos que exigen nuevas adaptaciones del marxismo. El contexto es muy diferente al de la Alemania de 1840, cuando Marx comenzó a luchar contra los poderes dominantes capitalistas. La economía china, respecto de su pasado, ha aumentado enormemente en complejidad, especialmente a la luz de la política "Un País, Dos Sistemas" de Deng Xiaoping. Al mismo tiempo, los líderes chinos están tratando de encontrar un equilibrio pragmático entre los principios medulares del marxismo y el confucianismo, que reclama un Estado y personas virtuosos. Los líderes están procurando extensiones creativas de los principios nucleares marxistas para elaborar una guía a través de estas nuevas realidades económicas y sociales.

Una de las nuevas crisis que el marxismo chino postmoderno está ahora enfrentando es la injusticia que los humanos han causado al medioambiente. Tal como los marxistas tradicionales se alineaban con los trabajadores frente a la explotación capitalista, el nuevo marxismo debe actuar para impedir la explotación de la naturaleza por parte de aquellos que buscan maximizar las ganancias de corto plazo y aumentar el PIB (esto suscita interrogantes acerca del valor y el manejo de la naturaleza que veremos en el capítulo 11).

Hoy, el contexto global está caracterizado por una desigualdad cada vez mayor entre ricos y pobres, los límites al crecimiento económico impuestos por el agotamiento de los recursos y el trastorno de los patrones climáticos del planeta que están afectando a los ecosistemas y sus habitantes (humanos y no humanos) alrededor del mundo. A pesar de lo grave que es, esta crisis nos otorga una nueva oportunidad: implementar principios marxistas "para el Bien Común", utilizando los recursos positivos del pasado y renunciando firmemente a aquellos aspectos de cada cultura que han creando relaciones opresivas entre personas y naciones.

En el pasado, el marxismo se ha mostrado capaz de adaptarse a las formas culturales de cada nueva situación y contexto. Aunque el primer proceso de adaptación cultural comenzó tan pronto como el marxismo comenzó a viajar hacia el Este desde Alemania a Rusia, el contexto global de hoy reclama adaptaciones todavía más radicales y complejas. En particular, la relación entre pensamiento marxista y valores culturales necesita ser concebida de modo genuinamente dialéctico. Bajo la influencia de Hegel, Marx concibió a la dialéctica como una "síntesis" de tesis y antítesis en que las diferencias son "trascendidas pero preservadas" (*aufgehoben*). El pensamiento tradicional chino, influenciado por el pensamiento taoísta, describe el proceso como un (re)establecimiento de la armonía entre principios complementarios. Cuando la noción occidental y oriental de "dialéctica" pueda ser armonizada, el resultado será una filosofía política más potente.

Lo que *no* ha funcionado es la construcción de un marxismo libre de toda influencia cultural. Las reivindicaciones de haber ideado una filosofía política puramente universal suelen ocultar las influencias del tiempo y lugar particular del autor. Por más que uno lo niegue, la historia y la cultura persisten a menudo en formas inconscientes. En palabras de McClosky y Turner:

> Hasta cierto punto, la naturaleza de cada revolución está determinada por la sociedad que le dio nacimiento...las culturas antiguas no se extinguen fácilmente, y ninguna sociedad, por más revolucionaria que sea, puede evitar el mantener algunas de las tradiciones, hábitos y patrones de organización del orden social previo. Una vez trasplantadas en la nueva sociedad, las costumbres del pasado tienden a persistir y a reforzarse[77].

Los intentos por eliminar ese pasado —como la creación de Lenin de un comunismo centrado en El Partido o los excesos de la Revolución Cultural de Mao— se manifiestan a menudo en modos particularmente destructivos. En contraste, la visión original de Marx —crear una sociedad más justa y equitativa— requiere efectivamente de fuentes culturales y de una recuperación constructiva del pasado.

6. POSMODERNISMO DESCONSTRUCTIVO Y MARXISMO CRÍTICO

¿Cómo abordan las realidades de la historia que acabamos de considerar las interpretaciones occidentales contemporáneas del marxismo? En este capítulo vamos a considerar dos movimientos occidentales bien conocidos que han acogido positivamente el legado de Karl Marx: el postmodernismo desconstructivo y el marxismo crítico. Para ello, nos vamos a concentrar en tres de los representantes más influyentes de esos movimientos: Jacques Derrida, Slavoj Žižek y David Harvey. Esos autores han ofrecido interpretaciones creativas e incluso asombrosas del marxismo. Lo que no es tan claro, sin embargo, es en qué medida ofrecen una guía práctica para abordar problemas globales urgentes. ¿Pueden quienes diseñan políticas encontrar allí una guía constructiva cuando buscan adaptar a Marx a las diversas demandas del siglo XXI?

JACQUES DERRIDA

En Occidente, la postmodernidad se liga a menudo a la obra de un filósofo: Jacques Derrida (1930–2004). Su método de desconstrucción se ha convertido en una de las más conocidas alternativas al pensamiento de cuño moderno. La desconstrucción es un modo de desafiar las jerarquías conceptuales que han caracterizado al pensamiento occidental desde Platón, y que se han visto pronunciadas desde el advenimiento de la modernidad. La desconstrucción incluye a la vez una inversión de esta jerarquía y un reconocimiento de que los conceptos en pugna se incluyen, de algún modo, unos a otros.

> Hay que avanzar por lo tanto un gesto doble, según una unidad a la vez sistemática y como apartada de sí misma, una escritura desdoblada, es decir multiplicada por ella misma, que he llamado, en la "doble sesión", una "doble ciencia": por una parte, atravesar una fase de *inversión*. Insisto mucho y sin cesar sobre la necesidad de esta fase de inversión que quizá se ha buscado desacreditar prematuramente. Dar derecho a esta necesidad significa reconocer que, en una oposición filosófica clásica, no tenemos que vérnoslas con la coexistencia pacífica de un *vis-à-vis,* sino con una jerarquía violenta. Uno de los dos términos se impone al otro (axiológicamente, lógicamente, etc.), se encumbra. Desconstruir la oposición, significa, en un momento dado, invertir la jerarquía. Olvidar esta fase de inversión es olvidar la estructura conflictual y subordinante de la oposición. Significa pasar demasiado aprisa, sin detenerse sobre la oposición anterior, a una *neutralización* que, *prácticamente,* dejaría el campo anterior en su estado y se privaría de todo medio de *intervenir* efectivamente[78].

El ejemplo clásico que usa Derrida es la oposición binaria entre discurso y escritura en la filosofía occidental. Muchos filósofos han asumido que discurso y escritura constituyen diferentes formas de lenguaje, y que el discurso es la forma más auténtica. Pero Derrida destaca que no hay características del discurso que no puedan ser atribuidas también a la escritura: en particular, puede decirse que el discurso y la escritura derivan de otros sistemas de signos. Esto significa que ni el discurso ni la escritura pueden ser llamados la manera "natural" de expresarse a sí mismo. De hecho, Derrida sostiene que la escritura puede considerarse la base del discurso y no al revés:

> Ahora bien, a partir del momento en que se considere la totalidad de los signos determinados, hablados y a fortiori escritos, como instituciones inmotivadas, se debería excluir toda relación de subordinación natural, toda jerarquía natural entre significantes

u órdenes de significantes. Si "escritura" significa inscripción y ante todo institución durable de un signo (y este es el único núcleo irreductible del concepto de escritura), la escritura en general cubre todo el campo de los signos lingüísticos. En este campo puede aparecer luego una cierta especie de significantes instituidos, "gráficos" en el sentido limitado y derivado de la palabra, regulados por una cierta relación con otros significantes instituidos, por lo tanto "escritos" aun cuando sean fónicos. La idea de institución —vale decir de lo arbitrario del signo— es impensable antes de la posibilidad de la escritura y fuera de su horizonte[79].

En la prolongada reflexión sobre marxismo que hiciera Derrida en una conferencia en 1991 (publicada posteriormente como *Espectros de Marx*[80]), conecta su propio proyecto de desconstrucción con ciertas tendencias de la visión original del comunismo de Marx y Engels. Esta famosa conferencia tuvo lugar apenas unos años después de la caída del muro de Berlín (1989), cuando muchos académicos occidentales estaban prontos a declarar el fin del marxismo y el triunfo del capitalismo. Por el contrario, según Derrida, el marxismo era en ese momento más relevante que nunca porque la desintegración de las estructuras concretas del comunismo permiten que las críticas originales del Marx al capitalismo nos "atormenten":

> Cuando la máquina del dogma y los aparatos ideológicos "marxistas" (Estados, partidos, sindicatos u otros lugares de producción doctrinaria) se hallan en proceso de desaparecer, ya no tenemos ninguna excusa, sólo coartadas, para eludir esta responsabilidad[81].

Derrida cree que el "triunfo" del capitalismo en Occidente ha servido únicamente para resaltar sus fallas, en la medida en que continúa el sufrimiento humano y la catástrofe ambiental aparece como inevitable. Los sistemas económicos occidentales sólo han exacerbado el flagelo del desempleo, la deuda externa, el tráfico de armas y la violencia entre las etnias[82].

Para Derrida, el marxismo es todavía relevante no porque represente un programa político que podría implementarse. Al contrario, nos ofrece un conjunto de ideales importantes que claramente están muy lejos de poder ser realizados —que, en realidad, son *imposibles* de realizar— bajo el sistema del capitalismo global[83]. Actúa como un "espectro" que nos acecha dejándonos insatisfechos con las carencias de nuestra realidad actual. El marxismo se vuelve un principio desconstructivo: jamás "llega" para ser puesto en práctica, pero se mantiene relevante únicamente en el sentido de que nos incita a levantar preguntas críticas acerca de los sistemas y prácticas vigentes.

> Nunca puede estar completamente presente; puede, si es que algo, ser únicamente posible. No obstante, tiene que permanecer como un "puede" o "podría ser" para mantenerse como una exigencia[84].

El marxismo tiene la capacidad de servir como una crítica del orden mundial actual precisamente porque dejó de ser una opción real para ofrecer tal orden como una filosofía constructiva y positiva. El análisis de Derrida crea un espacio desconstructivo para la teoría política en general y para la teoría marxista en particular. Este espacio se caracteriza por la suposición de que el marxismo (o cualquier otra escuela particular de pensamiento) tiene su mejor uso como teoría crítica más que como un conjunto de políticas prácticas. En parte a causa de los abusos perpetrados en el pasado por líderes comunistas como Stalin y por el imperialismo de Occidente, Derrida y otros filósofos desconstructivistas occidentales parecen haber perdido la fe en la posibilidad de que una filosofía pueda ayudar efectivamente a implementar una sociedad armoniosa y sostenible:

> Era, por otra parte e indisociablemente, lo que habíamos sabido o lo que algunos de nosotros hacía bastante tiempo no ocultábamos en relación al terror totalitario en todos los países del bloque oriental, todos los desastres socioeconómicos de la burocracia soviética, el estalinismo del pasado y el neo-estalinismo en proceso (*grosso modo*, desde los procesos judiciales en Moscú hasta la represión en Hungría, por tomar sólo esos índices mínimos). Ese era sin duda el elemento en el que se desarrolla la llamada "desconstrucción". Y uno no puede entender nada de este periodo de desconstrucción, especialmente en Francia, a menos que tome en cuenta este conflicto[85].

SLAVOJ ŽIŽEK

Slavoj Žižek, aunque crítico de la versión de la desconstrucción expuesta por Derrida, vive en el espacio que ella ha creado en Occidente[86]. Jefe de investigación y crítico cultural de la Universidad de Ljubljana, Eslovenia, sus influencias incluyen a Jacques Lacan y el psicoanálisis, marxismo, Hegel y el idealismo alemán, y la Escuela de Frankfurt. Estudió en la Ljubljana y en la Universidad de Paris, volviendo a la primera en 1971 como investigador. Durante un tiempo fue miembro activo del partido comunista de Eslovenia, pero después se involucró con el Comité para la Defensa de los Derechos Humanos. Las controversiales teorías de Žižek y su estilo confrontacional han hecho de él uno de los filósofos occidentales más visibles de nuestro tiempo.

En su libro *En Defensa de Causas Perdidas*, Žižek bosqueja sus sugerencias para una nueva versión del marxismo que nos ayudara a responder a la inminente crisis medioambiental. Concuerda con el marxismo tradicional en identificar con el capitalismo global los principales problemas que nos están conduciendo a esta crisis: se presiona a cada ciudadano para que consuma lo máximo posible; nadie se siente personalmente responsable por las consecuencias de la circulación del capital o el agotamiento de los recursos naturales y, puesto que el mercado es una resultante de un formidable número de transacciones entre individuos, cada uno de ellos se siente impotente para cambiar el sistema[87]. Pero Žižek tampoco cree que el marxismo tradicional sea una filosofía adecuada. Al contrario, sostiene que no ha ido lo suficientemente lejos para desconstruir el modo en que pensamos la humanidad, la historia y la ecología. Por desgracia, la propuesta de Žižek es, al igual que la de Derrida, más desconstructiva que práctica.

En su adaptación del marxismo tradicional a la situación social y política actual, Žižek desconstruye los conceptos de "humanidad", "historia" y "naturaleza". Primero, identifica un posible nuevo "proletariado" global compuesto por la gente excluida de las economías y administración estatales. Dada la situación imperante, Žižek cree que el factor decisivo que determina la calidad de vida de una persona no es la diferencia entre propietario y trabajador, sino entre aquellos que están formalmente incluidos en la economía y los que están excluidos o informalmente conectados. Los "excluidos" se hallan principalmente en los barrios marginales de las afueras de todas las grandes ciudades del mundo. Allí, no reciben beneficios del Estado, no hay ley, ni infraestructura ni protección social, etc. Puede que se integren informalmente a la economía (como trabajadores por día o emprendedores autónomos), pero no son reconocidos como trabajadores por el Estado:

> Si la tarea principal de la política emancipadora del siglo XIX fue quebrar el monopolio de los burgueses liberales politizando a la clase trabajadora...la principal tarea del siglo XXI es politizar —organizar y disciplinar— a las "masas desestructuradas" de los barrios marginales[88]

Esto significa, sin embargo, que en la propuesta de Žižek el Estado siempre va a ser parte del problema y no el agente principal de transformación:

> La solución no consiste en limitar el mercado y la propiedad privada mediante intervenciones directas del Estado y propiedad estatal. El propio dominio del Estado es también, a su modo, "privado"... no hay nada más "privado" que una sociedad estatal que percibe a los excluidos como una amenaza y se afana en cómo mantenerlos a la distancia adecuada[89].

A continuación, Žižek desconstruye el concepto de "historia". El marxismo tradicional espera que la clase trabajadora ejecute un acto político que dé lugar a un orden económico más justo. Žižek sostiene que este aspecto fundacional del marxismo depende de una visión lineal, "histórica" del tiempo, en la cual

> en cada momento del tiempo, hay múltiples posibilidades esperando ser realizadas; una vez que se actualiza una, las otras quedan canceladas[90].

Según esta visión de la historia, la meta consiste en considerar las diferentes posibilidades que podrían acaecer en el futuro y escoger una que parezca conducir al mejor resultado posible. El problema, objeta Žižek, es que la imposición del capitalismo global aparece como inevitable, dejando a los individuos y a las naciones sin otra opción que adaptarse o quedar atrás. Esta impotencia puede conducir a la gente a creer que no hay nada que hacer para impedir la crisis medioambiental aparejada con el capitalismo. Como respuesta, Žižek sugiere que veamos la historia como *circular*. Es posible, sugiere, que nuestras acciones cambien retroactivamente posibilidades pasadas, que introduzcan algo radicalmente nuevo en la historia, que se liberen del conjunto de acciones posibles en las que hemos creído a partir de experiencias pasadas. En ese caso,

> deberíamos percibir, en primer lugar, a la catástrofe medioambiental como nuestro destino, como inevitable; y entonces, proyectándonos en él, adoptando su punto de vista, deberíamos insertar retroactivamente en su pasado (el pasado del futuro) posibilidades imaginarias ("Si hubiésemos hecho esto o aquello, la catástrofe en la que estamos inmersos ahora no habría ocurrido") sobre las cuales actuar entonces hoy[91]

Extendiendo esta idea todavía más, Žižek también sugiere que desconstruyamos nuestras ideas de "ecología" o "naturaleza". En su opinión, uno de los más grandes obstáculos para un cambio político significativo es el propio movimiento ambientalista. Uno de sus mitos, sostiene, es el de un mundo natural que existe en equilibrio armonioso hasta que llegan los seres humanos y lo destruyen. Žižek cree que lo que llamamos "naturaleza" no es más que una serie de "catástrofes"; cambios de dirección arbitrarios que incluyen gran pérdida de vidas. El comportamiento humano es simplemente una extensión de este desequilibrio natural, aunque obviamente uno que amenaza ser más destructivo que cualquier evento pasado en la historia de la Tierra[92]. Žižek propone, en consecuencia, que aceptemos dos hechos: (i) que no hay algo así como la "naturaleza" independiente de la influencia humana; (ii) que nuestras acciones pueden alterar permanentemente el estado ordinario de nuestro mundo. Como resultado, deberíamos tratar de influenciar nuestro ambiente de tal suerte que evitemos la catástrofe; no retornando a un estado de equilibrio original sino tomando decisiones políticas colectivas radicales para cambiar nuestros patrones de consumo.

El método aplicado por Žižek le permite hacer algunas observaciones brillantes sobre los supuestos subyacentes al capitalismo y al marxismo tradicional, señalando la posibilidad de un cambio político que incluya recomendaciones más específicas que las que serían posibles con la desconstrucción de Derrida. Žižek propone un cambio político radical que debería ocurrir mediante la movilización de aquellos excluidos del aparato del Estado y que debería instituir medidas severas pero igualitarias que limitaran la polución y el consumo y que apelara a la violencia, incluso al terror, para llevarlas a cabo[93]. Al mismo tiempo, la naturaleza radical de la propuesta de Žižek significa que funciona más como una teoría crítica del sistema existente que como una posibilidad de acción real. La respuesta política ideal sería para Žižek una que rompiese completamente con la idea usual de lo que es posible o incluso deseable. Pero desde el momento en que casi toda acción política contiene elementos del pasado y se construye sobre una sabiduría social común, él termina desechando cualquier programa político real a favor de un programa radical idealizado y abstracto[94]. En consecuencia, la "acción" política de Žižek es siempre una acción diferida y no una que pueda ser llevada a la práctica en nuestro contexto actual[95].

DAVID HARVEY

Otra interpretación actual del marxismo que dice ofrecer una alternativa al capitalismo global es la de David Harvey. Profesor en el Graduate Center de City University of New York, ha sido de enorme influencia tanto en su propia área de la geografía humana como en las humanidades en general. Su libro *Social Justice and The City* (1973)[96] fue uno de los primeros en sugerir que el campo de la geografía no debería permanecer imparcial u objetivo frente a la desigualdad económica. Con libros como *Limits to Capital* (1982)[97] y *The New Imperialism* (2003)[98] Harvey se ha convertido en un crítico frontal del capitalismo desregulado. En 2007 figuró entre los 20 autores más citados en humanidades y ciencia sociales[99].

En cierto modo, el uso de Marx que hace Harvey es diametralmente opuesto al de Žižek, ya que procura una crítica sistemática y científica del capitalismo (a diferencia del enfoque antisistemático de Žižek). Pero por más que critique las falencias de la metanarrativa postmoderna y sus tendencias deconstructivas, su propuesta tampoco es capaz de proporcionar una visión alternativa real, especialmente para contextos no occidentales. Su trabajo ofrece excelentes explicaciones acerca de cómo funciona el capitalismo, pero es demasiado general a la hora de ofrecer sugerencias concretas para utilizar las diferencias culturales que, inevitablemente, juegan su rol en cualquier sistema político. El proyecto de Harvey queda muy bien compendiado en su famoso texto:

> Hay leyes procesuales que operan bajo el capitalismo capaces de generar, aparentemente, un infinito rango de resultados a partir de variaciones mínimas en las condiciones iniciales o en la actividad e imaginación humanas. Del mismo modo que las leyes de la dinámica de fluidos son constantes en todos los ríos del mundo, las leyes de la circulación del capital son consistentes de un mercado global a otro, de un sistema de producción de bienes de consumo a otro[100].

Harvey trata de poner a la vista esas leyes y exponer la violencia en virtud de la cual continúa el capitalismo. De acuerdo a su influyente crítica, el mayor problema del capitalismo es que la acumulación de la riqueza es más rápida que su utilización. Esta sobreacumulación se manifiesta a la vez como capital y trabajo ociosos y como subempleo o desempleo[101]. En el escenario resultante, el exceso de capital y el exceso de trabajo coexisten paralelamente uno al lado del otro sin posibilidad de poder reunirlos de nuevo[102]. Para poder restaurar una tasa estable de ganancia, algo de capital debe eliminarse. Estas crisis se pueden resolver de varias maneras: creando capital o crédito ficticios, exportando capital a otros lugares o expandiendo la circulación de productos y capital a nuevos mercados[103]. El efecto de las dos últimas alternativas es despachar la devaluación del capital o del trabajo a localizaciones geográficas diferentes (generalmente, naciones en desarrollo) a fin de no sufrir los efectos de la devaluación en la localización original (generalmente, naciones desarrolladas). Cuando la devaluación potencial es suficientemente severa, surge el conflicto en torno a quién se hará cargo de las pérdidas:

> Tráfico de armas, dumping, guerras de tasas de interés, restricciones al flujo de capital y de divisas, políticas de inmigración, colonialismo, subyugación y dominación de economías

tributarias, reorganización forzada de la división del trabajo en los imperios económicos y, finalmente, la destrucción física y devaluación forzada del capital rival mediante la guerra; he allí algunos de los métodos a la mano[104].

Harvey sostiene que toda esa violencia es parte inevitable del capitalismo. A la postre, insiste, sólo puede ser sostenido expandiendo conflictos que, en última instancia, acabarán por envolver al mundo entero en una inmensa destrucción. El trabajo de Harvey se concentra en un minucioso análisis de los escritos originales de Marx, especialmente *El Capital*, y tiende en consecuencia a descuidar variantes importantes entre los sistemas de gobierno de inspiración marxista que hay en el mundo, respondiendo cada uno de modo único a las situaciones históricas, sociales y culturales que enfrenta. Si cabe, Harvey ha ido al extremo contrario. A ratos, despacha ciertos movimientos marxistas por adolecer de "particularismo militante" y escribe negativamente acerca de la situación sociocultural de movimientos políticos particulares ya que les impide conseguir "una distancia crítica suficiente y desapego para formular ambiciones globales"[105]. Tal como críticamente escribe Alex Callinicos:

> Harvey (…) es un intelectual con bases en la academia, que participa de ella y reflexiona acerca de los movimientos sociales que se desarrollan afuera y que carecen —como lo delata la frase "particularismo militante"— de un programa explícito, cuya posesión es, sin duda, una característica definitoria de un partido[106].

El escribir a un nivel relativamente abstracto le permite a Harvey adoptar una perspectiva amplia frente a los problemas del capitalismo y realizar críticas generales que se aplican a los sistemas económicos globales. Al mismo tiempo, esta aproximación lo deja con menos flexibilidad para abordar los contextos específicos en los que inevitablemente se plasman las políticas económicas. Esto significa que su trabajo es útil principalmente como un comentario crítico frente al capitalismo global. Pero siendo muy efectivo para ese propósito, carece de una plataforma específica que pudiera ser usada para abrir nuevos senderos más allá del sistema capitalista. Peor, en una suerte de antítesis a la *Realpolitik*, Harvey crítica explícitamente los intentos por lograr una integración orgánica de los principios marxistas con el *ethos* de historias y civilizaciones específicas, como en el caso del pueblo chino. Nos oponemos a esta visión y sostenemos que cada historia nacional, cada contexto específico de una nación en desarrollo, es como una porción de terreno particular al interior de un ecosistema particular. El campesino avezado, que conoce su terreno, seleccionará las semillas apropiadas, las plantará con la densidad requerida y las cultivará para obtener el máximo de crecimiento y sustentabilidad. Al respecto, Derek Gregory pregunta:

> Si el mundo rara vez se revela como uno piensa —como lo dijo A. N. Whitehead (y Harvey tiene en alta consideración su obra)— y si en consecuencia necesitamos reconocer y respetar la diversidad y variabilidad de la vida en la Tierra, ¿qué mundos quedan perdidos en las exploraciones de Harvey?[107]

Si uno toma a Harvey como única guía, se va a perder sin duda el "mundo" de la particularidad cultural: las riquezas que hacen a cada nación y pueblo diferentes uno del otro. En cierto sentido, la teoría de Harvey opera del mismo modo que el imperialismo capitalista: preserva su valor intrínseco expandiendo su alcance para ir cubriendo progresivamente el globo. Y lo más importante, ya que esta teoría no toma en cuenta los diferentes rasgos culturales de los diversos contextos, será más difícil implementar sus propuestas. Como vimos en el capítulo 3, las teorías siempre deben ser adaptables a nuevos contextos a fin de ser practicables.

CONCLUSIÓN

Derrida, Žižek y Harvey son tres de los más conocidos intérpretes occidentales del marxismo de las últimas décadas. Los dos primeros lo incorporan en el contexto del postmodernismo europeo para alentar una imaginación política radical, en tanto Harvey lo usa científicamente para sacar a luz la estructura subyacente del capitalismo. Tenemos razones para temer que esos enfoques no producen una versión constructiva del marxismo que sea capaz, a la vez, de construir sobre el pasado *y* crear nuevas modalidades encaminadas al futuro. El trabajo de Derrida y Žižek se concentra en la posibilidad idealizada de un cambio radical en modalidades que obscurecen el potencial de las estructuras políticas existentes y la sabiduría social. El análisis de Harvey se queda en un nivel general o global que le impide la construcción de programas prácticos y concretos que mejoren los sistemas socioeconómicos particulares.

Hemos combinado a propósito en un mismo capítulo a pensadores de tan agudo contraste. Cada uno ha sido muy influyente en la discusión occidental generando mucha atención y comentarios. Los dos primeros representan el movimiento desconstructivo y el pensamiento postestructuralista; tendiendo ambos a ser anticientíficos o, al menos, abiertamente sospechosos de las reivindicaciones que hace la ciencia respecto del conocimiento. Harvey, al contrario, utiliza el enfoque científico y se nutre profundamente en las fuentes de la ciencia social.

Como lo mostrarán los capítulos siguientes, gran parte de la discusión occidental ha estado prisionera de uno u otro de esos planteamientos. Los de tipo científico se limitan a estándares empíricos severos y a un conjunto relativamente pequeño de métodos, cerrando la puerta a intuiciones que podrían alcanzarse a través de estudios culturales e históricos. Las aproximaciones desconstructivistas pueden volverse fácilmente anti-racionales y anti-científicas, desde el momento en que la propia ciencia es uno de los blancos del método desconstructivo. Irónicamente, *ambos grupos retroceden ante los ejemplos y situaciones concretas que son el pan de cada día de quienes diseñan las políticas en los gobiernos locales, provinciales y nacionales.* ¿Cómo podrían los ideales marxistas ser útiles para el "arte de gobernar" si, por definición, se limitan por una parte a lo puramente abstracto y científico o a lo puramente ideal y desconstructivo por otra? Da la impresión, de nuevo, que los pensadores occidentales han tenido éxito al formular las posibilidades extremas, los excesos de ambos lados, pero que han fracasado en el hallazgo de una posición combinada que represente un equilibrio entre ambas. Expresan la disonancia de la situación actual global pero evitan las realidades prácticas que enfrentan quienes diseñan las políticas. ¿Cómo podría uno gobernar sensatamente si la herramienta que tiene entre manos es un marxismo inarmónico? Todos concuerdan en la urgencia de la tarea: el capitalismo irrestricto es como un automóvil fuera de control avanzando a alta velocidad contra una muralla y cuyo conductor, en vez de apretar el freno, pisa más a fondo el acelerador. Y muchos están de acuerdo en que los principios marxistas pueden, en principio, ser de ayuda para guiarnos a través de esta crisis. Sin embargo, varios de los teóricos occidentales se muestran incapaces de formular la versión actualizada del marxismo que los líderes necesitan. Sólo un esquema equilibrado puede guiar a los diseñadores de políticas a tomar decisiones sensatas en las situaciones concretas que afrontan.

7. REPENSANDO LA LIBERTAD Y LOS DERECHOS HUMANOS DESPUÉS DEL LIBERALISMO

A casi todos los norteamericanos se les ha enseñado que la libertad, los derechos humanos, la democracia y la justicia existen sólo en la tradición liberal: la de John Locke y sus seguidores (ver capítulo 2). Ser socialista o marxista, se nos ha dicho, equivale a renunciar a todas ellas. Llamaremos a esto el "Gran Mito del Liberalismo". Probablemente ninguna afirmación de filosofía política está más saturada de supuestos falsos o a medias verdaderos. ¿Por qué tendría que creer uno que la libertad de John Locke y sus sucesores liberales modernos es la única clase de libertad? Es tanto lo que esa reivindicación suprime de la historia de la teoría política y tanta la evidencia en contrario que ignora, que uno se ve tentado a preguntar: ¿A qué intereses sirve esta enseñanza?, ¿quién se beneficia con la difusión de ese mito? Aunque vale la pena preguntárselo, no nos vamos a detener aquí en ello. Es más importante escarbar las raíces del mito del liberalismo, poner al descubierto sus supuestos escondidos y formular entonces una alternativa mejor.

¿Por qué ese mito parece tan convincente a los norteamericanos? En parte porque desde antes de entrar en razón se socializa a los niños norteamericanos para que crean el relato del "excepcionalismo" norteamericano. Únicos entre las naciones del planeta, somos "la tierra de los libres y los valientes", la democracia más antigua del mundo, y por eso (prosigue el relato) la mejor, quizá la única *verdadera* democracia. Sólo nuestro sistema de justicia es *realmente* justo y únicamente nuestra forma de gobierno preserva efectivamente los derechos humanos. Nuestros profesores y libros de texto agregan a continuación anécdotas acerca de casos de otros países donde la libertad y la justicia están ausentes. Ya sea explícita o implícitamente, se les enseña a los niños norteamericanos cuán únicos y excepcionales son.

La vasta mayoría de los norteamericanos continúa creyendo la narración del liberalismo político, que los inserta en la línea de John Locke. Pero cuidado, ella proviene de dos vertientes. La versión conservadora del cuento busca "conservar" un conjunto de valores morales tradicionales que, sostiene, deberían guiar a la sociedad, y aboga por que la intervención gubernamental sea la mínima posible. Esta es la versión *libertaria o neoliberal* de la narración de John Locke. En cambio, la lectura *progresista* o *liberal* remite tales valores morales o religiosos al mundo privado, abogando en cambio por un rol más amplio del gobierno en el otorgamiento de bienestar y servicios sociales para quienes los necesitan.

Los conservadores, fuera de toda duda, serán los más hostiles al Marxismo Orgánico. Los liberales, por su parte, tendrán a veces dificultades para apreciar en qué difiere su visión de esta última: "Apoyamos la democracia social, los sistemas de previsión social, los beneficios sociales y un sistema nacional de salud. 'Liberal' es sólo nuestro modo de decir que discrepamos de los conservadores. ¿Acaso no estamos los liberales ya a medio camino del socialismo?". Esta visión, ampliamente difundida, se apoya en un supuesto erróneo. La versión liberal de la narración de John Locke lleva todavía el ADN de sus ancestros: John Locke y Adam Smith, y es por tanto, desde su base, una solución capitalista. Lin Chun escribe:

> De hecho, el estado de bienestar no ha resuelto los problemas de pobreza e inequidad (manifestado de modo más significativo en la distribución de la riqueza y el poder) y nada en sus políticas puede ser visto como específicamente socialista. Como lo destacó Dorothy Wedderburn, el efecto de, o los valores encarnados en la legislación de bienestar no representan más que una "concesión endeble" entre el mercado y *laissez-faire,* por un lado, y el igualitarismo planificado, por otro[108].

Más allá de lo que la mayoría de los liberales comprende, las socialdemocracias occidentales están de hecho mucho más cerca de la versión libertaria o neoliberal. ¿Por qué? Porque en el papel, las democracias capitalistas proveen "libertad y justicia para todos", tal como los niños norteamericanos repiten cada mañana en el saludo a la bandera. Pero en la práctica, la libertad y la justicia se alcanzan en distinto grado dependiendo de la riqueza (y del color de la piel, entre otros factores).

Marx quería extender esos beneficios a las clases trabajadoras y a los más excluidos de la sociedad. En su obra temprana, por ejemplo, habla de la sociedad ideal como una "verdadera democracia"; posteriormente la llamó "comunismo" para expresar la meta de comunidad genuina para todos. Para Marx, una sociedad socialista no se opondrá a los valores de la libertad, los derechos y la democracia sino que será su consumación[109].

En este capítulo y en el siguiente veremos que términos tales como "libertad" y "justicia" constituyen el foco de un acalorado debate entre dos escuelas de pensamiento rivales. Para poder apreciar lo que está en juego, es crucial comprender las aproximaciones radicalmente diferentes con que se abordan esos términos. La disputa no es, diría uno, "meramente académica", ya que dependiendo de si se acepta una perspectiva o la otra *las diferencias resultantes en la práctica serán altamente significativas*.

LIBERTAD

Una de las ideas de la cultura con más carga emocional es la de libertad. Cualesquiera sean nuestras limitaciones o restricciones reales, nos experimentamos a nosotros mismos como libres, como capaces de "hacer lo que queramos", ya sea cambiar de parecer o decidir entre múltiples opciones. Quizá nada nos produzca más miedo que la sola idea de estar encadenados, incapacitados de caminar o de mover nuestros miembros. Este impulso biológico fundamental por libertad de movimiento, patente en los niños pequeños, aviva las discusiones hondamente emocionales acerca de la libertad en teoría política.

Al estudiar los cargados debates acerca de la libertad de los últimos cuatrocientos años, uno descubre rápidamente que operan al menos dos nociones de libertad radicalmente diferentes. Puesto del modo más simple, tiene que ver con la distinción entre *verse libre de* y *ser libre para*. Un grupo de teorías enfatiza el verse libre de coacción o más de allá de cualquier interferencia, para así gozar de libertad para hacer lo que uno quiera. El otro grupo se focaliza en la libertad para poder perseguir y lograr bienes: mejores condiciones sociales, mejor educación, distribución más justa de recursos, una total calidad de vida más alta. Prestando oídos a esta distinción, uno reconoce inmediatamente que *verse libre de* y *ser libre para* no necesitan estar en competencia. Trágicamente, sin embargo, ambos lados del debate político han tendido a aferrarse a una de las nociones a expensas de la otra.

LIBERTAD FRENTE A LA COACCIÓN

En el capítulo 2 rastreamos la influencia de John Locke en los orígenes del sistema político norteamericano. Siguiendo la tradición de Hobbes y Locke, los Padres Fundadores de Norteamérica creían que el rol del gobierno debía ser mínimo. Los gobiernos debían proteger a los ciudadanos contra la pérdida de la vida, de la libertad y de la propiedad. Aquí, "pérdida de libertad" es entendida en el sentido estrecho de restricciones a la propia libertad de movimiento y posibilidades básicas de elección. Una comprensión similar de la libertad como libertad frente a la coacción subyace a la Primera Enmienda de la Constitución Norteamericana:

> El Congreso no puede crear ninguna ley relativa al establecimiento oficial de una religión, o que impida la práctica libre de la misma, o que reduzca la libertad de expresión, o que vulnere la libertad de prensa, o que interfiera con el derecho de reunión pacífica o que prohíba el solicitar al gobierno una compensación por agravios[110].

Aquí, el énfasis fundamental es bloquear o restringir la interferencia del gobierno en el comportamiento de los ciudadanos. Cada uno debe tener la capacidad de decir lo que quiera, publicar lo que quiera, encontrarse públicamente con otros cuando lo quiera y reclamar al gobierno de cualquier cosa de su incumbencia. Los tres primeros son conocidos como los derechos de libertad de palabra, prensa y reunión. En la sección siguiente veremos que el lenguaje de derechos también ha sido dividido entre derechos "positivos" y "negativos". Cada ítem de la Primera Enmienda implica *verse libre de* una limitación. Por ejemplo, libertad de palabra significa libertad de expresarse sin intromisión o coacción por parte del gobierno. La así llamada "cláusula de establecimiento", que prohíbe al gobierno establecer una religión, crea una separación entre el Estado y los diferentes grupos religiosos que existen dentro del país. Esto quiere decir que el gobierno no debe interponerse cuando las personas religiosas recen en casa o se reúnan en su lugar de culto. Esta imagen es la de una religión autosuficiente y privada; todo lo que necesita para prosperar es que el gobierno no interfiera.

Pero pronto los norteamericanos aprendieron que las cosas no eran tan simples. La historia de las interpretaciones que la Corte Suprema ha dado a la Primera Enmienda exhibe una lucha constante para transigir entre *verse libre de* y *ser libre para*. Ejemplos: un miembro de los Testigos de Jehová reclama libertad de no intromisión, pero el gobierno decidió que no podía rehusar una transfusión de sangre para su hijo y causarle con ello la muerte; los defensores de la supremacía de la raza blanca que quieren libertad para marchar por las calles de su ciudad no pueden crear un medioambiente saturado de odio que ponga en riesgo la calidad de vida de los afroamericanos que también viven en esa ciudad. Recientemente unos legisladores del Estado de Arizona quisieron promulgar una ley que permitía a los propietarios de un negocio valerse de sus creencias religiosas como justificación legal para rehusarse a atender a parejas del mismo sexo. Así, el dueño de un restaurant podía decidir que una pareja homosexual no comiera en su local simplemente por ser gay. Un defensor de esta ley dijo a la prensa:

> La fe no debería ser algo que debiéramos tener escondido en casa[III].

Él deseaba extender la libertad de no intromisión en su ejercicio *privado* de la religión a una libertad de no intromisión en el trato dado a otros ciudadanos al gestionar su negocio. Pero imagine que una empresa provea asistencia médica o servicios sociales básicos, o educación, y que suficientes ciudadanos se valgan de esa ley, de tal suerte que los servicios básicos salud sean inasequibles para parejas homosexuales y sus familias, o a gente de piel negra, o a los judíos. Tal como Daniel Mach, del American Civil Liberties Union, respondió:

> La libertad de religión es un derecho fundamental, pero no es un cheque en blanco para perjudicar a otros o imponer nuestra fe a nuestros vecinos[112].

La libertad, entendida exclusivamente como *libertad de no intromisión en lo que yo quiera hacer con mi dinero* se ha convertido en el mayor cómplice de la crisis climática global. Expresada a través de los hábitos de gasto de los ricos, las desenfrenadas prácticas comerciales de las transnacionales y las políticas permisivas de los gobiernos, esta mentalidad ha conducido a abusos sobre el medioambiente que ahora se han derrapado a nivel global. Esa misma mentalidad ha creado ingentes injusticias a lo largo del planeta, por cuanto la pobreza, el hambre y la polución de las naciones en desarrollo son subproductos del hecho de que en las naciones desarrolladas los ricos y los gobiernos persigan exclusivamente sus propios intereses. Necesitamos comprender cómo los dos lados de la libertad humana —que idealmente deberían trabajar juntos de manera armoniosa— se han escindido en dos ideologías rivales.

Los orígenes modernos de la libertad entendida como *verse libre de* yacen en la teoría política tradicional del contrato social (Hobbes, Locke) y en la Ilustración Francesa. En su excelente tratamiento de la Ilustración, Mary Gregory apunta:

> En el siglo XVIII la libertad se refería al poder de elegir o de abstenerse de elegir; de no estar sometido a las órdenes de otro ser humano; a la situación de un hombre libre como opuesta a la de un esclavo; a la forma de gobierno en la cual el poder soberano reside en la nobleza o en el pueblo; *a la capacidad de hacer lo que uno quisiera sin estar impedido de hacerlo*[113].

En el capítulo 2 vimos que Rousseau esperaba que el gobierno hiciera contribuciones positivas a la calidad de vida de sus ciudadanos. Gregory nota que

> Él veía la desigualdad, la lujuria y la codicia no como naturales, sino más bien como males que resultaban cuando los hombres

se agrupaban para formar sociedades a fin de oponerse a las tendencias despóticas de un gobierno desenfrenado[114].

En contraste, Voltaire, sonando más bien como Adam Smith, escribió que el egoísmo, la codicia y el deseo de lujo eran rasgos útiles de la naturaleza humana. Empaquetados bajo el acápite de la propia ventaja, esos deseos, sostenía Voltaire, son las razones que los humanos buscan y conciben. El Estado debería permitir que se manifestaran esas motivaciones egoístas, puesto que impulsan a las personas a lograr más, lo cual es la piedra angular del progreso humano. En su penetrante libro *Capitalism and Freedom: The Contradictory Character of Globalisation*, Peter Nolan compendia el resultado neto de estos desarrollos:

> El darwinismo social era una filosofía política que se oponía fuertemente a cualquier forma de intervención estatal en la operación "natural" de la sociedad. Las leyes que regulaban las condiciones de trabajo eran vistas como una forma de esclavitud, porque interferían en los derechos de los agentes libres para disponer de su propiedad como les pareciera. La idea de que "libertad" significaba esencialmente *libertad de celebrar contratos* se convirtió en el cimiento del pensamiento "liberal" a finales del siglo XIX[115].

Estos resultados no tienen nada de sorprendente. Si se postula un *contrato* social implícito como la justificación para el Estado y la base de su autoridad, entonces todas las funciones del gobierno necesitan ser canalizadas a través de esa estructura. La libertad consiste en controlar la propiedad de uno (riqueza); el gobierno existe para proteger a los individuos que gozan de propiedad; y cualquier interferencia con la dinámica de adquisición de la riqueza es "antinatural". Todavía más preocupantes son las dimensiones de la vida cívica que no pueden concebirse desde el paradigma neoliberal. Derechos tales como los destacados por David Harvey:

> El derecho a oportunidades de vida (…) control sobre la producción por los productores directos (…) un medioambiente vital decente y saludable (…) control colectivo de los recursos de propiedad común[116].

Así pues, fueron los filósofos británicos y franceses de la época moderna quienes forjaron el eslabón entre libertad y capitalismo. Se sostuvo que la libertad, comprendida como no interferencia en la persecución del interés propio, requería del capitalismo como el único sistema que permitía a los humanos ser "genuinamente libres". Y el capitalismo, el sistema económico preferido por los modernos, sólo podría prosperar si los capitalistas se vieran libres de todo constreñimiento por parte del gobierno u otros agentes. Únicamente si los capitalistas gozan de un "libre mercado" pleno (note cómo esta frase reduce la libertad a un mero adjetivo del sustantivo "mercado") serán capaces de llevar a la humanidad los inmensos beneficios que su riqueza puede procurar. Cada uno de los términos es definido o redefinido en términos del otro y no en términos de algún objetivo más general. El *verse libre de* de los capitalistas se convierte en el motor central de su economía. En parte alguna este "Manifiesto Capitalista" está expresado con más claridad que en el clásico de Milton Friedman, *Capitalism and Freedom*:

> Vistos como un medio para el fin de la libertad política, los acuerdos económicos son importantes a causa de su efecto sobre la concentración o dispersión del poder. El tipo de organización económica que proporciona libertad económica directamente, a saber, el capitalismo competitivo, también promueve la libertad política porque separa el poder económico del poder político y de ese modo hace posible que uno contrapese al otro. La evidencia histórica clama a una sola voz la relación existente entre libertad política y libre mercado. No sé de ningún ejemplo en alguna época o lugar de una sociedad que haya sido marcada en gran medida por la libertad política que no se haya valido también de algo comparable a un libre mercado para organizar la mole de su actividad económica[117].

Sin embargo, la evidencia de las últimas décadas socava de varias formas las tesis de Friedman. En vez un gobierno que "separa el poder económico del poder político", los norteamericanos han visto cómo el gobierno sirve de forma creciente a los intereses comerciales. Decisiones judiciales recientes han permitido que compañías e individuos extremadamente ricos jueguen un rol cada vez mayor en el financiamiento de candidatos influenciando con ello los resultados de las elecciones estatales y nacionales. A partir de 2008 la frase "demasiado grande para caer en quiebra" se ha incorporado al vocabulario nacional. Su sentido es que los bancos y otras compañías son cruciales para la seguridad de la nación, de tal suerte se vuelve una responsabilidad del gobierno el mantenerlas en funciones sin importar lo mal que hayan sido gestionadas ni cuánto hayan costado a los contribuyentes. Por contraposición, uno jamás escucha la frase "demasiado pobre para ser pasado por alto". Al mismo tiempo que las leyes impositivas y los fondos de rescate apoyan cada vez más a los ricos, los servicios sociales básicos se han visto reducidos para la gente más pobre del mundo.

La *reductio ad absurdum* de la libertad humana está clara y dolorosamente expresada en esta afirmación del ex presidente George W. Bush:

> El concepto de "libre comercio" surgió como un principio moral incluso antes de que se convirtiera en un pilar de la economía. Si usted hace algo que otros valoran, usted debería tener la posibilidad de poder vendérselo a ellos. Si otros hacen algo que usted valora, usted debería tener la posibilidad de poder comprarlo. Esta es la libertad real: la libertad para una persona, o nación, de ganarse la vida[118].

LIBERTAD PARA LA COMUNIDAD

Marx criticó fuertemente el modo en que la libertad de comercio tendía a subordinar todas las otras formas de libertad en la sociedad occidental. En realidad, hay muchos tipos de libertad, cada uno con su lógica interna propia, que deben ser estimulados y balanceados. La libertad de comercio, dice Marx, no es algo malo en sí mismo, pero puede volverse tiránica si se le deja convertirse en la medida de todos los tipos de libertad social:

> Libertad de comercio, libertad de propiedad, de conciencia, de prensa, de los tribunales, son todas especies de uno y el mismo *genus*: de libertad sin ningún nombre específico. Pero es totalmente incorrecto olvidar la diferencia a causa de la unidad e ir tan lejos como para hacer que una especie particular sea la medida, el estándar, la esfera de las otras especies. Esto es una intolerancia de parte de una de las especies de libertad, que

está únicamente preparada a tolerar la existencia de las otras si ellas renuncian a sí mismas y se declaran sus vasallos. La libertad de comercio es precisamente libertad de comercio y no otra libertad porque al interior de la naturaleza del comercio se desarrolla sin obstáculos de acuerdo a las reglas internas de su vida. La libertad de los tribunales es la libertad de los tribunales si siguen a las propias leyes inherentes del derecho y no a las de alguna otra esfera, como la religión. Cada esfera particular de libertad es la libertad de una esfera particular, tal como cada modo de vida particular es el modo de vida de una naturaleza particular. ¡Cuán errado sería exigir que el león se adaptara a las leyes de la vida de un pólipo!¹¹⁹

Marx aboga por una definición más holística de libertad:

> Para los comunistas, la libre actividad es la manifestación creativa de la vida que surge del libre desarrollo de todas las capacidades de la persona completa¹²⁰.

Esta idea de libertad debe ser retomada y desarrollada más profundamente en una cosmovisión orgánica y postmoderna.

El filósofo del postmodernismo constructivo Alfred North Whitehead ofrece un antídoto para este estrechamiento de la libertad humana similar al de Marx. Él liga la libertad con la ilimitada creatividad de la civilización humana y el proceso de la vida. La capacidad que nosotros llamamos "libertad" es el señuelo que seduce a los individuos y a las sociedades a moverse más allá de las trilladas estructuras existentes:

> El valor social de la libertad yace en su producción de discordancias. Hay perfecciones más allá de perfecciones (…) así, la contribución a la Belleza que puede ser aportada por la Discordancia —en sí misma destructiva y mala— es el sentir positivo de un cambio súbito de aspiración desde la mansedumbre propia de una perfección trillada a otro ideal todavía vestido de frescura¹²¹.

Para los filósofos de la civilización ecológica, el énfasis recae primero en la libertad para actualizar el formidable potencial que hace señas para seducir a cada individuo y a la sociedad. Actualizamos nuestro potencial cuando se nos ofrecen oportunidades educacionales y culturales y cuando se hallan aseguradas las necesidades básicas de pan, techo y abrigo. No basta meramente con ofrecer a la gente la oportunidad de perseguir su propio interés sin que interfieran otras personas o los gobiernos. Criticando el paradigma de *verse libre de*, Whitehead escribe:

> Cuando pensamos la libertad, quedamos propensos a confinarnos a la libertad de pensamiento, libertad de prensa y libertad de opiniones religiosas. Así, las limitaciones de la libertad se conciben como surgiendo en su totalidad de los antagonismos con nuestros congéneres. Éste es un error garrafal. Son los hábitos colosales de la naturaleza física, sus leyes de hierro, las que determinan el escenario del sufrimiento humano…En el pensamiento moderno, la expresión de esta verdad ha tomado la forma de "interpretación económica de la historia"[122].

El gran economista y filósofo de Harvard Amartya Sen ha propuesto recientemente que entendamos no al PIB sino a la *libertad* —concebida en términos de bienestar social y comunal y no sólo en tanto protección de la esfera privada— como la medida del desarrollo:

> Es importante dar reconocimiento simultáneo a la centralidad de la libertad individual *y* al grado y alcance de la fuerza de las influencias sociales sobre la libertad individual. Para contrarrestar los problemas que enfrentamos, debemos ver a la libertad individual como un compromiso social (…) la expansión de la libertad es vista en este enfoque a la vez como el fin y el principio primario de los medios de desarrollo.[123]

El éxito de una civilización se mide no solamente en términos de cuán rápido produce capital. ¿Hemos triunfado realmente si logramos un alza rápida en el PIB a costa de diezmar el medioambiente, arrojar más y más familias bajo la línea de pobreza, descuidar la educación, la cultura y la calidad de vida?

DERECHOS HUMANOS

Hemos visto ya cómo el lenguaje de la libertad se expande naturalmente al lenguaje de derechos. La Primera Enmienda de la Carta de Derechos

Norteamericana ya habla de *derechos* de libertad de palabra, de asamblea y de religión. El lenguaje de derechos se ha vuelto un componente indispensable en el discurso internacional de la comunidad global. Tres de sus distintivos reclaman nuestra atención:

(i) Se acabó la era en que todas las naciones estaban de acuerdo en una lista de derechos humanos fundados en la valoración que recibían de una única religión y sus sagradas escrituras. Las listas de derechos internacionales, tales como la Declaración Universal de Derechos Humanos, reflejan un acuerdo creciente a lo largo del planeta acerca de cómo debe o no tratarse a los seres humanos (y, cada vez más, a los animales y al medioambiente). Fuera de toda duda, los valores cardinales de cada cultura y sus religiones continúan jugando un rol significativo en la explicación y justificación del lenguaje de derechos *para los miembros de esa cultura*. Pero los conceptos y relatos locales, incluso si tienen base religiosa, no pueden producir un consenso global acerca de derechos humanos. Esta es una razón por la cual la comunidad global habla cada vez más de derechos *naturales* y no de derechos dados por Dios. El poder del lenguaje de derechos no se ve debilitado si, globalmente, ellos representan nada más —y nada menos— que el consenso sólido de la comunidad global.

(ii) Nunca antes en la historia humana hubo un acuerdo tan elevado y poderoso en torno a la existencia de derechos humanos universales. La categoría de derechos humanos llegó para quedarse. El fortalecimiento creciente del lenguaje de derechos es especialmente notorio dado que, durante el mismo período, se ha expandido el escepticismo en torno a los modos tradicionales de fundar el lenguaje de derechos.

(iii) La narrativa histórica exhibe una nítida progresión a través de tres tipos de derechos humanos. Será aquí donde fijaremos al máximo nuestra atención. Dicha evolución es tan patente e importante que uno puede juzgar efectivamente a los tipos de filosofía política basado en si ellas han sido capaces de concebir los tres tipos de derechos *y* explicar su progresión a través de ellos. Cualquier teoría política que no pase este test, sugerimos, no podrá adecuarse a la situación global actual. Es más, vamos a proponer que el Marxismo Orgánico es muy idóneo para esa tarea.

Seguimos a Aryeh Neier al describir esos tres tipos como derechos "azules", "rojos" y "verdes". *Grosso modo*, en el modelo que ella propone, los derechos "azules" son los derechos civiles y políticos: los derechos de la libertad individual, similares al *verse libre de* que acabamos de explorar. Los derechos "rojos" son los derechos económicos y sociales, más enfocados en la calidad de vida. Los derechos "verdes" son derechos colectivos tales como el derecho a la paz o los derechos de las generaciones futuras a los recursos del medioambiente y a la biodiversidad necesaria para la supervivencia de la especie humana. Cada uno de ellos incluye al precedente pero también se adiciona a él. El movimiento a través de los tres tipos ofrece una excelente vía para comprender el lenguaje de derechos.

DERECHOS AZULES

La emergencia de la tradición de derechos específicamente moderna comienza con los derechos "azules". Los derechos humanos modernos estaban inicialmente basados en el supuesto de que las sociedades funcionan mejor cuando los gobiernos dejan que los ciudadanos persigan sus intereses privados sin interferencia (la "mano invisible" de Adam Smith). Neier destaca:

> Visto desde la perspectiva de James Madison y aquellos que contribuyeron al pensamiento que se concretó en la redacción de la Carta de Derechos Norteamericana, el concepto de derechos se refería exclusivamente a derechos civiles y políticos, esto es: derechos que limitan el poder del Estado para interferir en ciertas acciones de los ciudadanos y que empoderan a los ciudadanos para influenciar las acciones del Estado.[124]

Notemos que la Declaración Universal de Derechos Humanos (1948), el documento fundacional para el movimiento contemporáneo de esos derechos, también se enfoca en derechos civiles y políticos (primeros 21 artículos), pero incluye también algún reconocimiento de derechos sociales y económicos (artículos 22 a 26), tales como el derecho a seguridad social, empleo, recreo y educación.

La importante *History of Human Rights* de Micheline Ishay deja ven claro cuáles son las consecuencias de enfocarse exclusivamente en derechos azules:

[Adam Smith] observó que un gobierno civil establecido con el propósito de proteger los derechos de propiedad "está en realidad instituido para la defensa del rico contra el pobre, o de aquellos que tienen propiedad contra aquellos que carecen de ella en absoluto". No obstante, las fuerzas del mercado, explicaba, constituían un mecanismo que haría descender los precios hasta su nivel "natural" y económicamente asequible.[125]

No es coincidencia que "azul" sea también un símbolo de la aristocracia, como en la expresión "sangre azul". En la Europa moderna temprana, cualquier consecuencia positiva para las personas sin propiedad —en ese tiempo uno ni siquiera podía hablar de ellas como teniendo "derechos"— era nada más que un subproducto de la protección de los derechos de propiedad de los ricos. Tal como muestra Ishay:

> Los Independientes y los Niveladores[126] equiparaban por igual la libertad política con algún tipo de propiedad e independencia individual. Así, introdujeron la noción liberal de que la libertad se gana primero mediante la actividad económica independiente. Aunque el derecho a voto estaba restringido, se ganó finalmente el derecho a la propiedad, si bien a gran costo humano, y la tenencia feudal de tierras y la carga impositiva arbitraria fueron abolidas en Inglaterra.[127]

Si uno podía hablar de derechos de los pobres, era sólo como una especie de aplicación secundaria de los derechos gozados por los ricos. Así, John Locke escribía en sus *Dos Tratados*:

> Todo hombre tiene la propiedad de su persona. Sobre esto nadie tiene derecho sino él mismo. El trabajo de su cuerpo y el trabajo de sus manos, podemos decir, son propiamente suyos[128].

Los primeros líderes norteamericanos adoptaron una postura similar. Asumieron que el derecho a voto debía depender de la tenencia de tierras y bienes, porque únicamente la propiedad de la tierra muestra "evidencia suficiente de apego a la comunidad"[129].

En una palabra, los pensadores europeos modernos vieron a la democracia como una especie de subproducto del derecho de propiedad y de las condiciones necesarias para protegerlo. Kant escribió que ya no podría violarse la libertad civil sin causar perjuicio a todos los oficios e industrias y, especialmente, al comercio[130].

Tal como Neier correctamente nota,

> Esta visión, esencialmente inalterada desde sus orígenes en el siglo XVIII, encontraría expresión en la doctrina de política exterior posterior a la guerra fría de una única superpotencia mundial que asociaría la paz mundial con la expansión sinérgica de los mercados y la democracia.

Allí mismo, Neier cita a Thomas Paine:

> Si se permitiera al comercio actuar a la máxima escala posible, extirparía el sistema de la guerra y produciría una revolución en el estado incivilizado de los gobiernos. La invención del comercio ha surgido desde que comenzaron aquellos gobiernos, y es la mayor aproximación hacia una civilización universal que haya sido hecha por cualquier medio que no mane inmediatamente de principios morales[131].

DERECHOS ROJOS Y VERDES

Acabamos de ver que, en su comienzo en Europa occidental, los derechos humanos individuales fueron extensiones de los derechos de propiedad. El liberalismo clásico extendió finalmente aquellos derechos iniciales a otros tipos de derechos azules, esto es, otros derechos de elección individual. Pero el basamento de esos nuevos derechos continuó siguiendo la lógica de individualismo y derecho de propiedad que los hizo nacer.

Los derechos rojos no tienen que ver primariamente con la capacidad de los individuos para perseguir sus propios intereses en plena libertad, sino con asegurar necesidades básicas a cada individuo mientras se persigue el bien de la comunidad. El concepto de derechos rojos comenzó a jugar un rol cuando los filósofos comprendieron que las elecciones individuales dependen en diversos aspectos de valores y cooperación comunitarios. Si quienes gozan de propiedad individual actúan sólo para adquirir más riqueza, la sociedad, de hecho, dejará de funcionar. Socialistas, comunistas, marxistas y sus aliados intentaron trasladar la discusión más allá de los derechos de elección individual para incluir los derechos económicos y sociales necesarios para una sociedad bien organizada. Centrales al movimiento internacional de derechos humanos han sido documentos tales como el Pacto Internacional de Derechos Económicos, Sociales y Culturales, propuesto para ratificación por las Naciones Unidas en 1966. En adición al derecho a "condiciones de trabajo equitativas y satisfactorias" (artículo 7) y el derecho a formar sindicatos (artículo 8), el Pacto Internacional incluye una variedad de derechos sociales y culturales que van significativamente más allá de las limitaciones teóricas de los derechos azules (artículo 13):

> Los Estados Partes en el presente Pacto reconocen el derecho de toda persona a la educación. Convienen en que la educación debe orientarse hacia el pleno desarrollo de la personalidad humana y del sentido de su dignidad, y debe fortalecer el respeto por los derechos humanos y las libertades fundamentales. Convienen asimismo en que la educación debe capacitar a todas las personas para participar efectivamente en una sociedad libre, favorecer la comprensión, la tolerancia y la amistad entre todas las naciones y entre todos los grupos raciales, étnicos o religiosos, y promover las actividades de las Naciones Unidas en pro del mantenimiento de la paz[132].

Incluir el derecho al empleo, salud y educación, e igualmente el derecho a participar en la vida cultural, es ingresar al corazón de los derechos rojos. Es tomar una perspectiva frente a lo que todos los seres humanos necesitan para prosperar. Concebir los derechos de este modo es mirar a la sociedad orgánicamente, como un sistema interconectado. A diferencia del paradigma de los derechos azules, el pensamiento orgánico reconoce que no es justo ni saludable que muchos vivan una existencia truncada para que una pequeña proporción de ciudadanos pueda ascender. Desde esa óptica, el derecho azul "de no ser interferido" es visto como un derecho fungible: cuando los beneficios de libre mercado para algunos se obtienen a gran costo para muchos otros, la comunidad nacional e internacional está justificada para reequilibrar la sociedad a fin de que todos puedan gozar de una calidad de vida básica. La libertad de no intromisión es un bien, pero no el único bien.

Los derechos verdes representan el paso final hacia una cosmovisión orgánica. Aquí, no es sólo la calidad de vida de todos los humanos lo que se toma en cuenta sino también la sobrevivencia de los animales y los ecosistemas. Tal como los derechos económicos, sociales y culturales no pueden ser establecidos sólo sobre la base de la libertad de no intromisión, también el derecho a un medioambiente saludable va más allá de la perspectiva teórica de los derechos azules y rojos.

Uno de los padres fundadores del pensamiento socialista y comunista, Pierre-Joseph Proudhon, comenzó en 1840 a desarrollar el marco para esta visión extendida de los derechos. Señaló la existencia de una tercera categoría, un "derecho fuera de la sociedad". Escribió que una propiedad

> es un derecho fuera de la sociedad; porque es claro que si la riqueza de cada uno fuera riqueza social, las condiciones serían iguales para todos, y sería una contradicción decir: la propiedad es un derecho de un hombre a disponer a voluntad de la propiedad social. Entonces, si estamos asociados en aras de la libertad, igualdad y seguridad, no estamos asociados en aras de la propiedad; luego, si la propiedad es un derecho natural, este derecho natural no es social[133].

Por su parte, en Ishay, leemos lo siguiente:

> Los socialistas del siglo XIX se veían a sí mismos como herederos de los ideales de derechos humanos y paz mundial del siglo XVIII. No obstante, se oponían a la creencia de la Ilustración de que la paz podía asegurarse en la jungla competitiva de una sociedad de libre mercado. Al contrario, las guerras eran percibidas como el juego final de las clases económicamente aventajadas, que buscaban promover su poder económico y político a esfera mundial. Las inequidades respecto de la propiedad generadas por las políticas económicas del *laissez-faire* (…) eran no sólo la raíz de la injusticia social sino (…) la fuente de la guerra entre las naciones[134].

Proudhon impugnaba la inclusión de la propiedad es la lista de derechos naturales establecida en la Declaración de los Derechos del Hombre y del Ciudadano, prefiriendo la propiedad social de los medios de producción. No obstante, la precoz resistencia socialista a toda propiedad privada resultó ser impracticable y hoy la mayoría de los marxistas combinan principios socialistas con algún grado de propiedad privada. Así, para Deng Xiaoping, a fin de que el socialismo muestre sus ventajas, ha de estar abierto a todas las formas de civilización humanas, incluidos los sistemas capitalistas. Debe

> absorber y aprender de todos los modelos avanzados de negocios y métodos gerenciales de todos los países, incluyendo los países capitalistas desarrollados, que reflejan la ley de la producción moderna socializada[135].

Pero Proudhon también incluyó razones proto-ecológicas en su conclusión. Sostuvo que el trabajo propio no lo habilita a uno a la propiedad porque el material para la producción ya existe antes de que intervenga el trabajador:

> Argumenta que únicamente el trabajo es la base del valor, pero que éste, sin embargo, no le otorga al trabajador un derecho de propiedad, desde el momento en que su trabajo no crea el material a partir del cual se hace el producto[136].

Sobre esta intuición se forja el lenguaje de los derechos verdes. La tierra y los otros recursos naturales no son asuntos de puro interés privado ni de interés puramente social. Los recursos sobre los cuales la sociedad entera —en el fondo la civilización humana como un todo— descansa son el fundamento para el bienestar personal y social. Los designamos "derechos verdes" para llamar la atención hacia esta tercera categoría. A su vez, "eco-justicia" es el término más popular para describir esta misma conclusión. Tal como sostiene Li Huibin, un destacado estudioso marxista,

> Necesitamos proteger los derechos ecológicos legalmente establecidos de los individuos, familias, comunidades y naciones; y defender la equidad y la justicia ecológicas. Pienso que éste no es sólo el componente intrínseco de una civilización ecológica, sino también el ideal y meta por el que luchan marxistas y postmodernistas constructivos[137].

En esta corta sección, uno ha podido ver que la filosofía orgánica representa un modo de pensar radicalmente diferente (quizá esto ayude a explicar la oposición de los capitalistas y pensadores libertarios o neoliberales al movimiento ambientalista internacional). "Para el Bien Común", no es sólo una nimia modificación a la perspectiva individualista. Incluso más que los derechos sociales rojos, los derechos verdes alzan nuestros ojos sobre y más allá del beneficio personal hasta la visión de una sociedad y un planeta interconectado. En un planeta pequeño, ningún hombre es una isla[138]. Lo que usted posee y cómo usted vive impacta la calidad de la red completa de la vida, humana y no humana. El pensamiento "verde", el fundamento de una civilización ecológica, es por tanto una transformación revolucionaria del pensar humano. Sugerimos que representa la etapa venidera en la evolución del pensamiento social.

CONCLUSIÓN

Es triste que tantos académicos y políticos sigan todavía tratando el tema de los derechos humanos como un tópico único y simple. Al contrario, hemos puesto al descubierto que operan al menos tres marcos diferentes. El lenguaje derechos basado en la *libertad de no intromisión* es sólo el principio, por cuanto es motivado por el deseo individual de no ser restringido o constreñido. Por ejemplo, los primeros 20 artículos de la Declaración Universal de Derechos Humanos comienzan con derechos tales como el derecho a la vida, a la seguridad de la persona, a un juicio justo, a no ser sometido a esclavitud, a no ser arrestado arbitrariamente, etc. Ciertamente uno no debería ignorar esos derechos, pero no debería limitar el discurso sólo a ellos.

Los teóricos sociales ayudaron a la humanidad a extenderse desde un pensamiento unidimensional a uno bidimensional. El corazón del socialismo habló a través de Marx cuando incluyó el bien de la sociedad como una meta básica y no meramente como un subproducto de la persecución de la riqueza por parte de quienes gozaban de propiedad. Las sociedades son más fuertes cuando reconocen derechos económicos, sociales y culturales. La comunidad global ha ido gradualmente aceptando la responsabilidad de apoyar las actividades educacionales y culturales que elevan la calidad de vida de todos los ciudadanos.

Al caer en la cuenta de los derechos verdes, la teoría social se está desplazando ahora a un modo de pensamiento plenamente tridimensional. Una civilización ecológica complementa los derechos económicos y sociales con valores orgánicos medulares tales como el derecho a un medioambiente saludable y el derecho a la paz[139]. Los derechos verdes son claramente derechos colectivos en vez de individuales. En la medida en que uno adopta este marco, se mueve más allá del individualismo moderno hacia el pensamiento postmoderno constructivo basado en la comunidad. Alfred North Whitehead reconoció la naturaleza radical de este giro:

> Se ha desintegrado en su totalidad la noción de individuos absolutos con derechos absolutos y con un poder contractual de formar relaciones externas plenamente definidas. El ser humano es inseparable de su medioambiente en cada ocasión de su existencia. El medioambiente que la ocasión hereda es inmanente a ella y, a la inversa, ella es inmanente al medioambiente que ayuda a transmitir[140].

8. DEMOCRACIA Y JUSTICIA: UNA PERSPECTIVA POST-LIBERAL

Lo QUE VALE PARA LA LIBERTAD, vale todavía más claramente en las discusiones acerca de la democracia y la justicia. Cuando los escolares norteamericanos prestan juramento a la bandera pienso que en su interior escuchan algo así como "nosotros somos la única nación con libertad y justicia para todos". Quizá unas pocas personas saben que Marx estaba empeñado en crear una forma de sociedad más justa y que veía al socialismo como el tipo más consistente de democracia. Pero muy pocos norteamericanos se han detenido a realizar un estudio comparativo entre las perspectivas liberal y socialista de aquellos tópicos (esto es, muy pocos tiene una comprensión precisa de lo que significa una "perspectiva socialista").

Justicia significa imparcialidad. Desde la antigua Grecia la justicia ha sido representada como una mujer con los ojos vendados sosteniendo una balanza en una de sus manos. No influida por el beneficio propio, ciega a la fama o a la riqueza de las partes en disputa, distribuye imparcialmente los recursos entre todas.

Hace algunos años Alasdair MacIntyre escribió un libro ahora clásico, *Whose Justice? Which Rationality?*[41] Por cierto, MacIntyre no fue el primero en reconocer que las tradiciones occidentales incluyen múltiples nociones de justicia que son mundos aparte. ¿Ha dado como resultado una distribución imparcial (justa) de recursos en la población la tradición liberal inaugurada por John Locke?, ¿o ha producido leyes que favorecen a los más ricos y ha infligido castigos desproporcionados a aquellos que poseen lo mínimo? Si el tipo democracia basada en la riqueza que Estados Unidos y muchas naciones occidentales han abrazado *no es justa*, ¿qué otras opciones existen que pudieren ayudar a corregir las injusticias?, ¿hasta dónde nuestras nociones de justicia basadas en la riqueza han influenciado el modo en que construimos nuestra forma de democracia particular?

DEMOCRACIA

La palabra "democracia" significa simplemente *gobierno del pueblo*. Quizá ningún acuerdo político se ha mostrado más obviamente deseable que éste. Y sin embargo el mero término obliga a sondear varias cuestiones: ¿Quiénes son "el pueblo" que va a gobernar?, ¿gobierna de hecho en interés de todo el pueblo del país ese pequeño grupo de gente atrincherada en posiciones de poder?, ¿nos focaliza nuestro sistema en el bien de todos los seres humanos —presentes y futuros, ciudadanos y no ciudadanos— y, por cierto, en el bien de todos los seres vivientes?, ¿hasta qué punto opera para que sus propios ciudadanos y nadie más obtenga beneficios de corto plazo?

DEMOCRACIA AL SERVICIO DEL MERCADO

Para Francis Fukuyama, cuyo *Fin de la Historia* proclamó orgullosamente hace algunos años la victoria final de la democracia capitalista sobre todos sus competidores, la respuesta es simple: la democracia liberal es el mejor sistema porque protege a los propietarios de toda interferencia externa:

> Para Hobbes y Locke, y para sus seguidores que escribieron la Constitución Norteamericana y la Declaración de la Independencia, la sociedad liberal era un contrato social entre individuos que poseían ciertos derechos naturales, siendo el principal el derecho a la vida —esto es, la auto preservación— y la persecución de la felicidad, que era comprendida generalmente

como el derecho a la propiedad privada. La sociedad liberal es así un acuerdo recíproco y equitativo entre ciudadanos para no interferir en las vidas o propiedades de los otros[142].

En una palabra, Fukuyama todavía emplea la defensa de la democracia desarrollada por los primeros filósofos europeos y norteamericanos de la modernidad. La ruta a la felicidad se alcanza poseyendo propiedad privada; así, el gobierno necesita impedir que los otros interfieran en lo que usted posee. Cuando este enfoque conduce a Fukuyama y sus aliados a usar el lenguaje de derechos, los primeros que nombran son los derechos a la vida y a la propiedad.

Tal como vimos en el capítulo anterior, los marxistas orgánicos no se oponen al leguaje de derechos humanos. Reconocemos sin embargo que el foco tiene que extenderse más allá de los derechos individuales o "azules", tales como el derecho a la libertad y propiedad individuales, a fin de incluir igualmente a los derechos "rojos" y "verdes". Se necesita el mismo correctivo al discutir acerca de la democracia. Uno puede afirmar con Fukuyama que

> la democracia es el derecho universal que gozan todos los ciudadanos de tener participación en el poder político, esto es, el derecho de todos los ciudadanos a votar y a participar en política[143].

Pero a lo que nos oponemos (junto a otros que apoyan el Pacto Internacional de Derechos Económicos, Sociales y Culturales de Naciones Unidas) es a la visión de que un gobierno democrático requiere *de nada más que* los derechos individuales del liberalismo. Fukuyama representa esta visión:

> El derecho a participar en el poder político puede ser pensado todavía como otro derecho liberal —en realidad, el más importante— y es por esta razón que el liberalismo ha sido estrechamente asociado a la democracia a lo largo de la historia[144].

Cierto, el liberalismo clásico es un marco, una ideología, para aproximarse al "gobierno del pueblo". Pero no es la única ni mejor. La única contribución de cualquier "gobierno del pueblo" debería ser que las necesidades de todas las personas fueran tomadas plenamente en consideración. Pero, desafortunadamente, la democracia capitalista ha tendido a convertirse en "gobierno del individuo, para su propia conveniencia".

UNA ACLARACIÓN TERMINOLÓGICA CRUCIAL

Aquellos que apoyan la visión de Fukuyama se han ido denominando a sí mismos cada vez más como "libertarios" o "neoliberales" para distinguirse de los "liberales" de hoy, a los que equivocadamente confunden con los socialistas. David Boaz, vicepresidente ejecutivo del *Cato Institute*[145] de Washington DC, entiende correctamente la ligazón que hay entre la tradición liberal de Locke y los libertarios o neoliberales del libre mercado:

> El libertarismo puede ser considerado como una filosofía política que aplica con consistencia las ideas del liberalismo clásico, llevando las premisas liberales a conclusiones que limitarían con más estrictez el rol del gobierno y protegerían la libertad individual al máximo respecto del liberalismo clásico[146].

Boaz —pese a lo que discrepamos de su propuesta política— ha captado la trayectoria del liberalismo occidental mucho más claramente que la izquierda moderada norteamericana. Los actuales libertarios o neoliberales han elaborado las implicaciones del punto de partida del liberalismo clásico (Locke, Adam Smith, John Stuart Mill) con más consistencia que los liberales actuales. Si estos quieren evitar las conclusiones neoliberales, necesitan incorporar otra tradición en su filosofía política. Sólo cuando el individualismo rampante del liberalismo es morigerado con supuestos socialistas (Marx) puede eludirse esta especie de *reductio ad absurdum*.

Qué distingue pues a estos dos grandes planteamientos, a la democracia neoliberal y a la versión de la democracia que hemos llamado "Marxismo Orgánico"? A comienzos de la era moderna los europeos inventaron el concepto de un contrato social implícito (ver capítulo 2) que pasó a convertirse en un rasgo definitorio del liberalismo. Hay, creían ellos, un acuerdo implícito entre los ciudadanos votantes de un país en cuanto que el gobierno debería servir a un solo rol central: usted concuerda en no interferir en la vida y propiedad (riqueza) de los otros propietarios a cambio de que ellos concuerden recíprocamente en no arrebatar su propiedad. A quienes rigen la democracia se les permite permanecer en el poder en la medida en que promulguen y refuercen leyes de no intromisión. Debe dejarse que la competencia de mercado decida todo lo demás[147]. En consecuencia, cada propietario puede y debe aumentar su propia riqueza. En la medida en que no perjudique directamente a otros, todos los asuntos restantes pertenecen a la "esfera privada" donde sólo le corresponde a él decidir.

Al abordar la teoría política de esta manera se otorga a los mercados un rol central en la definición de la democracia. Pero la evidencia de que la aplicación de este mecanismo ha sido un error garrafal es aplastante: produce injusticias enormes y ha devastado el planeta. Además, es una renuncia a nuestra obligación de formular los valores centrales de una nación, de la civilización y de la vida en la Tierra. Es muchísimo mejor, sugerimos, definir las democracias en función del Bien Común —qué pueden ofrecer a sus ciudadanos y al planeta— que en términos de lo que se les prohíbe hacer a las personas.

Uno debería responsabilizar a las democracias basadas en el capitalismo no sólo por las injustas consecuencias que han ocasionado a los pobres y al planeta, sino también por su visión excesivamente negativa de la naturaleza humana; una visión que ha servido para justificar un tratamiento moralmente inaceptable de seres humanos (carentes de riqueza) y de animales. Recuerde que la tradición liberal predice que, dejados a su suerte, los seres humanos actuarán de modo egoísta y antisocial. Por tanto, sostienen, uno necesita un sistema político que transforme esas motivaciones egoístas en resultados que sean buenos para otros. Adam Smith "descubrió" que si la sociedad permitiese que cada persona fuese egoísta del modo que quisiera y amasara cuanta riqueza pudiere (siempre que no la robara directamente a los otros), la sociedad como un todo se vería beneficiada.

Los lectores notarán, por cierto, que es más bien interesado para los que ya son ricos el otorgarse *carte blanche* para amasar más riqueza. Después de todo, cuando se trata de riqueza, el mundo difícilmente es un terreno de juego parejo. Algunos son tan ricos como para ser dueños de transnacionales como la *Microsoft* mientras otros ni siquiera tienen dinero para abrir un pequeño almacén. Además, es obvio que los ingresos de las personas que se hallan a ambos extremos del espectro son tremendamente diferentes. ¿No es esto claramente una receta para que el rico se vuelva más rico?

¿BASTA CON LA SOCIAL DEMOCRACIA EUROPEA?

¿Son entonces las "social democracias" la respuesta? Varias veces luego del término de la Segunda Guerra Mundial las democracias del Norte de Europa han incrementado los servicios sociales que los gobiernos ofrecen a los ciudadanos y han reforzado la red de seguridad social para los pobres y desempleados. Las reformas sociales de esas naciones son sin duda un paso más allá del slogan del "gobierno mínimo" del capitalismo neoliberal, que se opone a los programas sociales de salud y suprime los programas gubernamentales orientados a apoyar a los más necesitados. Amartya Sen llama a este enfoque "democracia positiva" y, en su opinión, es la resultante de un debate razonado cuando pueden acceder a él todos los ciudadanos y no sólo los ricos:

> Si el análisis anterior es correcto, entonces el alegato que hace la democracia sobre su propia valía no debe descansar solamente en un mérito particular. Hay una pluralidad de virtudes allí, incluyendo, primero, la importancia intrínseca de la participación política y la libertad en la vida humana; segundo, la importancia instrumental de incentivos políticos que mantengan la responsabilidad y rendición de cuentas de los gobiernos y tercero, el rol constructivo de la democracia en la formación de valores y en la comprensión de necesidades, derechos y deberes. A la luz de este diagnóstico, podemos ahora dirigirnos a la motivación de este ensayo, a saber, considerar a la democracia como un valor universal[148].

El trabajo de Sen muestra que no es necesario dejar atrás el ideal del "gobierno del pueblo" a fin de introducir servicios sociales y proteger a los ciudadanos más vulnerables. La democracia no es incompatible con un pensamiento de base comunitaria. Pero lo que Sen no advierte son los límites inherentes de los sistemas basados en el capitalismo liberal occidental. Él busca fusionar derechos individuales y sociales en su concepción de una democracia social. Sin embargo, los sistemas políticos y económicos que retienen la persecución individual de riqueza (capitalismo) como su ideología rectora sólo pueden injertarse en valores sociales y "derechos verdes" como una suerte de ocurrencia tardía o coletilla. En esos sistemas, los ciudadanos son comprendidos ante todo como consumidores individuales que votan en función de sus propios intereses económicos. Las últimas décadas han mostrado que, cada vez que hay una crisis económica o el temor a la inmigración de sus vecinos más pobres (y de piel más oscura) del sur, los electores comienzan a desmantelar los servicios sociales y a apoyar políticas proteccionistas.

A la postre, las socialdemocracias europeas no se han transformado en una especie de cabeza de playa para el socialismo. Ciertas políticas sociales aisladas han mitigado algunos de los más dolorosos subproductos del capitalismo, pero sin implicar el tipo de reformas que el sistema necesita. El panorama general está todavía controlado por la clase de los individuos y las compañías más ricas que continúan operando y votando por sus propios intereses. Las reformas sociales dependen del exceso de riqueza y se expanden sólo cuando hay una sensación de relativa de estabilidad y ausencia de amenaza. En la medida en que la estructura económica básica de esas naciones se mantiene sin alteración, las políticas sociales siguen siendo igual de vulnerables. No son estos los fundamentos requeridos para una sustentabilidad ecológica y una comunidad global orientada hacia una paz y cooperación de largo plazo.

MARXISMO ORGÁNICO PARA EL BIEN COMÚN

Desde el punto de vista del Marxismo Orgánico, son necesarios cambios más fundamentales en las democracias capitalistas occidentales si es que pretenden superar prácticas económicas no sustentables y la dominación del 1 % más rico. Nos limitaremos a nombrar tres sin las cuales el actual sistema continuará operando en contra de una reforma genuina.

(i) Primero y ante todo, *debe haber un cambio en las relaciones de poder*. En la actualidad, los dueños (los ricos) controlan las riendas del gobierno y gran parte de la legislación fomenta sus intereses. Las voces de la clase trabajadora y de los pobres apenas alcanzan a oírse, si es que lo hacen. No puede haber un genuino "gobierno del pueblo" (democracia) en la medida en que el poder no se comparte de verdad con el pueblo.

(ii) Segundo, *los valores sociales (los así llamados derechos rojos y verdes) deben tener un status fundacional en los sistemas políticos y económicos*, en vez de seguir permitiendo que la persecución individual de riqueza y comodidad sea el motor propulsor del Estado. Sólo cuando los derechos azules no son la única *raison d'être* de aquél comenzarán los derechos sociales y ambientales a jugar un rol significativo en la toma de decisiones del gobierno.

(iii) Acompañando a los dos primeros cambios tiene que darse *el establecimiento de estructuras comunitarias y de un pensar de base comunitaria*. Simplemente no hay manera de consumar una verdadera sociedad democrática, una sociedad "para el Bien Común", sin grupos locales con poderes de toma de decisión que cubran las necesidades de la comunidad. El colapso medioambiental, nos dicen los científicos, acarreará la ruina de vastos sistemas sociales y económicos. Los gobiernos nacionales serán incapaces de hacer frente a todas las crisis que surgirán y las comunidades se verán forzadas a ser más autosuficientes, lo cual será posible sólo si desarrollan estructuras comunitarias efectivas. Es también cierto que, en ausencia de un compromiso comunitario significativo, la gente se siente despersonalizada. A su vez, la despersonalización produce apatía y la apatía un vacío de poder. Inevitablemente, las estructuras de poder carentes de base comunitaria intervienen para llenar el vacío: la burocracia en los sistemas socialistas y las corporaciones con fines de lucro en los sistemas capitalistas. Apartándose de esa dirección, el Marxismo Orgánico traslada el foco desde una perspectiva individualista a una comunitaria. El comunitarismo ha ido creciendo en respuesta a las debilidades del sistema neoliberal, y predecimos que jugará un rol cada más significativo a medida que aumente la inminente crisis medioambiental.

Así, lo que yace en el corazón de un socialismo vibrante y democrático es una economía de base comunitaria. La expresión clásica de esta teoría económica, *For the Common Good: Redirecting the Economy toward Community, the Environment, and a Sustainable Future* publicada por Cobb y Daly en 1989 sigue siendo el manifiesto de la economía del Marxismo Orgánico. Decían los autores:

> La alternativa es pensar normativamente a la comunidad mayor como una comunidad de comunidades. La comunidad local propia se convertiría entonces en una base primaria de identificación y la participación en sus asuntos asumiría una importancia más grande por dos razones. Primera, porque habría algún aumento en la significación de las decisiones locales. Segunda, porque los representantes elegidos localmente participarían en decisiones importantes a niveles más altos y en la selección de representantes a niveles más altos todavía. La identificación personal continuaría operando en varios niveles en grados diferentes[149].

Cobb and Daly permanecen fieles a la herencia del marxismo clásico. Su visión se extiende, a todo nivel, desde su crítica de los modelos económicos no sustentables basados sólo en el crecimiento a su propuesta de un orden económico radicalmente nuevo. Tal como Marx antes que ellos, se dan cuenta que una economía post-capitalista traerá una "extinción del Estado" (para usar los términos de Engels[150]) y reconocen que la competencia nacionalista entrará inevitablemente en conflicto con el pensamiento ecológico global:

> La propuesta de concebir al mundo normativamente como una comunidad de comunidades es una atenuación de la idea de soberanía. No debería haber Estados soberanos, naciones o un gobierno global. Los Estados-nación soberanos actuales retendrían roles importantes, pero delegarían otros en unidades más pequeñas y, todavía, cederían otros a las Naciones Unidas. Todas las comunidades ejercerían alguna "soberanía", pero ninguna sería soberana en el sentido de la teoría política moderna. Los mitos de contratos sociales en los que se basaban aquellas teorías modernas de la soberanía política son, históricamente hablando, obviamente falsos y distorsionan a la vez la teoría y la práctica[151].

Por cierto, las naciones no van a renunciar fácilmente a su poder de control en el escenario global ni a la miopía que acompaña ese poder. Incluso las más progresistas socialdemocracias del norte de Europa todavía asumirán que el Estado-nación debería tener la capacidad de definir y perseguir sus propios intereses. En consecuencia, todo depende en gran parte de cuán rápidamente el cambio climático global cause la caída de los Estado-nación individuales y de las estructuras económicas que controlan actualmente el comercio mundial. En un sentido, esperamos que el colapso avance más lentamente, ya que en ese caso los costos de vidas humanas y biodiversidad serán menores. También, si el colapso es lento, el mundo verá un período en el que los Estados independientes serán regidos de acuerdo a principios democráticos sociales. En contraste, si el colapso de la infraestructura global es rápido, según lo creen Cobb y Daly, las interacciones económicas entre los sobrevivientes se darán por necesidad únicamente al interior algunas comunidades y regiones. En tal caso, sólo nos queda esperar que la reconstrucción gradual del comercio mundial opere de acuerdo al modelo de una "comunidad del comunidades" propuesto por Cobb y Daly, más que según el modelo de "naciones soberanas" que ha causado tantos estragos en este planeta.

JUSTICIA

Ya vimos que el Marxismo Orgánico acepta un mandato más elevado: trabajar por el Bien Común de todas las personas y desafiar los privilegios de los ricos que dominan hoy a las democracias occidentales. Únicamente el gobierno "del pueblo, por el pueblo y para el pueblo" (Lincoln, Conferencia de Gettysburg) es un gobierno genuinamente democrático, una nación regida "por los ricos, para los ricos" es una democracia de nombre solamente. Ahora descubriremos que, de los cuatro conceptos centrales explorados aquí y en el capítulo precedente —a saber, libertad, derechos, democracia y justicia— es este último el que arroja la luz más clara sobre la transición requerida.

Desafortunadamente, nuestra discusión acerca de los diferentes modelos de democracia ha sido todavía un poco formal; abordaba la transición de lo individual a lo comunal pero no comunicaba suficiente acerca de los valores específicos por los cuales esas comunidades viven. En contraste, una discusión en profundidad acerca de asuntos relativos a la justicia, y a injusticias específicas, provee un grado mayor de concreción. En el proceso, uno aprende más acerca de políticas reales de sociedades que se han estructurado en torno a los principios centrales del Marxismo Orgánico.

El tópico de justicia más urgente suscitado en política y economía es el de la justicia distributiva: al interior de una sociedad, ¿qué métodos de distribución de las cargas y beneficios económicos son injustos y qué prácticas maximizan la justicia? Las posiciones discutidas por los filósofos se ubican a lo largo de un continuo nítido. En la extrema derecha está teoría de la justicia del "merecimiento" (como en la expresión "tú recibes tu merecido"): quienes trabajan duro merecen las riquezas que pueden adquirir; y por lo tanto es injusto que usen cualquier parte de su riqueza para ayudar a los pobres[152]. En el medio están las posiciones "igualitarias", que insisten en que la distribución de recursos debería ser pareja en toda la población (el famoso filósofo de Harvard John Rawls es asociado a menudo a esta posición, aunque algunos creen que él calza más naturalmente en el acápite siguiente). Inmediatamente a la izquierda están aquellas posiciones que procuran maximizar algún valor a través de la sociedad, tal como bienestar general, acceso a la educación, calidad de vida, capacidad de surgir, etc. En este caso, el principio de distribución no es concebido a nivel individual sino cruzando toda la sociedad. Finalmente, en el extremo opuesto del espectro que parte de la teoría del "merecimiento" está la respuesta marxista: maximizar las contribuciones de aquellos más capacitados para otorgarlas y priorizar las distribuciones a aquellos que más las necesitan.

No será sorpresa alguna constatar que los primeros filósofos de la modernidad europea abogaran por las posiciones de la extrema derecha de ese continuo. Considere sólo dos ejemplos. Para David Hume, la moralidad consta sólo de dos partes: la moral "natural", que incluye la benevolencia con nuestros cercanos, y la justicia "artificial" que, cuando se logra, es producida fortuitamente por las acciones humanas:

> Para Hume la justicia implica tres extensiones artificiales de la persona natural, a saber, relaciones a cosas, a otras personas y a eventos (posesión, promesas y contratos)[153].

Esta concepción exhaustivamente individualista de la justicia la convierte en una preocupación derivada o en un subproducto fortuito más que en un principio "natural".

Adam Smith vincula su teoría de la moralidad a la respuesta que daría un observador imparcial:

> La vida moral de la especie puede ser vista como la búsqueda de (...) puntos de vista comunes a partir de los cuales pueda juzgarse la idoneidad o adecuación de sus acciones frente a sus situaciones. A medida que transcurre el tiempo en esta búsqueda pueden discernirse ciertas regularidades que están comúnmente especificadas en términos de las cualidades de carácter que yacen tras ellas, esto es, en términos de las virtudes, incluida la justicia[154].

No es de extrañar que esta visión más bien inusual de la moralidad sea similar a su idea de la "mano invisible" que transforma las acciones egoístas de los capitalistas en los mayores beneficios posibles para sociedad como un todo.

Cuando hace poco discutíamos los derechos humanos, notábamos que es difícil eludir la conclusión de que la posición libertaria o neoliberal es interesada: aquellos que poseen la mayor cantidad de riqueza de algún modo "descubren" que el único derecho humano que importa es el derecho a la posesión de sus propiedades y, cuando se trata de adquirirlas, el derecho a estar libre de intromisión externa. La posición respecto de la justicia en los albores de la modernidad europea es similar. Sostiene que la única clase de justicia que el Estado debería defender es la justicia de paridad estricta: los ricos no deberían soportar una carga impositiva más alta que la de los pobres y ambos deberían recibir distribuciones iguales de apoyo gubernamental. Los ricos trabajan duro; por tanto, tienen derecho a cualquier ganancia que obtengan. Si el pobre no gana lo suficiente para mantener a su familia, debe ser porque es flojo.

Con esta óptica, las injusticias del sistema quedan fuera de consideración. Desde el momento en que los libertarios o neoliberales asumen que la economía capitalista fija un terreno de juego imparcial, pretenden concluir que la riqueza es evidencia de trabajo duro y fortaleza de carácter, en tanto la pobreza implica flojera y debilidad de carácter. Los tipos de injusticia que derivan de factores que están fuera del control del trabajador individual —desventajas que provienen de la propia clase social, género, color de la piel, oportunidades educacionales o acceso al capital— quedan generalmente excluidas de consideración al alero de la teoría libertaria o neoliberal de la justicia.

¿Cómo podemos desplazarnos entonces a un concepto de justicia más pluralista, uno que incluya el rango completo de factores que son relevantes para evaluar un acto como justo o injusto? La mera igualdad numérica no es lo suficientemente compleja como para capturar todos los factores relevantes para una toma de decisiones justa; debemos esforzarnos por alcanzar un punto de vista mucho más sistémico y de largo plazo. No basta considerar solamente lo dado, el *status quo*; necesitamos una exploración imaginativa y éticamente sensitiva acerca de *cómo podría ser reestructurada hoy la sociedad*.

Amartya Sen no va suficientemente lejos, pero su discusión sobre la justicia provee un punto de partida. En *The Idea of Justice* nota que

> es central a la idea de justicia (...) que poseamos una noción sólida de la injusticia apoyada en diversas bases, pero sin concordar en que sólo una base particular constituya *la* razón dominante para el diagnóstico de la injusticia[155].

Las injusticias son multifactoriales; y rara vez hay operando sólo una insuficiencia de la justicia. Además, la justicia incluye consideraciones de miríadas de relaciones y procesos sociales y depende de cómo una acción se hace realidad en el relacionamiento social. Los resultados, nota Sen, no pueden ser capturados por ninguna enumeración simple de deberes objetivos:

> Una comprensión apropiada del logro social —central a la justicia como *nyaya* [justicia realizada en oposición a una justicia meramente ideal]— debe tomar la forma integral de un amplio escrutinio inclusivo. Difícilmente podría desestimarse la perspectiva de los logros sociales tachándola de estrechamente consecuencialista y de que ignora el razonamiento que subyace a las cuestiones deontológicas[156].

Una teoría de la justicia que está a la altura de esos requerimientos tiene que incluir al menos tres características fundamentales: (i) uno debe evitar cualquier

> reducción arbitraria de los múltiples principios en conflicto potenciales a un sobreviviente solitario, guillotinando todos los otros criterios de evaluación. Estrechar el campo de juego, tal como lo hacen los libertarios o neoliberales, no es, de hecho, un prerrequisito para llegar a conclusiones útiles y sólidas respecto a lo que se debería hacer[157].

Esto implica la necesidad de un enfoque pluralista. En vez de limitar la atención a una sola noción de justicia distributiva, uno necesita una teoría de la justicia multifacética que abarque todo el continuo; (ii) uno puede formarse un cuadro suficientemente amplio únicamente si comienza con el análisis de las injusticias y deriva de allí una teoría de la justicia. Pero el lograr una profunda comprensión del rango total de injusticias exige trabajo intelectual e intuición práctica. Se requiere de investigación cultural, económica y social e igualmente de análisis filosófico y (iii) en particular, la justicia tiene que ver con cómo interactúan comunidades diferentes. Un individuo puede ser tratado injustamente, pero usualmente el análisis completo de la situación incluye patrones de maltrato. En la mayoría de los países esos patrones se calcifican en desigualdades de clases. Así, rectificar las injusticias requiere un reajuste de las relaciones entre las comunidades involucradas, ya sea suprimiendo una opresión sistemática, aumentando la representación política, mejorando las oportunidades económicas o educacionales, o redistribuyendo recursos.

Un enfoque comunitario de las injusticias que emplee esas tres características empieza a concretar lo que está implicado en el ideal de justicia. Puede que Marx haya sido receloso del término "justicia" porque se utiliza a menudo por los ricos para justificar sus comportamientos y políticas. Sin embargo, expresó vigorosamente cómo debería lucir un sistema justo:

> En una fase superior de la sociedad comunista, cuando haya desaparecido la subordinación esclavizadora de los individuos

a la división del trabajo, y con ella, el contraste entre el trabajo intelectual y el trabajo manual; cuando el trabajo no sea solamente un medio de vida, sino la primera necesidad vital; cuando, con el desarrollo de los individuos en todos sus aspectos, crezcan también las fuerzas productivas y corran a chorro lleno los manantiales de la riqueza colectiva, sólo entonces podrá rebasarse totalmente el estrecho horizonte del derecho burgués y la sociedad podrá escribir en sus banderas: ¡De cada cual, según sus capacidades; a cada cual según sus necesidades![158]

El ideal de justicia que estamos destapando aquí tendrá en la mira como resultado la meta de Marx: "De cada cual, según sus capacidades; a cada cual según sus necesidades". Al mismo tiempo, un Marxismo Orgánico postmoderno reconocerá que las injusticias son complejas y multifacéticas; que las culturas y las ecologías son sistemas no determinísticos entrelazados en los que pequeños cambios producen resultados impredecibles y que las intervenciones, por tanto, requieren de un estudio cuidadoso y gran sensibilidad. El determinismo de Marx se deja atrás y junto con su fe en la inminencia de una utopía. No obstante, el ideal de justicia que Marx formuló sigue tan vigoroso como siempre. Su meta, traducida a términos postmodernos constructivos, está descrita por el teórico político Franklin Gamwell que bebe en las fuentes de la filosofía procesual de Whitehead:

> Una actualidad realiza un bien más grande porque realiza una creatividad más grande, y el bien más grande de todas las realizaciones juntas es una realización de unidad-en-diversidad mayor. Con Whitehead podemos decir que el bien concreto se define estéticamente[159].

En este sentido, las injusticias representan desequilibrios, desarmonías, entre subsistemas, y sólo desde la perspectiva del todo puede emerger la justicia. La justicia busca la meta dialéctica de una unidad-en-diversidad armoniosa.

En última instancia, la justicia tiene que ver con la distribución del poder. Los intereses de poder están profundamente arraigados y aquellos que lo detentan rara vez renuncian voluntariamente a sus privilegios. Si no fuese por las nubes de crisis global que ya se están formando en el horizonte, deberíamos concluir que el cambio es improbable. Pero las alteraciones planetarias que los humanos han causado en este planeta ya están aquí. La única interrogante que queda es si acaso producirán una brutalidad y salvajismo mayores o una civilización más inteligente tras el desplome de la actual. Nos toca a nosotros formular la visión de una sociedad más justa y armoniosa en la esperanza de que el capítulo siguiente de la historia será mejor frente al que ahora está llegando a su fin.

CONCLUSIÓN

La era de la civilización conocida como modernidad ha provocado más cambios que cualquiera otra de la historia. Lamentablemente, esta era particular también ha estrechado su horizonte al identificar metas humanas universales —libertad, derechos humanos, democracia y justicia— con una cosmovisión mezquinamente capitalista e individualista. Movimientos posteriores de la modernidad —marxismo, socialismo, comunismo europeo y ruso— procuraron corregir ese error. Pero en el contexto competitivo moderno se quedaron enredados en las mismas limitaciones del pensamiento excluyente del "esto o lo otro" que habían infectado a sus oponentes.

Sólo con el advenimiento de la era postmoderna ha sido posible comenzar a hablar nuevamente de esos cuatro ideales sin el dominio de los principios capitalistas del pensamiento excluyente del "esto o lo otro". Puede que la así llamada "Primera Ilustración" de los albores de la modernidad europea haya entrelazado libertad, derechos humanos, democracia y justicia con supuestos capitalistas. Pero ya está en marcha una "Segunda Ilustración" que intenta purificar esas aspiraciones humanas básicas de los errores de la modernidad[160]. El Marxismo Orgánico busca honrar los altos ideales de uno de los grandes reformadores europeos, Karl Marx, trasplantando su programa de reformas al contexto de un mundo postmoderno y ecológico.

Como punto de partida para este repensar postmoderno hemos defendido la economía procesual propuesta por Cobb y Daly en *For the Common Good*. Ambos se concentran en un orden global centrado en el planeta entendido como una "comunidad de comunidades" y dejan a la vista que, bajo los supuestos de la modernidad, los individuos ganan sus derechos a la felicidad y riqueza personales en el contexto de su Estado-nación particular. Las naciones rivalizan contra otras naciones tal como los individuos compiten contra otros individuos por una riqueza limitada. Y, tal como los individuos buscan la libertad de no intromisión, así las naciones también se han volcado a las Naciones Unidas (o a los ejércitos de las naciones más poderosas) para proteger su soberanía contra los agresores. Como Franklin Gamwell, citado arriba, Cobb y Daly avizoran una era en que la competencia entre individuos y entre naciones no tenga la última palabra. Comparten la idea central de un Marxismo Orgánico: un orden ecológico mundial comprendido como una comunidad de comunidades que es relacional de punta a cabo. En un mundo tal, cada ciudadano del mundo rinde cuentas a las comunidades de los otros, tal como rinde cuentas a su comunidad de origen y donde todos nosotros, juntos, rendimos cuentas a la comunidad global de la vida, sin cual no podemos sobrevivir.

III.

MARXISMO ORGÁNICO

9. MARXISMO Y CIENCIAS ECOLÓGICAS: LA CIENCIA DE LOS SISTEMAS ORGÁNICOS

CONOCIMIENTO ORGÁNICO Y CONTEXTUALIZADO

En el curso de este estudio, hemos observado repetidamente los diversos modos en que el marxismo se ha encarnado y engastado en contextos históricos y culturales particulares. Es cierto que Marx puede haber presentado originalmente su análisis como una captación atemporal de la dialéctica de la historia humana y la lucha de clases pero muchas de sus intuiciones todavía nos hablan con fuerza en nuestro tiempo. Hoy, sin embargo, vemos mucho más claramente que las dinámicas de socialismo y capitalismo, riqueza y pobreza, vienen entretejidas en un tiempo, lugar y sociedad particulares. En la mano de un gran cirujano, el escalpelo aporta salud y salva vidas; el mismo utensilio en manos de una persona violenta causa la muerte. Los capítulos anteriores han revelado cuán diferentemente se entiende el marxismo según el contexto sea el pensamiento de la modernidad o del postmodernismo desconstructivo o constructivo. Fundados en esos resultados, vamos a explorar ahora el desarrollo del marxismo en el contexto del pensar orgánico.

Un conocimiento es *orgánico* cuando crece en un sistema constituido por relaciones vivas e interconectadas tanto entre sus partes como con su medioambiente. En este sentido, qué constituya su "medioambiente" depende del tipo de entidad de la que se esté hablando. El medioambiente de una célula consta de las células que la rodean y el medio en el que vive (tierra, agua o aire). El medioambiente de un organismo consta de los otros organismos con que interactúa y de las características no vivientes de su nicho ecológico (temperatura, recursos minerales, fuentes de alimento y toxinas). El medioambiente de una persona consta de otras personas, presentes y pasadas, y los valores sociales y convenciones que encarnan, junto con las otras características medioambientales ya nombradas. Finalmente, el medioambiente de un Estado o sociedad abarca a todos esos factores, *e igualmente* su historia, cultura, lenguaje, creencias y geografía únicas, además de sus aspiraciones para el futuro.

Todas estas observaciones podrían pasar por obvias, salvo por el hecho de que son a menudo ignoradas o pasadas por alto. Los filósofos crean teorías basadas en la experiencia que tienen de un país, cultura o época particular y escriben *para* su contexto. Frecuentemente las teorías son luego transportadas a países y culturas completamente diferentes, dando por supuesto que las características del contexto original serán todavía idóneas en el nuevo destino. La experiencia muestra que esta suposición suele ser falsa.

Pero hay una segunda razón de por qué la naturaleza orgánica de todas las filosofías vivientes, marxismo incluido, es tan frecuentemente pasada por alto. La siguiente: cuando los filósofos de la modernidad europea se toparon con la dificultad de que las filosofías no eran simplemente universales sino que estaban orgánicamente conectadas a una cultura particular, tendieron a igualar esa postura con el relativismo. Muchos de ellos alegaron que si las teorías *no* eran objetivas y universales —si no se aplicaban a todos los pueblos en todos los tiempos— tenían que ser entonces puramente subjetivas. Pero en ese caso, advirtieron, los seres humanos quedarían sin criterios para decidir entre sistemas políticos o éticos. No habría modo de saber cuáles afirmaciones eran verdaderas y cuáles falsas, qué acciones eran buenas y cuáles malas y el resultado sería el caos total, puesto que "todo vale".

Esta clase de pensamiento excluyente del "esto o lo otro" se diseminó por Europa durante la modernidad. Entre sus efectos más perniciosos estuvo la supuesta elección forzada entre "conocimiento objetivo y universal" o "todo es relativo". *Tertium non datur* decían, vale el principio del tercero excluido y no hay vía media.

Numerosos autores marxistas postmodernos buscaron socavar esta falsa dicotomía. En su clásica obra temprana, *Knowledge and Human Interests*, el gran filósofo de la Escuela de Frankfurt Jürgen Habermas, sostuvo que los intereses humanos afectan todas las reivindicaciones del conocimiento; la idea de un conocimiento puramente objetivo es un mito[161]. Hay una relación orgánica entre lo que sabemos y las necesidades e intereses que cargamos. Asimismo, Richard Bernstein en *Beyond Objectivism and Relativism* mostró exhaustivamente que la vasta mayoría de las reivindicaciones humanas relativas al conocimiento caen en el espacio que hay entre el relativismo total y demandas objetivamente justificadas[162]. Esos primeros oponentes del modernismo se basaban primariamente en argumentos *negativos* para debilitar la influencia de un prejuicio que se prolongaba por siglos. Y puesto que su esfuerzo fue exitoso, nosotros estamos ahora en posición de desarrollar un planteamiento *positivo*.

Afortunadamente, en esos mismos años se habían estado desarrollando igualmente las ciencias de la vida. El paradigma de gran parte de la ciencia moderna era reduccionista. Tal como célebremente lo dijo Steven Weinberg, "todas las flechas explicativas apuntan hacia abajo"[163]: los sistemas vivos pueden ser últimamente explicados en términos de las leyes de los sistemas pre-vivientes, tales como la química y la física. No obstante, el rápido crecimiento de la biología de sistemas está ayudando a cambiar ese paradigma. Hoy, cuando los científicos estudian un sistema particular —el sistema de todas las interacciones de proteínas en la bacteria *Escherichia coli* por ejemplo— analizan por igual los sistemas de nivel inferior que influencian las interacciones de las proteínas y los sistemas de orden superior que constriñen sus comportamientos. Ahora resulta que las flechas explicativas apuntan hacia abajo y hacia arriba.

El mejor ejemplo de esta aproximación más orgánica al estudio de los sistemas vivientes es el que emerge desde las ciencias medioambientales: la relación orgánica entre un organismo y su ecosistema. Durante demasiado tiempo, los biólogos buscaron explicar las interacciones que hay entre los organismos en términos puramente mecánicos. Hoy, el modelo orgánico nos permite ir "más allá del mecanismo", como lo expresa el título de un libro reciente[164]. Tal como las ciencias sociales necesitan describir y explicar la dimensión personal de la existencia humana, incluyendo los complejos mundos de sentido que crean y en los cuales viven los seres humanos, también las ciencias biológicas pueden ahora describir a los organismos como organismos, esto es, como agentes que actúan dentro de ecosistemas particulares.

LAS CIENCIAS DE LOS SISTEMAS INTERCONECTADOS

Un rápido escrutinio de unas cuantas ciencias contemporáneas nos dará una buena introducción a los detalles de la emergente visión orgánica del mundo. De no ser por esos desarrollos en las ciencias naturales, la ciencia de los organismos no sería posible.

Interconexión en ciencias físicas. La física y la fisicoquímica no pueden enseñar directamente acerca de relaciones orgánicas, ya que estudian el mundo físico pre-orgánico. Sin embargo, varios desarrollos acaecidos en física en los últimos 120 años apoyan el modelo orgánico en ciencias biológicas y proporcionan también provechosas analogías para ese modelo (huelga decir que también existen lo que podríamos llamar "desanalogías" o "antianalogías").

El mundo físico resultó estar bastante más interconectado de lo que los científicos habían pensado antes del siglo XX. En la física newtoniana, uno calcula las trayectorias de objetos físicos que existen independientemente en un rígido espacio cartesiano, con el tiempo como una dimensión separada. Fue la teoría especial de la relatividad de Einstein la primera que reveló la interconexión entre espacio y tiempo. Luego, su teoría general de la relatividad vinculó la geometría del espacio a la masa de los objetos que, de ser extremadamente masivos, tales como los agujeros negros, realmente "doblan" el espacio.

La física cuántica, la de lo realmente pequeño, aportó un grado aún mayor de interconexión. La primera sorpresa la dio la interconexión entre el observador y el objeto observado. Muchos estudiantes de física aprendieron del "colapso" de la función de onda, representado por la ecuación de onda de Schrödinger, a partir de un experimento conocido como "el experimento de la doble rendija". En él, un rayo de luz —que se ha dividido y enviado simultáneamente en dos rayos separados— impacta una pantalla de modo diferente dependiendo de si acaso o no el rayo de luz se mide u observa al pasar a través de una de las dos rendijas. Si se deja sin medir u observar antes de que toque la pantalla, la luz aparentemente pasa a través de *ambas* rendijas, puesto que cuando choca con la pantalla se ve el tipo de espectro de interferencia que uno esperaría de una onda. Si se mide u observa en una rendija, sin embargo, el espectro de interferencia desaparece y la luz golpea la pantalla como fotones individuales de luz. Todo indica que el mero acto de observación basta para transformar la luz de ondas a partículas.

Según la interpretación estándar o de Copenhague de la mecánica cuántica, el acto de medición u observación provoca un "colapso" en las probabilidades cuánticas de un estado de cosas específico. Antes de la observación, sostienen muchos físicos, el estado subatómico existe meramente como potencial-a-ser-observado. Así, en el famoso experimento mental de Carl Freidrich von Weizsäcker, un único electrón dentro de una caja sellada al vacío podría ser descrito matemáticamente como estando en cualquier parte de la caja simultáneamente, basado en su probabilidad de distribución. Si luego se coloca un divisor en la mitad de la caja y el físico mide, encontrará al electrón o 100 % presente o 0 % presente en un lado de la caja, tal como uno esperaría de una partícula[165].

La conexión existente entre el observador y lo observado ha acarreado algunas consecuencias radicales. Por ejemplo, implicaría que un fotón de luz que ha viajado 300 millones de años luz desde una estrella distante era un mero potencial-a-ser-observado hasta el momento en que usted lo percibió, momento en que es resuelto retroactivamente en un fotón de luz particular de cual decimos ahora (retrospectivamente) que ha estado viajando por el espacio durante esos cientos de millones de años. Siguiendo la lógica de esta suposición, John Wheeler, el famoso físico de Princeton, sugirió que el universo como un todo podría haber existido en una especie de estado potencial hasta que unos agentes evolucionaron para poder observarlo, en cuyo momento se volvió actual por primera vez[166].

El descubrimiento de "partículas enredadas" (entrelazadas o enmarañadas) hecho por Alain Aspect en 1982 ofrece otro ejemplo dramático de interconexión universal. Desde ese año, los experimentos de Aspect han sido replicados a distancias de más de 300 kilómetros. El experimento incluye dos partículas preparadas emitidas por una fuente única y viajando en direcciones opuestas. La física dice que su giro es indeterminado hasta el momento de su medición. Si uno mide sólo una de las partículas en un instante particular y descubre que, por ejemplo, tiene "giro arriba" (spin up), la otra partícula se resuelve en su complemento, en este caso, "giro abajo" (spin down). Pero puesto que no hay tiempo para que un mensaje viaje entre las partículas incluso a la velocidad de la luz, ninguna información podría haber pasado de una a otra. La mayoría de los físicos concluye que las dos partículas constituyen un sistema físico individual, incluso si están separadas por 300 kilómetros o más. Dado que las partículas enredadas emergen en partes muy diversas del universo, debemos concluir que el universo manifiesta interconexiones profundas a lo largo de vastas distancias. Nuevamente, sin ser todavía orgánicas, sientan la base para las interconexiones orgánicas a nivel de la vida.

La descripción científica de las interconexiones a nivel microfísico es profundizada todavía más en la teoría cuántica de campos. Las ecuaciones de la teoría cuántica de campos presuponen que éstos son físicamente más fundamentales que las partículas. El campo cuántico se manifiesta como partículas bajo ciertas condiciones y en ciertos tiempos; de ese campo, las partículas surgen como una suerte de destilado[167]. Sería falso decir que sólo los campos existen; después de todo, el mundo físico se describe a la vez mediante funciones discretas y continuas. Más todavía, es claro que la interconexión a nivel microfísico (ondas, campos, plasmas, etc.) es mucho mayor que lo que la física clásica pudo imaginar jamás.

Biología de sistemas. En 1953 Crick y Watson descubrieron la estructura de doble hélice del ADN que transmite la información genética de padres a hijos. Nada de extrañar entonces que en las décadas que inmediatamente siguieron el foco principal de atención haya caído sobre esas recientemente descubiertas unidades bioquímicas implicadas en la reproducción celular: las moléculas de ADN y su estructura química; genes y cromosomas; aminoácidos y proteínas; la bioquímica y la comunicación celulares. Por desgracia, los factores ambientales recibieron menos atención durante esos años. Cogidos por el entusiasmo de los avances en genética, los científicos tendieron a exagerar su capacidad para explicar la mayoría de los fenómenos biológicos en términos genéticos: funcionamiento celular, enfermedades, macroevolución e incluso características psicológicas como la inteligencia[168].

En años más recientes, sin embargo, la atención científica se ha volcado al estudio de influencias más sistémicas. La epigenética[169] y la biología de sistemas se concentran en las interacciones entre la información genética y los factores ambientales. La biología de sistemas estudia las células individuales, o grupos de células, viéndolas como sistemas. A causa del rápido crecimiento de la microbiología, los biólogos de sistemas son ahora capaces de explicar cómo funcionan las células en términos de los subsistemas específicos de su interior: el sistema de todas las proteínas (proteómica) o el sistema de todos los metabolitos (metabolómica). Las predicciones acerca de desarrollos más amplios en el cuerpo, tales como la probabilidad de padecer cáncer de mama, son mucho más acertadas cuando se consideran los sistemas de proteínas en vez de hacerlo sólo con genes individuales. En realidad, los biólogos reconocen ahora que grupos de genes activándose y desactivándose de modo coordinado, más que genes individuales, son los responsables de la mayoría de los procesos que el cuerpo desarrolla.

MÁS ALLÁ DEL MECANISMO: LA NUEVA CIENCIA DE LOS ORGANISMOS

Devolviendo los organismos a la biología. Un movimiento creciente al interior de las ciencias biológicas ha desafiado los supuestos que gobernaron la biología desde el advenimiento del neo-darwinismo, la "nueva síntesis" de Darwin y la genética entre los años 30 y 40 del siglo XX. En el pasado, aquellos que defendían explicaciones a nivel de organismos eran considerados anti-naturalistas y anti-empiristas. Los métodos reduccionistas de la ciencia, se decía, requerían que los organismos vivientes fueran explicados primariamente a niveles bioquímicos, químicos y físicos. Las explicaciones ofrecidas en términos de organismos eran tildadas de "holísticas", en sentido negativo; hablar de organismos como seres con percepciones y propósitos era considerado algo demasiado vago como para ser científico. Los reduccionistas cuestionaban incluso si era posible ofrecer un análisis científico riguroso y poner a prueba las teorías de basadas en organismos.

Pero los avances en ciencias biológicas cambiaron drásticamente la situación. Ahora somos capaces de ofrecer explicaciones contrastables acerca de cómo los organismos unicelulares "perciben" sus ambientes mediante osmosis química. Podemos estudiar la evolución de las primeras células nerviosas y la formación de sistemas nerviosos rudimentarios. Podemos identificar estructuras específicas que ejecutan funciones orgánicas específicas. La "teleología" —el estudio de estructuras y comportamientos que facultan a los organismos para llevar a cabo acciones con propósito— ya dejó de ser algo sobrenatural o inspirado por Dios y es ahora una parte aceptada del estudio científico del mundo natural. Los biólogos reconocen a los organismos como teleológicos en el sentido inofensivo de que el proceso evolutivo define metas para *todos* los organismos. Tal como el biólogo teórico Stuart Kauffman lo describió no hace mucho en una conversación, cada organismo debe "ganarse la vida en el mundo". Cuando un microorganismo remonta una gradiente de glucosa hasta la fuente de alimentaria, o cuando retrocede ante una toxina, sostiene Kauffman, está actuando teleológicamente, con propósito. Estos son ejemplos de acciones que ejecuta *como un organismo, engranado en relaciones orgánicas con su medioambiente*. El organismo como unidad es un agente emergente, constituido por subprocesos, pero no reductible a ellos[170].

La teoría de ecosistemas. A finales del siglo XX los biólogos comenzaron a agrupar las conclusiones que habían adquirido producto de los nuevos avances en genética y microbiología. En años recientes, esta explosión de conocimiento detallado ha producido un conocimiento bastante más profundo acerca de cómo interactúan los organismos entre ellos y con sus medioambientes. La nueva biología *no reduce* los organismos a los subsistemas y componentes químicos que los componen; antes bien, se apoya en el conocimiento de los subsistemas con el fin de producir una descripción más acuciosa acerca de cómo los organismos son capaces de funcionar como agentes en el mundo. Estamos tan interesados en hacer el relato de la emergencia de estructuras como lo estamos en descomponer las estructuras emergentes en sus partes componentes. A medida en que los biólogos comenzaron a dirigir su conocimiento más detallado al estudio de los agentes en interacción, nacieron las nuevas ciencias ecológicas.

Ahora sabemos que gran parte de la biósfera consta de relaciones orgánicas recíprocas (los marxistas podrían considerar esto como un tipo especial de materialismo dialéctico). Las relaciones determinísticas unidireccionales de la vieja biología, en contraste, sólo cuentan una parte de la historia. Así, por ejemplo, hace mucho que aprendimos cómo los genes codifican las proteínas y cómo ellas realizan funciones programadas dentro de la célula. Más recientemente, los biólogos han comprendido cómo las influencias del exterior de la célula afectan la secuencia de la expresión genética, alterando incluso el orden de bits de información química (transposones[171]). La información genética y la ambiental interactúan continuamente en ambas direcciones, influenciando las dos el modo de actuación de los organismos.

La biología de desarrollo evolucionario estudia los complejos mecanismos de la comunicación intercelular. Sabemos ahora que los comportamientos de las células individuales están fuertemente influenciados por sistemas de células. Gerald Edelman, ganador del Premio Nobel de Fisiología y Medicina en 1972, describe al cerebro en su totalidad como un sistema evolutivo interconectado que responde a su medioambiente[172].

El cuerpo de cada organismo puede ser concebido entonces como una suerte de ecosistema, con los subsistemas del cuerpo (por ejemplo el inmunológico o los mecanismos que conservan la homeostasis) relacionando sus partes en un todo interconectado que se autoregula. Tal como uno no podría analizar la economía de un poblado en ausencia de sus interacciones con otros pueblos y con la provincia, nadie podría estudiar un subsistema de un cuerpo sin incluir sus relaciones con otros subsistemas y con el cuerpo como un todo.

Tampoco los medioambientes son telones de fondo o contenedores que determinan los destinos de los organismos que viven allí. Por cierto, eventos externos pueden impactar un ecosistema desde afuera, como cuando un tsunami arrasa con agua oceánica hasta el fondo de un bosque a gran distancia de la costa. Más típicamente, sin embargo, un ecosistema está co-constituido por las especies que lo habitan. Antiguamente, los biólogos trataban cada nicho ecológico como un ambiente pre-dado al interior del cual los organismos tenían que luchar contra sus competidores para sobrevivir. Hoy, comprendemos que los habitantes son agentes que están continuamente haciendo y transformando su propio nicho al mismo tiempo que se adaptan a los cambios que ocurren en el clima, en las fuentes de recursos y en el comportamiento de otros organismos[173].

En suma, la nueva biología tiene que ver con las relaciones orgánicas emergentes entre los seres vivientes y sus medioambientes, mediadas por sus subsistemas de células, órganos y subsistemas. En vez de definir el proceso sólo en términos competitivos, biólogos actuales como Martin Nowak del Programa de Dinámica Evolutiva de Harvard lo interpretan de modo cooperativo, como una suerte de simbiosis (literalmente, "vivir juntos")[174].

Estudios contemporáneos acerca de la conciencia. Finalicemos con unas pocas palabras acerca de neurociencia, donde también están teniendo lugar cambios similares. Los "deterministas cerebrales" sostenían que reconstruir los procesos electroquímicos del cerebro equivalía a comprender el pensamiento y que no se requería de un análisis separado de las experiencias subjetivas o influencias mentales[175]. Las ideas, sostenían, son meros "epifenómenos"; surgen de las descargas neuronales pero no juegan ningún rol causal. Como nos dijo un investigador del Centro Médico de la Universidad de California, "cables y químicos; eso es todo lo que somos, cables y químicos".

En contraste, varias décadas atrás, neurocientíficos como Roger Sperry, Nobel de Medicina, comenzaron a poner en tela de juicio este unidireccional estudio del pensamiento. Según Sperry, la mente es una propiedad emergente del cerebro que revela sus propios y únicos tipos de influencia causal[176]. El estudio de la *interacción* de los cerebros con los sistemas culturales, usando un modelo correlacional, ha conducido a una comprensión más rica acerca de cómo se relacionan los cerebros y el darse cuenta mental. Uno puede aprender acerca de los correlatos neuronales de la conciencia sin tener que eliminar conciencia, ideas y cultura como realidades naturales por derecho propio.

La escuela de "cognición encarnada, engastada", por ejemplo, considera al cerebro en relación con todo el cuerpo, y ambos en relación con el medioambiente circundante, que incluye pensamientos, ideas y cultura[177]. Se puede conseguir mucho más conocimiento de las relaciones entre mente y cuerpo cuando uno los estudia de modo sistémico y bidireccional que cuando uno considera a los cerebros únicamente como causas y a las ideas sólo como subproductos.

CONCLUSIÓN

En este capítulo hemos explorado unos cuantos ejemplos de desarrollo en la ciencia contemporánea. La física y la química no son ciencias orgánicas, aunque ambas están revelando también tipos de interconexión que eran inconcebibles en el contexto de la ciencia moderna newtoniana. Además, las ciencias físicas han jugado su rol en la emergencia de las nuevas ciencias orgánicas. Hemos sobrevolado la biología de sistemas, los enfoques centrados en organismos en biología, la teoría de los ecosistemas y los estudios actuales acerca de la conciencia. Esos avances, tomados en conjunto, arrojan importante y nueva luz sobre qué significa una aproximación "orgánica". Cuando las intuiciones o discernimientos de ella se aplican a cuestiones sociales, políticas y económicas, la resultante es el Marxismo Orgánico.

Tal como un importante libro reciente lo describe, uno puede ahora desarrollar una ciencia biológica

> más allá del mecanismo volviendo a poner la vida en la biología[178].

Durante gran parte del periodo moderno, los científicos se vieron forzados a escoger entre un holismo no científico o una reducción completa de los seres vivientes a sus componentes físicos y químicos (similar a la opción entre objetivismo y relativismo que caracterizó a la filosofía moderna). Hoy ya no es una elección forzada. Gracias a los avances en las ciencias de la vida y a un cambio en la perspectiva teórica, los biólogos pueden ahora estudiar a la biósfera orgánicamente, dando al accionar de los organismos un rol central. El conocimiento detallado de los subsistemas, extraído de la bioquímica y la microbiología, no rivaliza con la biología orgánica sino que contribuye a completar el panorama.

El Marxismo Orgánico se basa, en parte, en esta nueva comprensión emergente de los organismos, de los ecosistemas y de la biósfera como un todo. Al igual que la nueva biología, es orgánico y bidireccional en vez de determinístico y unidireccional. No se trata de escoger la ciencia que uno prefiera basándose en las propias convicciones políticas: los marxistas rusos ya intentaron una vez esa estrategia para gran perjuicio de la ciencia y la política[179]. Al contrario, se trata de reconocer un importante cambio de paradigma en las ciencias biológicas y de extraer sus implicaciones para el estudio de los sistemas sociales humanos. Los recientes desarrollos han contribuido a llevar a los científicos más allá de la idea de que sólo una ciencia estrictamente reduccionista podría valer como buena biología.

Desafortunadamente, los teóricos de la política han reconocido muy lentamente las implicancias de este giro hacia un paradigma orgánico para teorías políticas tradicionales como el marxismo. Y se trata de implicancias revolucionarias. ¿No es acaso inconsistente considerar a la biósfera erigida sobre relaciones vivientes, evolutivas y orgánicas y mantener al mismo tiempo que los sistemas políticos y económicos funcionan de modo mecanicista y determinista?, ¿no es extraño decir que "cerebro" y "mente" existen en interacción dinámica y concebir al mismo tiempo la cultura como una mera "superestructura" que es arrastrada por las fuerzas socioeconómicas concebidas como sus causas reales? Los marxistas postmodernos deberían dejar que la versión del materialismo determinista de Marx del siglo XIX "se extinguiera", reemplazándola con un modelo orgánico actualizado, para permitir que las perdurables intuiciones de su obra pudiesen continuar guiando la teoría política de hoy.

El famoso biólogo teórico Stuart Kauffman ha reconocido la promesa que la nueva biología orgánica ofrece para la revisión de las sociedades humanas en el siglo XXI. Dice:

> El mundo más bien fijo no corresponde a como es la vida real: vivimos una vida oportunidades en perpetuo despliegue, a

menudo imposibles de establecer y que parcialmente creamos y co-creamos, con o sin intención. Así que me estoy enamorando de la expresión "vivir una vida bien encontrada", porque entonces mi propio sueño de un "más allá de la modernidad" comienza a convertirse en realidad en nuestras treinta civilizaciones alrededor del globo, entretejidas cuidadosamente para protegerse mutuamente las raíces, pero lo suficiente firmes como para generar constantemente nuevas formas culturales mediante las cuales podamos ser humanos de modo cada vez más diverso y creativo, ayudando a cada cual y al otro a *vivir una vida bien encontrada* y a mejorar nuestro profundo lado oculto. Necesitamos una visión ampliada de nosotros mismos y de aquello en que podemos convertirnos"[180].

10. MARXISMO ORGÁNICO, FILOSOFÍA PROCESUAL Y PENSAMIENTO CHINO

EL MARXISMO ORGÁNICO COMO UN MARXISMO ABIERTO

EN ESTE CAPÍTULO ABORDAREMOS los significativos paralelismos existentes entre Marxismo Orgánico, filosofía procesual y pensamiento chino tradicional. Establecer las interconexiones entre estas tres diferentes tradiciones es dar un paso crucial para desarrollar cualquier filosofía social que sirva al Bien Común y no a los deseos de unos pocos.

Entrar en discusiones comparativas como ésta es un distintivo central de un grupo creciente de escuelas de pensamiento marxista. Usaremos aquí la etiqueta común de "marxismo abierto" para dirigir la atención hacia lo que tienen en común esos movimientos emergentes[181]. Los marxismos abiertos florecen en el contexto del postmodernismo constructivo, rechazando el racionalismo y determinismo que dominó el periodo de la modernidad europea. Ellos reconocen que todo lo vital es un proceso abierto y que, a nivel local, nacional e internacional, los líderes siempre realizan su gestión, como dice, Stuart Kauffman, "al borde del caos"[182]. El pensamiento científico se ha desplazado del estudio de los sistemas cerrados a los sistemas abiertos, no estáticos, orgánicos (ver cap. 9). En respuesta, las teorías económicas y políticas han comenzado igualmente a desplazarse desde las viejas y doctrinarias escuelas de pensamiento a enfoques mucho más fluidos, dinámicos y receptivos. Para los estudiosos y líderes que están hoy interesados en estructurar la sociedad para el bien de la humanidad y del planeta, estos nuevos marxismos engastados y contextualizados están trayendo nueva vida a las críticas marxistas a la riqueza y al poder dominantes en Occidente.

La tendencia de la clase más adinerada a asumir el poder y utilizarlo para su propia ventaja a expensas de los más pobres es transversal en todos los sistemas capitalistas; en realidad, esa es la razón del por qué existen tales sistemas. Pero los detalles acerca de cómo se superan las injusticias y cómo luce la sociedad después, no son uniformes. Los marxismos abiertos reconocen cuán grandemente varían las culturas y cuán hondamente afectan los sistemas culturales el modo en que una sociedad dada se organiza y hace su experiencia. Obviamente, esas diferencias afloran incluso cuando se analizan tópicos marxistas ortodoxos generales tales como trabajo, producción y relaciones de clase.

¿Qué podemos decir acerca de las características distintivas del contexto chino? Hoy, muchos estudiosos, tanto en China como en Occidente, están trabajando en el espíritu de los nuevos marxismos abiertos. Incluimos entre ellos el movimiento "Volver a Marx", que representa una importante escuela marxista en China y enfatiza la importancia de regresar al Marx original para leer sus libros sin estar bajo la dominación de las interpretaciones de Lenin y los marxistas rusos posteriores. Esta escuela ofrece un importante correctivo a cierta tendencia imperante en la fase temprana del marxismo chino, que de algún modo dejó que los marxistas rusos definieran la forma que el marxismo debía tomar en China. Al mismo tiempo, trabajo académico reciente ha puesto al descubierto las disimilitudes entre el marxismo alemán del siglo XIX y nuestro contexto actual. Esas diferencias lo invitan a uno a actualizar a Marx y a aventurarse a repensar constructivamente el marxismo. Tal como sostiene el profesor Wang Zhihe:

> A diferencia del marxismo ortodoxo o dogmático, el marxismo chino es un marxismo abierto que cambia de acuerdo a la situación presente. Desde el pensamiento de Mao Tse Tung y la propuesta de Deng Xiaoping a la "Teoría de la Triple

Representatividad" de Jiang Zenim[183] y la "Perspectiva Científica del Desarrollo" de Hu Jintao[184], todo apunta hacia una orientación abierta[185].

Numerosas publicaciones acerca de postmodernismo constructivo en China ya han mostrado cuán hondamente se conecta el pensamiento procesual con las antiguas tradiciones filosóficas de ese país (al respecto, el pensamiento postmoderno contrasta fuertemente con el modernismo, que usualmente se define a sí mismo *en oposición* a las tradiciones que lo preceden). El Marxismo Orgánico es una forma de pensamiento procesual: ambos afirman que la realidad es un proceso evolutivo y abierto. Cada vez que las categorías de pensamiento se plantan en un contexto nuevo —sea una nueva cultura, periodo histórico, región o movimiento político— brotan y crecen de manera diferente. Consecuentemente, los pensadores procesuales abiertos no esperan que el marxismo sea una cosa estática sino que evolucione continuamente, tal como lo hacen constantemente los sistemas sociales humanos.

Esas son las razones por las cuales es crucial explorar las conexiones existentes entre los tres términos del título de este capítulo. Respecto de la primera relación, los vínculos entre pensamiento chino tradicional y filosofía procesual han sido reconocidos desde hace largo tiempo. En cuanto a la segunda, nos hemos esforzado en mostrar en los capítulos anteriores cómo la filosofía procesual ayuda a transformar al marxismo modernista en Marxismo Orgánico. Sólo queda mostrar cómo, en tercer lugar, la sabiduría tradicional china puede jugar un rol importante en el Marxismo Orgánico. Nos ha desilusionado ver, por ejemplo, que el marxismo ecológico rara vez menciona las tradiciones chinas. Esperamos que nuestra propuesta constructiva ayude a superar esa limitación.

MARX Y WHITEHEAD

Alfred North Whitehead es tan central al pensamiento procesual como Marx lo es al socialismo. Estamos convencidos de que, por dos vías, Whitehead es importante para el Marxismo Orgánico: (i) él fue quien ayudó a convencer a los pensadores occidentales en el siglo XX de que el proceso era central a la ciencia y a la experiencia humana, al modo como el *I Ching* llevó a los filósofos chinos a la misma conclusión; (ii), el desafío de Whitehead al pensamiento excluyente del "esto o lo otro" en política ayudó a abrir la puerta al marxismo postmoderno.

En especial desde la Segunda Guerra Mundial, mucha gente en Occidente está convencida de que cada nación es o capitalista (lo que creen bueno) o comunista (lo que creen malo). O un país deja operar a las fuerzas del mercado, volviéndose neoliberal o capitalista; o prohíbe el juego del libre mercado en favor de la propiedad estatal, volviéndose marxista y comunista. Peor todavía, durante la Guerra Fría la gente en Occidente sostuvo que la libertad, la democracia, la justicia y los derechos humanos sólo existían en los países capitalistas.

Lo más sabio para dejar a la vista una falsa dicotomía, es poner en tela de juicio la tesis de que ambos lados son incompatibles y buscar soluciones adecuadas del tipo *ambos/y* en vez aferrarse a uno de los lados de la alternativa con exclusión del otro. Éste es el meollo del pensamiento dialéctico, que fue central a Hegel y Marx (es irónico que los críticos occidentales identifiquen a pensadores dialécticos como Hegel y Marx con el único lado de una elección forzada, cuando su supuesto central era que el avance dialéctico de la historia iría incorporando con el tiempo a *ambos* lados de la oposición). Es evidente que hay momentos en que las fuerzas del mercado provocan beneficios en una nación y entre naciones; y hay otros casos en que el mercado irrestricto produce injusticias que ni las comunidades locales ni la comunidad global deberían aceptar. Una contribución cardinal del Marxismo Orgánico es su capacidad para ensamblar elementos provenientes de ambos sistemas socioeconómicos. Desafiamos la afirmación de que la democracia y el socialismo son intrínsecamente opuestos. Marx estaba en lo cierto cuando sostenía que el socialismo era la forma más consistente de la democracia. Whitehead vio claramente las ventajas de este enfoque del tipo *ambos/y* en sus conversaciones con Lucien Price:

> Da la impresión que la única cosa digna de ser salvada por la democracia es la libertad del individuo —observó Whitehead— pero yo diría que hay dos. La libertad del individuo es una. Pero su conocimiento de la historia le recordará que siempre ha habido miseria en el fondo de la sociedad (…) nuestra propia

época es la primera en la que la necesidad material no es algo forzoso. Rusia ha aliviado el sufrimiento de las masas pagando el precio de la libertad individual; los fascistas han destruido las libertades personales sin realmente aliviar la condición de las masas; la tarea de la democracia es aliviar la miseria de las masas preservando sin embargo la libertad individual[186].

En un libro reciente, Anne Fairchild Pomeroy ha argumentado que Marx y Whitehead pueden ser complementarios:

> Marx necesita a Whitehead para fundar sus reivindicaciones acerca del *ethos* y *telos* propios de la vida humana y su interacción productivo-procesual con, para y como parte del mundo en tanto unidad relacional; Whitehead necesita a Marx para enfocarse en los aspectos destructivos del capitalismo en tanto forma de proceso productivo del mundo[187].

Es sorprendente que uno encuentre tanta resistencia a esta solución del tipo *ambos/y*. En vez de pensar de modo dialéctico (o taoísta), las naciones han permanecido encerradas en una opción o la otra. Lamentablemente, los norteamericanos han sido particularmente resistentes a incorporar los recursos del pensamiento de orientación social. Whitehead lo vio con toda claridad:

> Nosotros los ingleses y los norteamericanos, somos singularmente faltos de imaginación en nuestra interpretación del término "democracia"; parecemos incapaces de admitir bajo nuestra definición a ninguna otra forma de sociedad que no se conforme estrechamente con la nuestra (…) creo que las dos grandes potencias que emergerán de esta guerra [la Segunda] Guerra Mundial serán Rusia y Estados Unidos y que los principios que las animan serán antitéticos: el de Rusia será la cohesión, el de Estados Unidos el individualismo[188].

Sin duda las últimas décadas han mostrado un aumento creciente del individualismo entre los norteamericanos; exactamente en el momento en que el trastorno climático global clama por un pensamiento de base comunitaria y una acción internacional coordinada para reducir los niveles de polución (cuyo mayor aportador es Estados Unidos) y dar así los primeros pasos para convertirnos en una civilización más ecológica. Ambos, Marx y Whitehead, impugnan el individualismo y estimulan un pensamiento mayormente social.

¿QUÉ ES EL PENSAMIENTO PROCESUAL?

Pueden identificarse cuatro rasgos distintivos del pensamiento procesual. Cada uno tiene una resonancia profunda con la filosofía tradicional china. Una vez combinados, aportan el fundamento conceptual del Marxismo Orgánico:

(1) Una visión relacional de la realidad. Todo evento está constituido por sus relaciones con otros eventos. En consecuencia, no existe nada que sea un individuo discreto existiendo por sí mismo. Las características de un evento afectan a todos los otros eventos. Alfred North Whitehead expresó esta intuición traduciendo el lenguaje occidental de cosas o entidades al lenguaje de eventos. Las entidades actuales o efectivamente reales, explicó, son en verdad eventos; también habló de ellas como "ocasiones actuales". Así, tal como lo expresó en su obra cumbre *Proceso y Realidad*:

> "Funcionar" significa aportar determinación a las entidades actuales en el nexo de algún mundo actual. Así, la determinabilidad y auto-identidad de una entidad no puede ser separada de la comunidad de los diversos funcionamientos de *todas* las entidades[189].

Tal como ocurre en el *I Ching*, la filosofía de Whitehead entiende que los procesos son algo más básico que las cosas. Las cosas sólo pueden estar *externamente relacionadas* entre sí. Por ejemplo, dos bolas de billar pueden chocar, pero los efectos serán sólo entre las superficies; ambas bolas de billar siguen siendo las mismas. En contraste, Whitehead afirmó que los humanos y otros eventos vivientes están en realidad *internamente relacionados* unos a otros. Desde el momento en que todos nosotros existimos en relación (lo admitamos o no), habló del principio de *relatividad universal*:

> El principio de relatividad universal se opone transversalmente a la sentencia de Aristóteles "una sustancia es algo que no está

presente en un sujeto". Por el contrario, de acuerdo a este principio, una entidad actual *está presente* en otras entidades actuales. De hecho, si admitimos grados de relevancia, y de relevancia desdeñable, tenemos que decir que toda entidad actual está presente *en* toda otra entidad actual[190].

Así, la filosofía procesual es, en lo más íntimo, una filosofía ecológica; lo cual explica por qué juega un rol fundacional en el Marxismo Orgánico. Tal como lo reconoce el eco-filósofo procesual Jay McDaniel:

> Todos los seres vivientes tienen sus existencias e identidades en relación con, y no aparte de, otros seres vivientes. Esto significa que la propia identidad de un ser viviente, incluida cada planta y animal, está parcialmente determinada por el medioambiente material y cultural en el que está situado (…) esto significa que todas las entidades son transversalmente ecológicas por naturaleza y que los seres humanos son ecológicos al ser personas-en-comunidad y no personas-en-aislamiento[191].

La filosofía procesual acoge esta básica intuición ecológica y la desarrolla como una visión filosófica comprensiva del mundo. Según ella, todo evento está constituido por los eventos de su pasado. Cada evento adopta y sintetiza en mayor o menor grado aquellos eventos pasados. Los eventos más complejos no se limitan sólo a repetir el pasado sino que integran y transforman los eventos precedentes de una manera novedosa. Rechazar nuestro relacionamiento con otros eventos o meramente repetirlos, redunda en menos belleza y armonía. Los grandes filósofos procesuales John Cobb y David Griffin expanden esta intuición a nivel de principio comprensivo para todo lo viviente:

> No hay un solo momento que no esté constituido por su síntesis de elementos del pasado. Si ser libre del pasado equivaliera a excluir el pasado, el presente sería pura vaciedad. El poder de lo nuevo consiste en que hace posible una mayor inclusión de elementos del pasado que de otra manera probarían ser incompatibles y se excluirían uno a otro de su contribución potencial. Donde el existencialista parece ver una antítesis entre tener al momento controlado por el pasado o dejar que el futuro sea el que determine, Whitehead dice que el futuro es más efectivo

en la medida en que más plenamente se realice la contribución potencial del pasado[192].

Durante siglos, la teoría política ha librado una batalla interminable entre los enfoques centrados en el individuo (liberalismo, neoliberalismo) y aquellos centrados en la comunidad o sociedad (socialismo, comunismo, comunitarismo[193]). En el Marxismo Orgánico, que desposa los pensamientos marxista y procesual, se sortea esta batalla. Siguiendo a Whitehead, preferimos una vía media en virtud de la cual se sinteticen ambas perspectivas. Según su solución:

> Reducimos todo nuestro pasado a una perspectiva, pero lo retenemos como la base de nuestro momento de realización presente. Somos diferentes de él, y sin embargo retenemos nuestra identidad individual con él. Ése es el misterio de la identidad personal, el misterio de la inmanencia del pasado en el presente, el misterio de la trascendencia[194].

(2) Influencia sin determinismo. Cada evento está constituido por el pasado y profundamente conformado por él, *pero ninguno está completamente determinado por su pasado.* La filosofía procesual no implica un enfoque "verticalista" donde el pasado controla al futuro. Al contrario, a medida que los eventos y los sistemas de eventos se van volviendo más complejos, más se perfila su indeterminación:

> En cada concrescencia[195] todo lo que es determinable está determinado, pero (...) siempre queda un remanente [y en consecuencia un componente de libertad] para la decisión del sujeto-superjeto[196] de esa concrescencia (...) Esta decisión final es la reacción de la unidad total frente *a su propia determinación interna.* Esta reacción es la modificación final de la emoción, valoración y propósito. Pero la decisión del todo, a fin de serle estrictamente pertinente, emana de la determinación de las partes[197].

En contraste con el determinismo, la indeterminación es una fuente de novedad. Después de todo, sólo en los sistemas abiertos pueden ocurrir desarrollos nuevos y creativos. La novedad es, en consecuencia, un ingrediente clave en una estética procesual, porque es únicamente a través de experimentación creativa que los seres humanos encuentran nuevas soluciones a los desafíos globales. Whitehead aporta así bases para tener esperanza en la historia. Como lo notan Cobb y Griffin:

> Primero, el futuro está total y radicalmente abierto. Debe tomar en cuenta todo lo que ha sido, pero jamás el pasado fija cómo el futuro se hará cargo de él. Su libertad en relación al presente no consiste meramente en que pueda reajustar con diferentes énfasis los elementos en el mundo actual. Puede también introducir elementos completamente nuevos que modifiquen el peso y significado de aquellos que hereda del presente[198].

Con este nuevo foco en los sistemas abiertos puede responderse una objeción de peso contra el marxismo. La lucha de clases no se supera mediante un inexorable proceso de cambio; esa imagen nos vuelve meros objetos arrastrados por una marea que nadie puede contener. Al contrario, los actores políticos y económicos forman y fomentan conscientemente comunidades para reformas basadas en la justicia, que involucran a sus miembros en un trabajo por un bien mayor:

> La visión que se requiere es la de nuevas comunidades que no sean experimentadas como una restricción a la libertad. Tienen que ser comunidades voluntarias, pero eso no es suficiente. Aceptar voluntariamente la opresión que se siente en las comunidades involuntarias no es un avance (...) la comunidad voluntaria debe estar afianzada por distintos tipos de vínculos, que sean experimentados como una satisfacción en vez de como una limitación[199].

(3) Valor estético. La visión procesual de la realidad no es avalórica. *Todo* evento posee un valor intrínseco, que se mide por su capacidad de relacionamiento y creatividad:

> Cada unidad del proceso, ya sea a nivel humano o a escala de los electrones, posee un goce (...) ser, actualizarse, actuar sobre otros, tomar parte en una comunidad más amplia, es gozar siendo un sujeto de experiencia, y ello en completa abstracción de cualquier dolor o placer concomitante[200].

Para los pensadores procesuales, el valor se define como cooperativo y comunal más que como competitivo e individual. En palabras de Whitehead tomadas de *Proceso y Realidad*, la experiencia es

> el auto-goce de ser uno en medio de muchos, y de ser uno surgiendo de la composición de muchos[201]; o, con otros términos, la experiencia no es nada más que lo que la entidad actual es en sí misma para sí misma[202].

Esta teoría del valor guarda profundos paralelos con el pensamiento chino tradicional. El valor no puede comprenderse sin discernir belleza; la belleza no puede comprenderse sin discernir armonía y ésta no puede comprenderse sin considerar la perspectiva del todo. En la obra clásica *Tao te King* de Lao Tse, se usa la palabra "Tao" para expresar la unidad subyacente a todas las cosas. Whitehead liga de modo muy similar belleza, armonía y unidad:

> Hay una unidad en el universo, gozando valor y (por su inmanencia) compartiendo valor. Por ejemplo, tome la delicada belleza de una flor brotada en algún claro aislado de un bosque primaveral. Ningún animal ha tenido jamás la delicadeza de experiencia para gozar de la plena belleza que tiene. Y sin embargo esta belleza es un hecho grandioso en el universo. Cuando inspeccionamos la naturaleza y pensamos en lo inconstante y superficial que ha sido el goce animal de esas maravillas, y cuando nos damos cuenta de lo incapaces que son las pulsaciones y células separadas de cada flor de gozar el efecto total, despunta entonces en nuestra conciencia el significado del valor que tienen los detalles para la totalidad[203].

Aquellos teóricos de la política que definen los valores únicamente en términos del individuo, no sólo son egoístas; cometen de hecho un error filosófico. No toman en cuenta la dimensión holística del valor, que se extiende intrínsecamente más allá del individuo:

> Todo tiene algún valor para sí mismo, para los otros y para el todo. Esto es lo que caracteriza el significado de la actualidad. Por razón de este carácter, constituyente de la realidad, surge la concepción moral. No tenemos derecho a desfigurar la experiencia valórica que es la esencia del universo[204].

(4) Equilibrio entre lo privado y lo público. Se sigue directamente que los eventos están caracterizados por un equilibrio entre identidades públicas y privadas. Los eventos —y por tanto todas las personas— están constituidos por sus relaciones con otros. Estamos hechos por los modos en que influenciamos y somos influenciados por nuestro medioambiente. En una palabra, *la filosofía procesual es una filosofía inherentemente ecológica*. Al mismo tiempo, y tal como hemos visto, cada evento, organismo o persona es también libre de decidir cómo reaccionará al pasado y avanzará al futuro. El valor es un logro que requiere el uso continuo de la propia libertad en formas que beneficien a la comunidad. Puede ser cierto, tal como se dice en *Proceso y Realidad*, que

> una entidad es actual cuando tiene significado para sí misma, (con ello Whitehead quiere decir que) una entidad actual funciona respecto de su propia determinación. Así, una entidad actual combina auto-identidad con auto-diversidad[205].

En *Aventuras de las Ideas* nos ofrece una descripción técnica de este proceso:

> La inmediatez individual de una ocasión es la unidad final de forma subjetiva, que es la ocasión como una realidad absoluta. Esta inmediatez es su momento de individualidad pura, limitada en todos lados por la relatividad esencial. La ocasión surge de objetos que le son relevantes, y perece adoptando el status de objeto para otras ocasiones. Pero goza su momento decisivo de absoluta auto-consecución como unidad emocional[206].

Aquella idea de "auto-diversidad" significa que cada unidad *existe desde* sus predecesoras (sus ancestros), que le han proporcionado los datos para su propio devenir, y *existe para* aquellas que la seguirán y que serán afectadas por las decisiones que ha tomado. Esta conexión orgánica de todas las cosas significa que *verse libre de* diversas restricciones tiene que ser siempre *ser libre para* el bien de los otros (ver cap. 7). Para los pensadores procesuales, libertad y responsabilidad no son más que dos lados de una misma moneda[207]:

> A medida que se promueve la capacidad humana de ser libre, también lo hace la capacidad de alcanzar logros más grandes de

belleza, pero también de alcanzar un mal mayor (…) Desde una perspectiva procesual, mera libertad no es libertad en absoluto. Si sólo hubiera novedad, no tendríamos armonización ni unidad de experiencia y sólo pura discordancia. Al contrario, la genuina libertad es siempre, en sentido radical, libertad *responsable*, i.e., libertad en la responsabilidad[208].

PENSAMIENTO PROCESUAL CHINO

En las últimas dos décadas, las contribuciones chinas al pensamiento procesual han sido muy significativas. Aunque tiene partidarios en muchas partes del mundo, la filosofía procesual ha crecido más rápidamente en China que en ninguna otra nación. Se han establecido más de 20 centros de investigación enfocados en postmodernismo constructivo y pensamiento procesual en las universidades chinas, incluyendo la *Zhejiang University, Peking Normal University y el Harbin Institute of Technology*. De acuerdo a la investigación del profesor Yang Fubin, hasta el año 2010,

> ninguna otra escuela de filosofía occidental contemporánea, tal como la filosofía analítica o la fenomenología, ha establecido tantos centros de estudio en China[209].

El filósofo procesual norteamericano Jay McDaniel, que ha enseñado frecuentemente filosofía procesual en China, realizó no hace mucho una lista de 10 importantes comparaciones entre pensamiento chino y pensamiento procesual. No sabemos de otra lista de paralelos tan penetrante y útil como la del profesor McDaniel que reproducimos aquí con su amable venia:

> La filosofía de Whitehead ha sido estudiada en China desde 1930, y muchos académicos tanto dentro como fuera de ese país están convencidos de que su pensamiento, de muchos modos, se asemeja más a estilos de pensamiento chino que occidental. En realidad, el propio Whitehead pensaba que su filosofía tenía un cierto tono chino. He aquí una pequeña muestra de las comparaciones que diferentes académicos han hecho en los últimos treinta años.

1. El *I Ching* o *Libro de los Cambios* nos da una imagen de un universo rebosante de eventos que interactúan en modos espontáneos y creativos, haciendo surgir patrones de conexión que poseen miríadas de significados en medio de la inevitabilidad del cambio. Whitehead describe el universo de modo muy similar cuando concibe a los componentes fundamentales de universo como eventos en vez de substancias y dice que esos eventos revelan diversos patrones de conexión que él llama potencialidades puras u objetos eternos. Ofrece así una filosofía de eventos en proceso.

2. El confucianismo ve al ser humano como una persona-en-comunidad cuya realización radica en ser receptivo a una red de relaciones sociales, y agrega que una forma ideal de interacción social es *ren* (benevolencia). Nuevamente concordarán con ello los filósofos procesuales, ya que enfatizan que el ser humano es social en naturaleza —no puede haber un ser humano individual a menos que haya otros— y que deviene íntegramente en y a través de sus interacciones con los otros. Whitehead ofrece una filosofía de relaciones sociales.

3. El taoísmo filosófico habla del universo como un proceso fluyente del cual los seres humanos son una parte integral y los estimula a habitar en armonía con el gran conjunto. Si esos estudiosos están en lo cierto, entonces la filosofía de Whitehead es sin duda china en tono y substancia. Ésta, tal como la filosofía china, concibe a los seres humanos dentro, y no fuera, del Reino de las Diez Mil Cosas (*wanwu*)[210] y cree que el bienestar humano radica en vivir en armonía con el gran conjunto.

4. El budismo chino de la tradición Hua Yen nos ofrece la imagen de un universo en el que cada entidad está presente en toda otra entidad en una cadena de inter-existencia o inter-ser. Los budistas de la Hua Yen imaginan el universo como una cadena de abalorios, dotada cada una de un infinito número de caras, reflejadas todas entre sí. La filosofía procesual concordará de nuevo. En *Proceso y*

Realidad Whitehead sostiene que todo el propósito de su filosofía consiste en mostrar cómo una entidad puede estar presente *en* otra y propone que todas están presentes en las otras incluso siendo distintas unas de otras.

5. El budismo chino de la tradición Chan enfatiza la primacía de cada momento presente de experiencia, como el lugar donde ocurre la iluminación. Para Whitehead también hay una primacía del momento presente de experiencia —el aquí y ahora— porque es sólo en el momento presente que hay inmediatez subjetiva. La inmediatez del pasado ha perecido y la del futuro no existe todavía.

6. La medicina tradicional china parte del supuesto de que el cuerpo humano no es simplemente una entidad aislada, desgajada del mundo, sino un lugar donde todo el universo entra en la vida humana, siendo el cuerpo un microcosmos del universo. Los estudiosos también insinúan que el cuerpo consta de centros de energía que están interconectados de innumerables maneras cuyo equilibrio puede conseguirse con la ayuda de hierbas, acupuntura, movimiento y otras formas de medicina no occidental. Si es esto cierto de la medicina china, entonces hay sin duda áreas de traslape con la filosofía procesual, ya que ella ve también cada pulsación de energía en el cuerpo humano, y a él como un todo, como una unificación subjetiva —una concrescencia— de todo el universo, y ve a cada momento de experiencia humana surgiendo de profundas experiencias pre-verbales del cuerpo que son llamadas "experiencias en el modo de la eficacia causal". Paralelos como estos han llevado a algunos estudiosos a sugerir que la filosofía de Whitehead es un modo occidental de ponerse al día con estilos de pensamiento chino agregando ciencia a la fusión, y han conducido a muchos a preguntarse si acaso la filosofía de Whitehead no podría ser un puente entre China y Occidente. Este puente está siendo cruzado por muchos estudiosos a ambos lados del océano y ya se dispone de un vasto corpus de trabajo académico, escrito en chino y en inglés, para profundizar en el estudio. Se insta a los lectores a que visiten el sitio web del

Institute for Constructive Postmodern Development of China para información adicional http://www.postmodernchina.org/cgi/index.php. Por cierto, algunos estudiosos chinos también están moldeados por el marxismo chino. Pero hay igualmente paralelos entre el pensamiento procesual y el marxismo chino, que quizá no parezcan más más "chinos" que "occidentales" a los lectores occidentales, pero que no obstante serán importantes para ambos lectores. Cuatro son aquí especialmente dignos de mención.

7. El marxismo chino enfatiza un enfoque científico de la vida, y así lo hace el pensamiento procesual. Una característica distintiva de la tradición procesual es que se apoya fuertemente en las concepciones de la teoría cuántica y la teoría de la relatividad y, más importante, acoge al método científico como una fuente esencial de sabiduría para la vida moderna.

8. El marxismo chino dice que es importante para la gente tener en cuenta a los más vulnerables y pobres de la sociedad y no ocuparse simplemente con motivos egoístas; e igualmente lo hace el pensamiento procesual. Los pensadores procesuales están especialmente interesados en edificar un mundo en el que existan comunidades, rurales y urbanas, creativas, compasivas, participativas, equitativas, con sabiduría ecológica y que den satisfacción espiritual, sin dejar atrás a nadie.

9. El marxismo chino desacredita una forma de filosofía demasiado abstracta que se pierda en la teoría y desatienda la práctica, de igual forma lo hace el pensamiento procesual. Éste critica la "falacia de la concreción fuera de lugar" o el establecer lo concreto en un nivel incorrecto, enfatizando que, cuando consideramos la realidad, hemos de reconocer que elucidar la experiencia inmediata, en tanto sufrida o gozada por los seres humanos y otros seres vivientes, es la justificación primaria para el ejercicio del pensamiento.

10. El marxismo chino está evolucionando a un modo de pensar que considera al planeta Tierra no simplemente como un telón de fondo para la industria humana sino como una red vital en la que toda vida se despliega. Se está convirtiendo en un Marxismo Orgánico. La filosofía de Whitehead hace hincapié y estimula este modo de pensar orgánico ofreciendo una cosmología que puede dar apoyo y enriquecer al análisis social marxista.

Un rasgo interesante de la perspectiva procesual es que cree que esos cuatro últimos énfasis pueden ser combinados con los seis previos en un solo enfoque singular ante la vida. Así, la filosofía de Whitehead puede ofrecer una vía para que el propio marxismo se desarrolle en aspectos que estén enriquecidos por el pensamiento tradicional chino y, por ello mismo, por un enfoque más elogioso de la religión que en la versión ortodoxa del marxismo occidental[211].

En esos 10 puntos, Jay McDaniel muestra una profunda comprensión de la filosofía procesual, el pensamiento chino tradicional y la teoría marxista; estamos en deuda con su exposición. Concordamos con el profesor McDaniel en que existen profundas conexiones orgánicas entre esas tres escuelas de pensamiento y en que sin duda es posible injertarlas en un único conjunto viviente, no sólo como filosofía abstracta sino como una nueva forma de eco-praxis.

CONCLUSIÓN

Hemos encontrado que esas tres filosofías —la tradicional china, la procesual y el Marxismo Orgánico— están comenzando a crecer juntas en el mundo postmoderno. Por supuesto, otros estudiosos ya habían comenzado a reconocer las conexiones. Los filósofos procesuales advirtieron desde el principio que sus opiniones estaban más cerca del pensamiento chino tradicional que del pensamiento occidental. Asimismo, se habían discutido frecuentemente las significativas afinidades existentes entre el postmodernismo constructivo de la filosofía procesual y el marxismo chino. Por ejemplo, en una comunicación reciente, el profesor Wang

Zhihe identificaba cuatro importantes paralelos entre el marxismo chino y las filosofías procesuales:

1. Ambos consideran al proceso como una noción central de sus filosofías;

2. Ambos rechazan la concreción fuera de lugar o establecer lo concreto en un nivel incorrecto;

3. Ambos poseen una sólida conciencia de la responsabilidad social y la persecución del Bien Común para el individuo, la comunidad y la naturaleza;

4. Ambos defienden una postura integradora y orgánica ante el mundo[212].

El interés de los académicos chinos en la filosofía procesual y el rápido aumento del número de publicaciones en chino sobre este tópico aportan evidencia adicional a estas profundas conexiones. En un sondeo reciente conducido por *People's Forum Poll Research Center* acerca del "Punto de vista teórico más valioso de 2012", la tesis del profesor Tang Yijie, un destacado especialista en filosofía china de la Universidad de Pekín, fue seleccionada como la más significativa:

> A finales del siglo pasado, el postmodernismo constructivo basado en la filosofía procesual propuso integrar los logros de la Primera Ilustración y el postmodernismo, pronosticando una Segunda Ilustración. Hoy, los dos movimientos más ampliamente influyentes en China son (1) "el celo por la cultura tradicional" y (2) "el postmodernismo constructivo". Si se puede combinar orgánicamente ambas tendencias bajo la guía del marxismo, no sólo enraizarán en China sino que se desarrollarán con tal facilidad que China podrá completar su "Primera Ilustración" realizando su modernización y también ingresará muy rápidamente en la "Segunda Ilustración" y se convertirá en el referente de una sociedad postmoderna[213].

Es importante que los pensadores y líderes occidentales comprendan el significado de estos desarrollos —en China, en el marxismo y en el pensamiento procesual— y los probables cambios positivos que podrían ocasionar. El Dr. Wang Zhihe sugiere que parte de las razones para la armonía entre ellos es que

> China es una nación de pensamiento procesual que entiende al universo "en términos de procesos en vez de cosas, en modos de cambio en vez estabilidades fijas". Los chinos no sólo tienen fe en la armonía dinámica entre la naturaleza y la humanidad sino también en el cambio y la transformación[214].

En el mismo artículo el Dr. Wang nota que, en chino antiguo, el opuesto de la palabra "pobre" no es "rico", sino "cambio". Y en el *I Ching* leemos

> El pobre conduce los cambios, y los cambios llevan a su vez encontrar una salida y *posibilitan la continuidad (o sustentabilidad)*.

Es evidente pues que hay conexiones naturales y profundas afinidades entre estas tres escuelas de pensamiento. Reconocemos entonces que el Marxismo Orgánico no es la invención de algo nuevo sino la denominación de un desarrollo intelectual ya bastante avanzado. Nuestra tarea primaria en los pocos capítulos restantes será, entonces, comprender *por qué* es atractivo dejar que esas tres corrientes fluyan juntas en un mismo arroyuelo y *cuáles serían las implicancias* —para el movimiento medioambiental y para el futuro del marxismo— si este arroyuelo se convierte en un enorme río fluyente más allá de las fronteras y tradiciones nacionales. Es posible que, por primera vez, el mundo haya producido una escuela de pensamiento socialmente orientado suficientemente fuerte y atractiva como para socavar las filosofías liberales que han dominado al Occidente y, desde allí, a prácticamente todo el planeta en los últimos cuatro siglos.

11. REPENSANDO EL MARXISMO EN UN TIEMPO DE CRISIS ECOLÓGICA

EN LOS CAPÍTULOS PRECEDENTES hemos rastreado algunas de las vías que delatan cómo el capitalismo se ha convertido en la causa principal de la crisis económica global. Esta conexión no tiene nada de sorprendente: *si* el sobreconsumo de los recursos del mundo es un problema, *entonces* uno debería desconfiar de un sistema que necesita estimular un consumo cada vez mayor para avivar su necesidad de acrecentar permanentemente la producción. De modo similar, *si* la injusticia en la distribución de la riqueza es un problema, *entonces* uno debería evitar un sistema que ayuda al rico a volverse más rico a expensas de que el pobre se vuelva más pobre. Uno debería preferir un sistema que, en oposición al capitalismo, incluyera una preocupación por el Bien Común desde las raíces de su filosofía social, política y económica.

Más controversial es la medida en que Marx estaba realmente interesado en principios ecológicos. Este breve capítulo se consagrará en consecuencia a dos importantes tareas: (i) mostrar la compatibilidad del pensamiento de Marx con la perspectiva ecológica y, (ii) esbozar los modos en que el marxismo necesita ser revisado y extendido a fin de poder ofrecer un liderazgo en un momento en que la humanidad lucha por primera vez contra una crisis ecológica global producida por ella misma.

MARX, MARXISMO Y ECOLOGÍA

Desde hace mucho tiempo los intérpretes del marxismo estaban convencidos de que Marx tenía muy poco que decir acerca de ecología. Algunos sostuvieron que sólo se ocupó de las condiciones de la existencia humana asumiendo que la industrialización ilimitada era la única manera de mejorar esas condiciones. Pese a que en años recientes muchos académicos han reevaluado las contribuciones ecológicas de Marx, la mayoría todavía las ve como marginales a su trabajo o demasiado insubstanciales como para tener peso en las discusiones ecológicas actuales. Tal como lo ha notado John Bellamy Foster,

> Una gran cantidad de analistas, incluyendo algunos autoproclamados eco-socialistas, persisten en sostener que tales intuiciones era marginales al trabajo de Marx y que jamás se libró del "prometeísmo" (término normalmente utilizado para referirse a un compromiso extremo con la industrialización, a cualquier costo), y que no dejó un legado ecológico significativo que continuara en el pensamiento socialista subsecuente ni que tuviese relación alguna con el desarrollo ulterior de la ecología[215].

Finalmente, algunos han sugerido inclusive que el pensamiento ecológico es algo anacrónico cuando se lo aplica al marxismo: si Marx escribió muchos años antes del surgimiento de amenazas tales como los desechos tóxicos, la tecnología nuclear o el cambio climático, ¿cómo puede haber intuiciones importantes en su obra que guarden relevancia frente a la crisis ecológica actual?

Discrepamos de esos juicios. La evidencia sugiere que Marx consideró seriamente a las relaciones con la naturaleza como una parte fundamental de su crítica al capitalismo. En la sección siguiente habremos de extender el pensamiento de Marx un poquito más allá de donde él dejó su propia filosofía. En este sentido, disentimos con aquellos marxistas que han dicho "todo ya está en Marx", en el sentido de que no sea necesaria una nueva adaptación y extensión. No obstante, desde el momento en que en su obra original sentó las bases de una comprensión básica acerca de la integración humana con la naturaleza, es posible e incluso plausible extender el trabajo de Marx. Más en general, ¿por qué uno debería pensar que el marxismo es una fuente importante para aquellos que están preocupados por la destrucción ecológica? Hay razones directas e indirectas para tomar muy en serio esta conexión.

El argumento *indirecto* es simple y, pensamos, aplastante: existe una relación fundamental entre capitalismo y destrucción medioambiental. Por esto: el capitalismo requiere crecimiento continuo tanto en los mercados locales como en el PIB de cada nación exitosa. Pero la precaria situación ecológica de nuestro planeta reclama o mantener un estado estacionario en punto de equilibrio o una reducción de las economías. El capitalismo desbocado es incapaz de satisfacer ambas necesidades.

De igual importancia es el hecho de que el "libre mercado" es incapaz de valorar en su justa medida los recursos naturales o el riesgo medioambiental. Los recursos naturales son limitados, y los efectos de largo plazo de ciertos productos y formas de producción devastarán al planeta; esos hechos están fuera del alcance de las valoraciones del mercado, que tienden a basarse en preocupaciones más bien locales y de corto plazo. Si los recursos fueran infinitos y la Tierra pudiese absorber cantidades ilimitadas de polución, esta ceguera por parte de los mercados no tendría importancia. Pero éstos comienzan a agotarse, y a medida que los contaminantes empiecen a arrasar los ecosistemas planetarios, estos "errores de cálculo" del mercado provocarán consecuencias devastadoras para la mayor parte de las formas de vida en este planeta. Si tu compás está roto, será imposible que puedas orientar tu embarcación.

Es esta comprensión de las limitaciones inherentes al capitalismo la que la está alimentando la tendencia creciente a redefinir al socialismo como *ecosocialismo*. Éste comparte nuestra visión de que el capitalismo ha sido un "desvío mortífero para la humanidad". El auge de ese movimiento está motivado por

> la visión de una sociedad transformada en armonía con la naturaleza y el desarrollo de prácticas que permitan alcanzarla. Busca alternativas a todos los sistemas social y ecológicamente destructivos (...) y está basada en una perspectiva que considera a las otras especies y a los ecosistemas naturales como valiosos en sí mismos y como compañeros de un destino común[216].

¿MARX EL AMBIENTALISTA?

El argumento *directo* para la conexión entre marxismo y ecología ha sido desarrollado primariamente por los marxistas ecológicos. Uno de los líderes de esta escuela, John Bellamy Foster, ha realizado un trabajo significativo para demostrar la existencia de pensamiento ecológico en los escritos de Marx. Nosotros concordamos con su lectura:

> Por supuesto, algunos divulgadores ambientalistas persisten en sostener que Marx creía unilateralmente en la lucha de los seres humanos contra la naturaleza, siendo así antropocéntrico y antiecológico, y que el marxismo en su totalidad cargó con este pecado original ecológico. Sin embargo, la evidencia manifiesta acerca de la profunda penetración ecológica de Marx y las intuiciones pioneras de los socialistas ecologistas han desbaratado conclusivamente tales críticas[217].

La principal pieza de evidencia viene del concepto de Marx de una "grieta metabólica" entre los seres humanos y la Tierra. Específicamente, Foster sostiene que el capitalismo produce de modo inevitable una ruptura en lo que, de otro modo, sería un único metabolismo natural inclusivo de los seres humanos y todos los otros organismos y ecosistemas que constituyen la biósfera de nuestro planeta. Dice:

> El concepto de Marx de brecha metabólica era el elemento medular de esa crítica ecológica. El propio proceso del trabajo humano fue definido en *El Capital* como "la condición universal para la interacción metabólica entre el hombre y la naturaleza". Se sigue que la grieta en este metabolismo significa nada menos que el socavamiento de la "eterna condición impuesta por la naturaleza a la existencia humana"[218].

Vinculando al capitalismo con esta grieta en la trama misma del metabolismo de la Tierra, Marx es capaz de criticar no sólo los modos en que los habitantes de las ciudades explotaban los terrenos agrícolas adyacentes, sino también la

> deforestación, desertificación, cambio climático, la eliminación de los ciervos de los bosques, la mercantilización de las especies,

polución, desechos industriales, tóxicos contaminantes, reciclaje, agotamiento de las minas de carbón, enfermedad, sobrepoblación y la evolución (y co-evolución) de las especies[219].

Con este argumento, Marx no está sólo está haciendo gala de retórica, sino dirigiendo la atención a un componente fundamental de su teoría del capital. En uno de los pasajes centrales de los *Grundrisse* escribe:

> No es la *unidad* de la humanidad viviente y activa con la condición inorgánica y natural de su intercambio metabólico con la naturaleza, y por tanto su apropiación de ella, la que requiere explicación o sea resultado de un proceso histórico, sino más bien la *separación* entre esas condiciones inorgánicas de la existencia humana y esta existencia activa; una separación que es un supuesto ineludible sólo en la relación entre trabajo asalariado y capital[220].

Este crucial pasaje ayuda a explicar cómo la teoría económica que se convirtió en la base para la modernización y la globalización está viciada. Tal como correctamente lo notó Marx, cualquier escrutinio naturalista de la vida humana presupone una profunda unidad entre tres reinos: vida humana, otras formas de vida y las condiciones físico-químicas para la vida en este planeta. Lo que es *antinatural* es separar esos tres reinos. Al separar trabajo asalariado y capital, los capitalistas terminaron distanciando a los trabajadores de las condiciones de su propia producción. Con el tiempo, el capitalismo progresivamente obscureció las mismísimas precondiciones de la vida y el trabajo que habían sido excluidas de su análisis, hasta que la propia Tierra comenzó a gritar en protesta.

John Bellamy Foster ofrece un rico recuento no sólo del materialismo no reduccionista de Marx, sino de su fascinación con Darwin y la agroquímica de Liebig[221]. El entusiasmo de Marx ante los descubrimientos de los primeros restos prehistóricos humanos, por ejemplo, muestra la influencia creciente de la teoría de la evolución en su pensamiento; muy en contraste con la visión tradicional de que Marx se basaba principalmente en Hegel y Feuerbach para la construcción de su análisis histórico[222].

En una palabra, no tiene nada de sorprendente que las contribuciones del estudio de la naturaleza jugaran un rol central en su pensamiento. Ambos, Marx y Engels estaban profundamente al tanto de las ciencias naturales. Marx era un materialista y un evolucionista. Lo que es crucial es que ese bagaje lo haya conducido a asociar al materialismo *menos con el determinismo físico* que con la emergencia permanente de nuevas formas de organización y estructura social (tal como lo están haciendo hoy los "nuevos materialistas" de nuestra propia era postmoderna[223]):

> Es importante comprender que la concepción materialista de la naturaleza tal como Marx la entendió —y como ocurrió de modo frecuente en su tiempo— no implicaba necesariamente un determinismo mecánico rígido, como en el mecanicismo (esto es, el materialismo mecanicista). El propio acercamiento de Marx al materialismo fue inspirado en considerable medida por la obra de Epicuro, componente esencial de su tesis doctoral, y cuya filosofía estaba consagrada a mostrar cómo una visión materialista de la naturaleza de las cosas aportaba la base esencial para una concepción de la libertad humana[224].

Los primeros seres humanos se diferenciaron primariamente de los otros animales por el uso de herramientas y el trabajo mediante los cuales comenzaron a transformar medios naturales para satisfacer sus necesidades. La tesis de Engels, que influenció profundamente a Marx, ofrecía un postulado naturalista acerca de cómo la humanidad evolucionó hasta llegar a ser *homo faber*, el animal que trabaja y construye:

> Cuando los primates, que constituían los ancestros de los seres humanos, descendieron de los árboles, se desarrolló en primer lugar la postura erecta (antes de la evolución del cerebro humano), liberando las manos para fabricar herramientas[225].

Esta evolución natural reforzó la habilidad humana en la lucha por la supervivencia:

> Como resultado, los primeros seres humanos (homínidos) tuvieron la capacidad de alterar su relación con el medioambiente local mejorando radicalmente su adaptabilidad[226].

Dicha evolución, sin embargo, trajo aparejado un costo, porque abrió la posibilidad de una ruptura o "grieta" con el propio mundo natural del cual dependemos para nuestra supervivencia.

Esas intuiciones de Marx y Engels estuvieron mucho tiempo perdidas durante la historia subsecuente del marxismo. La visión de una evolución de tipo emergente que defendían era una vía media entre los científicos positivistas, por un lado, y los no materialistas (como los cristianos conservadores), por el otro. Con muy pocas excepciones, tales como las de los británicos "emergentistas" de 1920, la batalla entre esos dos extremos creció en volumen y prominencia, eclipsando gradualmente aquella vía media. Los positivistas (entonces y ahora) rechazan la existencia de cualquier patrón dialéctico en la naturaleza y los religiosos conservadores niegan la evolución darwiniana. Sólo en las últimas décadas se han reconocido nuevamente los aportes de una perspectiva emergente de la naturaleza[227].

> En el Este, agrega Foster, Stalin purgó al comunismo ruso de los elementos ecológicos en gran medida porque personas como Bukhalin y Vavilov tendían a criticar la explotación de los recursos naturales impulsada por el gobierno[228].

MARXISMO ORGÁNICO: CON MARX MÁS ALLÁ DE MARX

Compartimos con John Bellamy Foster la convicción de que el pensamiento ecológico contemporáneo está atrapado en un punto muerto entre construccionistas (culturalistas) y anti-construccionistas (ecologistas profundos). En su opinión,

> el intento por trascender este dualismo ha producido meramente la noción de un "construccionismo cauteloso"; un resultado importante pero que carece de todo contenido sustantivo o clara orientación teórica[229].

Los analistas han asumido que el marxismo no tiene nada que decir a los ecologistas actuales y en consecuencia han omitido los beneficios potenciales de la tradición dialéctica. Sostiene Foster:

> El marxismo tiene una enorme ventaja potencial para tratar

todos esos tópicos precisamente porque descansa en una teoría de la sociedad que es materialista no sólo en el sentido de enfatizar las condiciones productivo-materiales previas de la sociedad, y cómo delimitan las posibilidades y libertad humanas, sino también porque —al menos en Marx y Engels— jamás pierde de vista la relación necesaria de esas condiciones materiales con la historia natural, esto es, con una concepción materialista de la naturaleza[230].

Foster publicó esas palabras en *Marx's Ecology* el año 2000. Creemos, sin embargo, que eventos acaecidos desde entonces han cambiado de modo importante la situación. La ciencia natural ha hecho avances significativos en el estudio de fenómenos emergentes, biología de sistemas y teoría de los ecosistemas. La conciencia de la crisis ambiental es ahora global, y la urgencia de la situación ha llevado a los ecologistas más allá de muchos de los estancamientos del año 2000. Finalmente, la evolución del marxismo en China (la nación marxista de mayor población en el mundo) ha revelado cuán profundamente los factores culturales e históricos influyen en la interpretación y la práctica de las ideas marxistas.

Dado lo anterior, concluimos que las revisiones al pensamiento marxista deben ser todavía más considerables que lo Foster sugirió en el 2000. Sus tres términos centrales —materialista, histórico y dialéctico— deberían ser retenidos a fin de reconstruir una teoría social ecológica y realista. Y sin embargo cada uno debe ser matizado y extendido ahora en nuevos modos:

- Materialista en el sentido de *naturalismo emergente*. Uno busca explicaciones naturales y no sobrenaturales; pero uno también reconoce que nuevas dinámicas y agentes emergen continuamente en la historia natural, incluyendo a los agentes humanos con toda su complejidad cultural e intelectual.
- Histórico en un sentido que incluya la *historia cultural*. Uno no sólo estudia la historia del capital, las clases y los medios de producción sino también la historia cultural e intelectual: *todos* los factores causales que contribuyen a la evolución de las sociedades.

- Dialéctico en un sentido que incluya *todas las relaciones dialécticas*: cada forma de conflicto que da pie a nuevas e inesperadas soluciones.

En el pasado, el marxismo fue injustamente desatendido porque se lo asumía como anti-ecológico: estaba atrapado en la batalla entre positivistas y religiosos conservadores. El marxismo medioambiental, sugerimos, ha estado entrampado en la batalla similar que se está librando en torno al término "medioambiental". La interpretación estrecha de este término está cautiva de un modelo de ciencia viejo y reduccionista. Desafortunadamente, muchos marxistas creen todavía que ésta es la única comprensión viable de la ciencia. El "nuevo medioambientalismo" es, al contrario, mucho más amplio. Acoge los aportes de la evolución emergente y los estudios culturales, abriendo con ello una "tercera ventana" para estudiar el mundo natural, tal como enérgicamente lo ha expresado Robert Ulanowicz[231]. No es necesario rechazar los campos de la ecología social y los estudios culturales como si fuesen inconsistentes con los compromisos marxistas.

El Marxismo Orgánico representa una comprensión extendida del materialismo que algunos filósofos llaman hoy "naturalismo ampliado"[232]. Los naturalistas amplios comprenden que la evolución natural incluye no sólo dimensiones biológicas sino también intelectuales, culturales e incluso de cosmovisión. Tal como al biólogo de Harvard E. O. Wilson le gusta decir, la evolución darwiniana mantiene a la evolución cultural "agarrada de la correa": no puede zafarse de las leyes naturales. Tampoco puede escribir alta filosofía un hombre muerto de hambre. Pero al mismo tiempo, el proceso evolutivo natural incluye el rango completo de la experiencia humana: cultural, artística, filosófica, estética, religiosa y espiritual.

Para los marxistas, la dimensión más difícil es a menudo la religión. Desde que Marx la describiera como "el opio del pueblo", los marxistas han tendido a mirarla con un alto nivel de sospecha. Ahora es posible, creemos, matizar ese recelo. La crítica marxista de la religión se enfoca usualmente en el cristianismo conservador, que afirma la existencia de eventos sobrenaturales y es por tanto decididamente anti-materialista. Pero recuerde que el propio Marx era judío. Y muchos judíos y cristianos han sentido que, de hecho, el socialismo está más cerca de su propia tradición que el capitalismo dominante en Occidente. En su acreditada historia, John Cort sigue el rastro del movimiento socialista cristiano desde la iglesia primitiva hasta el presente[233]. La fusión de Marx con principios cristianos radicales, por ejemplo en la obra de Gustavo Gutiérrez y sus seguidores en América Latina, dio nacimiento a la Teología de la Liberación[234] que, a su vez, influenció un amplio grupo de movimientos de liberación en Norteamérica, Europa y Corea (la teología *minjung*) y también ayudó a establecer los movimientos de liberación del post-colonialismo. Muchos pensadores de izquierda, tales como Joerg Rieger, son a la vez marxistas y teólogos[235].

Además, varias religiones son consistentes con el naturalismo científico. El teólogo procesual David Griffin, por ejemplo, defiende una visión naturalista de la religión[236]. De igual modo, las "tradiciones sapienciales" de China —uno podría discutir si incluso deberían ser llamadas "religiones"— no afirman un Dios sobrenatural. El pensamiento chino tradicional no es una tradición de "negación del mundo", lo que significa que es más fácil de reconciliar con compromisos marxistas. Hoy, los marxistas postmodernos están incorporando intuiciones centrales del confucionismo y del taoísmo en sus análisis.

El pluralismo de las fuentes ha conducido también al pluralismo de las aplicaciones. Por ejemplo, rasgos únicos de las culturas de Asia, África y Sudamérica le permiten a uno extender los principios marxistas en nuevas maneras. Complejas diferencias de lenguaje, prácticas culturales y religión pueden conducir a reformas de largo alcance, tales como la del "socialismo con características chinas". La evolución del capitalismo tardío, así como la creciente crisis ecológica requieren de nuevas formas de crítica marxista.

A medida que los marxistas reconocen la variabilidad cultural, se vuelve más fácil diseñar programas constructivos específicos para el bien de la sociedad y del planeta, incluso en contextos de alta especificidad.

CONCLUSIÓN

En este capítulo hemos destacado las contribuciones de la escuela conocida como marxismo ecológico. *Marx's Ecology* de John Bellamy Foster identifica los profundos temas ecológicos en el materialismo de Marx. En un artículo reciente, muestra que en *La situación de la clase trabajadora en Inglaterra* (1844)[237] de Engels,

> las condiciones ambientales son presentadas, en relación al total de las condiciones materiales de la clase trabajadora, como de mayor importancia incluso a las condiciones de la fábrica[238].

De modo similar, en su libro *Ecology against Capitalism*, describe correctamente a la elite capitalista adinerada como representante de "la más alta inmoralidad" y condena al capitalismo por su perversión humana y degradación de la naturaleza[239].

Los avances logrados en tecnología desde el tiempo de Marx hasta nuestros días no pueden eliminar la relación fundamental que hay entre capitalismo y destrucción medioambiental. Reconocer esta conexión es caer en la cuenta de que hoy todo socialismo tiene que ser *ecosocialismo*. Tal como lo dice Michael Löwy, este último intenta

> proporcionar una alternativa radical y civilizatoria al capitalismo, enraizándose en los argumentos básicos del movimiento ecológico y en la crítica marxista de la economía política. Opone al *progreso destructivo* del capitalismo (Marx) una política económica fundada en criterios no-monetarios y extra-económicos: necesidades sociales y equilibrio ecológico[240].

Dada la urgencia de las reformas ecosocialistas, es desalentador encontrarse con los ataques frontales que ha recibido John Bellamy Foster de parte del marxismo ortodoxo, como si su trabajo no expresase más que un descontento burgués liberal de izquierda con el consumismo. Así, el *Workers Vanguard* señala:

> Este centrarse en los caprichos de moda del consumidor adinerado es, sobre todo, una crítica pequeño burguesa del capitalismo (...) puede ser que el tener demasiado sea un problema para los niños de las zonas residenciales periféricas que se vuelcan a un modo de vida individualista en busca de sentido. Pero "haga más con menos" no es una opción para la vasta masa de la población que lucha por pagar las cuentas y e intenta llegar a fin de mes[241].

Es cierto que Marx escribió ante todo sobre la lucha de clases y el socialismo y que no fue una crisis ambiental lo que motivó su llamado a cambios socioeconómicos revolucionarios. Pero el crecimiento económico enfrenta hoy límites globales no alcanzados en tiempos de Marx. Es utópico escribir sólo acerca de elevar el estándar de vida de los trabajadores de la clase baja cuando el planeta está alcanzando los límites de lo que puede consumir. La injusta distribución de los recursos en una economía guiada por el capital es tan urgente como lo fue en tiempos de Marx. Pero retener la expectativa de un crecimiento ilimitado en nombre del marxismo es, como lo hace el *Workers Vanguard*, simplemente negar la realidad:

> Para los activistas radicales jóvenes, podría parecer natural tratar de fusionar ecologismo radical con socialismo. *Pero la ideología ambientalista y el socialismo son enteramente irreconciliables. Todas las variantes del ambientalismo son una expresión de la ideología burguesa* que ofrece componendas predicadas a partir de una sociedad dividida en clases y de la insistencia en la escasez. Los marxistas luchan por una sociedad que dará más para las masas trabajadoras y empobrecidas eliminando por último toda escasez material. A tal efecto, se requerirá de una serie de revoluciones por parte de los trabajadores alrededor del globo para arrebatar las minas, fábricas y otros medios de producción de las garras de sus propietarios privados, allanando el camino para una economía internacionalmente planeada de carácter colectivo (...) *el progreso en desarrollo humano, i.e., terminar con la miseria y la necesidad, no se va a lograr restringiendo la producción sino elevándola a alturas sin paralelo. Removiendo las manos muertas del lucro privado y los derechos de propiedad, la toma proletaria del poder dará gran ímpetu al crecimiento económico*[242].

Tales respuestas reflejan un marxismo encerrado en el pasado, y no un proyecto marxista para el futuro. Las injusticias gritan para ser atendidas. Pero hay que abordarlas con ese espíritu científico que Marx adoptaba en su análisis histórico, y que el mundo de hoy exige un reconocimiento de la rápida disminución de los recursos y una perturbación global climática producida por los seres humanos. Sin duda que el peso debe ser asumido por aquellas personas y naciones que han causado la crisis, cuyo consumo es el mayor y que pueden pagar los costos de saneamiento. Pero esto no quiere decir que los trabajadores puedan gozar en consecuencia de consumo "a alturas sin paralelo".

Si el Marxismo Orgánico ha de separarse en algún punto del marxismo ecológico, será por nuestro llamado a incluir las especificidades de los emplazamientos culturales como una parte orgánica del marxismo aplicado. La teoría social marxista jamás existe en forma desencarnada; existe auténticamente sólo cuando está efectivamente encarnada en una cultura y vinculada orgánicamente a la experiencia vivida de su gente. El Marxismo Orgánico —el marxismo efectivo— acoge las tradiciones históricas de un pueblo, sus costumbres culturales y sus profundas intuiciones éticas tal como están contenidas en sus propias tradiciones sapienciales. ¿Cómo podría una ecología marxista echar raíces en los corazones de hombres y mujeres sin estar conectada con las fuentes culturales y espirituales de un pueblo particular?

12. LA ECOLOGÍA DEL MARXISMO ORGÁNICO

HACIENDO TRIZAS EL MITO DEL CRECIMIENTO ILIMITADO

Durante los casi cinco mil años desde que emergieron las grandes civilizaciones, la inclinación humana a expandirse y dominar no fue un problema para la Tierra como tal. Pese a que los humanos fueron dominando gradualmente a otras especies, nuestro poder para perturbar al planeta fue relativamente limitado. Incluso cien años atrás, sus recursos parecían casi infinitos comparados con las necesidades humanas.

Pero en las últimas décadas las cosas han cambiado radicalmente. Por supuesto, la naturaleza sigue mostrándose poderosa e incluso aterradora en su capacidad para avasallar y destruir. El último terremoto y tsunami ocurridos en Japón hace unos años y que diezmó las defensas de una nación que pensaba orgullosamente estar preparada para todo, ofrecen un inolvidable recordatorio de aquello[243]. Eventos provenientes del espacio, tales como colisionar con un asteroide de gran tamaño, son cosas que escapan totalmente a nuestro control. Y sin embargo, durante el breve periodo de nuestras vidas, ha ocurrido algo único en la historia de este planeta. Por primera vez, la humanidad ha encontrado límites de crecimiento absolutos.

Adonde quiera que usted mire se topa con esos límites. La humanidad se ha hecho fundamentalmente dependiente de los hidrocarburos, pero ahora sabemos que las reservas globales son limitadas y que el costo ambiental de quemarlos por completo sería desastroso. Como especie, inevitablemente tenemos que tomar agua. Y sin embargo las reservas de agua potable del planeta se están acercando al nivel mínimo respecto de las necesidades de la población, amenazando con ello la vida de cientos de millones de personas. Lo único que necesitamos incluso más que el agua es aire puro, pero hemos alterado toda la atmósfera del planeta. Y la lista podría seguirse extendiendo. No hay virtualmente un rincón del planeta donde no pueda medirse el paso de la mano humana: los desiertos del Sahara, las cimas del Himalaya, los fondos de los océanos…

El problema es que los fundamentos del sistema económico occidental parten del supuesto (erróneo) del crecimiento económico continuo, lo que implica por sí mismo el asumir que los recursos naturales y las materias primas son ilimitados. Pero como acabamos de señalar, los recursos naturales de este planeta son más que definitivamente *limitados*. De hecho, casi todas las transnacionales, incluyendo las petroleras, ya están calculando el tiempo restante para que se agoten los recursos naturales de los cuales dependen. A medida que las economías basadas en crecimiento se aproximen cada vez más a los límites planetarios de crecimiento, los desmoronamientos y cascadas caóticas sólo aumentarán en frecuencia y violencia. Las consecuencias sociales y políticas de esta inestabilidad creciente son de una gravedad imposible de poner en palabras.

Con esos hechos en mente, no es difícil captar por qué la teoría económica puede con justicia ser el tópico más importante de las discusiones actuales acerca de una civilización ecológica. En todo el planeta, la vasta mayoría de las teorías económicas que han influenciado a los líderes mundiales están basadas en la exigencia de lograr crecimiento. El conjunto total de los planes económicos de los que dependen las sociedades actuales y los estilos de vida de sus ciudadanos seguirá funcionando sólo si la economía global continúa expandiéndose a una tasa similar a la actual. Este axioma fundamental del sistema actual se aplica virtualmente a cualquier unidad económica: desde los patrones macroeconómicos del G-20 a los modelos económicos de los que dependen las transnacionales, a las compañías medianas que realizan negocios dentro de un único país, a los presupuestos de ciudades y Estados de un país dado, llegando incluso (por ejemplo) al dueño de una tienda en un pueblo pequeño.

Y ahora usted puede ver el problema: todo el sistema económico de la civilización del siglo XXI que la humanidad ha construido depende del crecimiento: un tipo de crecimiento que el planeta ya es incapaz de aguantar. No hay cómo escapar fácilmente de esta contradicción, es más fundamental que cualquiera que jamás hayan enfrentado los seres humanos. Ninguna pequeña modificación ni cambios menores en los modelos económicos, ni algún retoque a las regulaciones gubernamentales bastarán para abolir la contradicción entre nuestros actuales modelos de éxito económico y los límites planetarios que ya estamos alcanzando. Sólo un marco teórico radicalmente nuevo, como el que estamos llamando Marxismo Orgánico, puede volver a poner a la planificación económica en línea con la realidad planetaria.

BUSCANDO UN CAMBIO CIVILIZATORIO: LA FILOSOFÍA DEL ORGANISMO

Tal como hemos visto en los capítulos precedentes, el Marxismo Orgánico extiende el modo en que solía ser pensado el marxismo. Estimula la actualización de los principios marxistas en la medida en que se injertan en culturas individuales. Conservando los valores básicos de Marx, el Marxismo Orgánico insiste en que las categorías específicas de su pensamiento necesitan ser adaptadas si quieren ser transmitidas hoy.

Por cierto (cap. 9), las ciencias orgánicas son aliados importantes. Pero los valores tradicionales, culturas e incluso creencias religiosas *también* pueden servir como aliados en la construcción de una filosofía del organismo postmoderna. Si hemos de lograr apoyo para alternativas económicas suficientemente robustas como para contrarrestar la fuerza destructiva del "petrocapitalismo", necesitaremos forjar alianzas con *todas* las tradiciones de pensamiento y práctica, nuevas y antiguas, que impulsen el movimiento hacia una sociedad más justa y sustentable.

Asumir una filosofía del organismo exige que uno transite desde categorías modernas a postmodernas. La mayoría de las filosofías de la modernidad operaron con una lógica de exclusión en vez de utilizar una de inclusión orgánica. Por ejemplo, uno de los supuestos más básicos era que los marxistas y la gente religiosa jamás podrían trabajar juntos en armonía. Después de todo, Marx dijo que la religión era un "opiáceo" que embotaba la conciencia de los trabajadores respecto de su condición real. En consecuencia, el marxismo europeo de la modernidad procuró suprimir la religión para revolucionar las condiciones económicas, transformar la política y mejorar las condiciones sociales. En la modernidad, la religión fue a menudo culpable de apoyar al colonialismo y a jerarquías de poder injustas. El Cristianismo, la religión mayoritaria de Norteamérica, tendió a transformar la preocupación de Jesús por el pobre y el marginal en un imperialismo cultural. La intolerancia de la Cristiandad frente a otras religiones y modos de vida contribuyó al nacionalismo, militarismo y xenofobia. En vez de concentrarse en la transformación personal y la justicia para el pobre, como enseñó su fundador, el cristianismo moderno tendió a buscar el poder y la dominación.

En una civilización postmoderna, por contraste, esas oposiciones están siendo reexaminadas. Ahora los académicos de China, por ejemplo, estudian las religiones occidentales preguntándose si pueden ayudar a apoyar los valores de una cosmovisión ecológica. También, muchas personas religiosas postmodernas de Norteamérica ahora creen que las filosofías comunitarias están más cerca de los valores de los profetas judíos y de las enseñanzas proféticas de Jesús que lo que jamás estuvo el capitalismo de libre mercado.

Éste es sólo un ejemplo de las nuevas alianzas posibles para el pensamiento orgánico. En tanto cosmovisión postmoderna consagrada a lograr alternativas económicas al capitalismo global, el Marxismo Orgánico edifica sobre las visiones de los aliados intelectuales, ya sean estos antiguos o postmodernos, orientales u occidentales, religiosos o filosóficos. Muchos de esos aliados están desafiando los supuestos dominantes de la modernidad occidental y del postmodernismo desconstructivo.

El aliado más importante, en nuestra opinión, es el pensamiento procesual. En Occidente, la filosofía procesual hace referencia a una importante escuela filosófica que fue originada por Alfred North

Whitehead (1861-1947). Como lo vimos en el cap. 10, la idea matriz de esta escuela es que toda vida, toda existencia y toda experiencia consisten y están constituidas por un proceso sin fin:

> Es fundamental para la filosofía del organismo que se abandone completamente la noción de entidad actual como sinónimo de sujeto inalterable del cambio. Una entidad actual es a la vez el sujeto que está experimentando y el resultado de sus propias experiencias o "superjeto" (...) se extiende la antigua doctrina de que "nadie cruza el mismo río dos veces": ningún pensador piensa dos veces y, para decirlo en general, ningún sujeto experimenta dos veces[244].

Para Whitehead, esta filosofía del organismo tiene tres implicancias centrales:

(1) Interconexión. Los seres humanos no son unidades aisladas, meros átomos individuales. Al contrario, estamos siempre "internamente relacionados" unos con otros. En palabras de Whitehead:

> Esta relacionalidad interna es la razón de por qué un evento sólo puede ser encontrado exactamente en el lugar en que está y ser tal como es (...) porque cada relación entra en la esencia del evento, de tal modo que, apartado de esas relaciones, el evento no sería lo que es[245].

Es más acertado decir que una sociedad, cultura o nación constituye a sus miembros que decir que un grupo de individuos discretos y separados se agrupan para constituir una sociedad, cultura o nación. Esta visión de que *estamos constituidos por nuestras relaciones* se opone al *individualismo*, la visión dominante moderna de que cada individuo es una unidad aislada. Occidente ha exportado muchas malas ideas, pero quizá ninguna tan dañina como la idea del individualismo.

(2) Proceso de cambio perpetuo. La segunda idea central de la filosofía procesual es que nada es idéntico tras el paso del tiempo. Piense en mi amiga Lin como niña, adolescente y adulta. Por cierto que la adolescente Lin está relacionada con la niña que era 15 años atrás. Pero no podemos decir que las dos son idénticas: los cambios en su apariencia, en su modo

de pensar y en su medioambiente han sido tan significativos que sólo podemos hablar de una *similitud* entre la condición anterior y posterior de una persona. Lo mismo vale para la relación entre Lin como adolescente y como adulta. Ciertos patrones de su personalidad se continúan expresando a través del tiempo; por ejemplo, su inteligencia, su gracia y la devoción por su familia. Pero el proceso de su vida trae constantes cambios: nada permanece quieto. Lo mismo es cierto de usted y yo. Para ponerlo en paradoja: *lo único que permanece constante es el proceso mismo*.

Dijimos al principio que la filosofía procesual podía ser una manera de pensar más natural para los chinos que para los occidentales. En el pensamiento occidental tradicional, el énfasis siempre fue puesto en la *unidad a través del tiempo*. Los filósofos griegos que primero establecieron el modelo del pensamiento occidental proclamaron que *lo real es lo invariable o lo que no sufre cambios*. Como resultado de ello, Platón concluyó en *La República* que cualquier cosa que sufre cambios no es plenamente real y es en parte una ilusión:

> Sabes también que se valen para esto de figuras, visibles, a las que refieren sus razonamientos, aunque no piensen en ellas, sino en otras figuras representadas por aquellas. Por ejemplo, no recaen sus razonamientos ni sobre el cuadrado ni sobre la diagonal que ellos trazan, sino sobre el cuadrado tal cual es en sí mismo con su diagonal. Lo mismo digo de las demás figuras, que representan, sea en relieve, sea por el dibujo, y que se reproducen también ya en su sombra ya en las aguas. Los geómetras las emplean como otras tantas imágenes, que les sirven para conocer las verdaderas figuras, que sólo pueden conocer por el pensamiento[246].

Los primeros pensadores cristianos adoptaron un giro similar e identificaron "individuo" con "poseer un alma eterna e inalterable", constituyendo ésta la esencia de la persona. Todo lo que cambia en torno a una persona —su apariencia, cultura y los pensamientos y sentimientos perpetuamente cambiantes que experimenta— no son parte de lo que ella *realmente* es. Claro que hay un problema aquí: son precisamente esos rasgos cambiantes lo que más valoramos en nosotros y en los que nos rodean. La filosofía procesual, en contraste, vuelve a poner el énfasis en lo que es más importante para nosotros: la travesía sin fin de la experiencia, las intuiciones frescas, la maduración de los pensamientos previos, las amistades nuevas y profundas, y el crecimiento del carácter.

(3) Holismo. En adición a la interconexión y al proceso de cambio perpetuo, el pensamiento procesual enfatiza el holismo. El todo es más que la suma de sus partes. Ésta es también una profunda intuición del pensamiento chino tradicional. Dice Lao Tsé en el *Tao Te King*:

El Maestro mira las partes con compasión
porque comprende el todo

El Maestro comprende las partes porque las ve desde la perspectiva del todo. Pero no sólo aporta comprensión sino además compasión. Sentimos compasión por la niña pequeña porque comprendemos la aventura que está delante de ella, entendemos ese momento de su vida desde la perspectiva de los muchos años de experiencia que hemos adquirido. De igual modo, el Maestro tiene compasión por el pobre, el agobiado e incluso la persona que ha cometido un error terrible. ¿Por qué? porque comprende todo el rango de experiencia y de influencias que han ocasionado la tragedia o el error.

La sabiduría brota desde la perspectiva del todo. Por el contrario, el necio sólo puede ver momentos individuales: sus deseos, sus ansias momentáneas, sus metas en ese instante particular. El pensamiento occidental no ha sido holístico. Ha tratado a menudo de *armar* una comprensión del todo, pieza por pieza. Pero, ¿cómo puedes armar el total si sólo conoces las partes? Si no entiendes la forma del todo que estás intentando actualizar, actúas como el constructor que comienza a juntar ladrillos delante de él careciendo de todo plan. Desesperado, renunciará muy pronto, porque sin plan sólo emerge desorden. La estudiante que carezca de un plan claro para su educación como un todo tendrá dificultad para organizar sus estudios. Las autoridades ciudadanas que no tengan un plan de largo plazo para su ciudad no podrán crear un espacio hermoso para sus residentes. La nación que no tiene una visión clara de los valores que la animan, podrá construir edificios atractivos e industrias poderosas, pero no tendrá un impacto duradero y positivo en el mundo.

Los líderes occidentales han sido muy a menudo miopes, dando tímidos pasos en la administración de sus ciudades y países. Han desplegado tecnologías, industrias, universidades y logros científicos impresionantes. Pero sin una visión del todo, los logros individuales no convergen en una civilización coherente. La filosofía procesual de Alfred North Whitehead nos retrotrae a las antiguas tradiciones sapienciales chinas y a conceptos tales como *tian* (El "cielo" con sus dos significados: como espacio físico y como concepto religioso), *qi* (Un principio activo que forma parte de todo ser vivo y que se podría traducir como "flujo vital de energía". El concepto se encuentra en la filosofía china, en el taoísmo y en la medicina china) y *li* ("principio", relacionado con las formas de Platón) que alientan un perspectiva holística[247]. Recordemos las palabras del *Tao Te King* que acabamos de citar:

> El Maestro mira las partes con compasión
> porque comprende el todo

Los líderes esclarecidos tienen ante sí una visión más completa del sistema completo o civilización que están intentando actualizar. Sólo desde esa perspectiva serán capaces de dar sus pasos con sensatez.

MANIFIESTO DEL MARXISMO ORGÁNICO

La civilización ecológica representa a la vez una teoría y una práctica. De hecho, tiene implicancias definitivamente prácticas para políticas gubernamentales, organizaciones y el diseño social que tienen sus raíces, por un lado, en la filosofía del organismo y, por otro, en los análisis marxistas de la dinámica entre clase y capital.

Pensamiento ecológico. De acuerdo a él, la realidad está constituida por eventos interrelacionados y no por substancias individuales aisladas. Esos eventos, que constituyen la vida de todos los seres vivientes y de la naturaleza como un todo, poseen un valor intrínseco. Resultado de ello es que uno debe tratar a los otros siempre como fines en sí mismos y jamás como meros medios, tal como ya lo había señalado Kant en la *Fundamentación de la Metafísica de las Costumbres*[248]. Un valor genuino yace en cada evento, en cada relación orgánica y no en factores extrínsecos como cuáles productos sirven o qué precios pueden alcanzar en el mercado.

En el pensamiento ecológico, los seres vivientes están constituidos por sus relaciones recíprocas, con sus ecosistemas y con sus sistemas sociales. Cada participante en esas relaciones tiene sus propósitos, que no deben ser desatendidos. Pero incluso nuestros rasgos individuales se desarrollan a través de interacciones con comunidades. Las relaciones entre comunidades afectan profundamente la naturaleza de cada una que, a su vez, afecta las vidas de sus miembros. En este sentido (ver cap. 9), los estudios de ecosistemas tienden a converger con el análisis marxista de clase, tal como el atomismo en física converge con el individualismo liberal.

El universo es más que ciego azar desplegándose en leyes físicas; todas las cosas poseen valor, y todas procuran maximizarlo. Para los seres vivientes, este empuje toma la forma de una lucha por sobrevivir y prosperar. Para los humanos, este ímpetu se ve también expresado en modos más complejos: deseo de lo bello, temor a la muerte, busca de sentido, afán de amor. Sabiendo esto, los seres humanos se vuelven responsables de buscar activamente valores inclusivos, ofreciendo a los otros lo que desean para ellos mismos. Igualmente, la humanidad se vuelve responsable de considerar como inherentemente valiosos no sólo los intereses humanos sino también los de otras especies.

Manifiesto del Marxismo Orgánico. En su corazón se alzan tres reivindicaciones centrales: (1) la justicia capitalista no es justa, (2) el "libre mercado" no es libre y (3) los costos más severos del trastorno global climático los pagarán los pobres. Reconociendo estas verdades, exhortamos a los líderes globales a reorganizar la civilización humana de acuerdo a principios ecológicos y socialistas.

(1) La justicia capitalista no es justa. La justicia es concebida de modo muy diferente según se trate de la teoría capitalista o de la marxista. Marx escribe: *"De cada cual según su capacidad, a cada cual según su necesidad".* Esta famosa frase refleja la compresión que Marx tenía de lo que es justo según bases sociales. En contraste, la teoría capitalista de la justicia dice: "De cada cual según sus deseos, a cada cual según el mercado". Esto es, cada persona decide en qué sector del mercado invertir su tiempo y dinero, y cuán duro trabajar. Sea lo que sea lo que el marcado le pague —o no le pague— será contado como justo. Como

marxistas orgánicos, impugnamos esta visión capitalista de la justicia por su inequidad con los trabajadores y por la creciente catástrofe ambiental. Ahora sabemos que el planeta no puede seguir sosteniendo las retribuciones que el sistema capitalista le otorga al 1 % más rico del mundo ni el estilo de vida consumista y derrochador que compran con su riqueza. Con Marx, abogamos por un sistema que mantenga la distribución de recursos en armonía con *lo que la gente realmente necesita para sobrevivir y no con sus deseos ilimitados*. Toda la evidencia muestra que, en los sistemas capitalistas, los ricos no redistribuyen a voluntad su riqueza con el pobre. Prácticamente en toda cultura, cuando los más ricos pueden embolsarse pingües ganancias y deciden cómo gastar su dinero, eligen estilos de vida lujosos y un alto nivel de consumo personal. Sólo un orden socialista postmoderno pondrá límite a esos excesos.

(2) *El "libre mercado" no es libre.* El "padre del capitalismo", Adam Smith, creía que los mercados eran el modo más racional y moral de regular las interacciones humanas. De acuerdo al capitalismo *laissez-faire* (cap. 2), se exige a los gobiernos no intervenir de modo alguno en los mercados. Smith usaba incluso la metáfora de Dios: los mercados son tan buenos para premiar al virtuoso y castigar al flojo que es *como si* una "mano invisible" guiase la sociedad. Irónicamente, la doctrina de Adam Smith llegó a ser conocida como la doctrina del "libre mercado". Como resultado de ello, generaciones enteras han confundido la "libertad" de los derechos humanos y las libertades humanas básicas —algo que realmente importa mucho a las personas— con la presunta libertad de los ricos para acumular cuanta riqueza puedan. Cualquiera que mire imparcialmente al mundo tal como está en 2014 reconocerá que Adam Smith estaba equivocado. El capitalismo ha creado una masiva subclase de personas cuyo trabajo no es retribuido con riqueza ni comodidad. La persecución desenfrenada de riqueza por parte de aquellos que detentan el poder económico ha dejado aproximadamente a la mitad de la población del mundo —*sobre tres mil millones de personas*— viviendo con menos de USD 2, 50 al día[249].

Las 400 familias más ricas de Norteamérica poseen más riqueza que los 155 millones personas de las clases más bajas[250]. Hay evidencia abrumadora de que las naciones más ricas han diseñado el sistema económico mundial para obtener el máximo de lucro. Esto no es un "libre" mercado; es un mercado de virtual esclavitud para el número cada vez mayor de clases empobrecidas en todo el planeta. Es tiempo de reaccionar y exigir a los mercados que jueguen el rol de servidores y no de amos. En lo sucesivo, esperamos que los mercados cumplan un rol subordinado, promoviendo la meta del Bien Común para el planeta como un todo.

(3) Los costos más severos del trastorno global climático los pagarán los pobres. A menos que intervengamos, el cambio climático causará un sufrimiento indecible a los ciudadanos más pobres del mundo y a un tercio o incluso la mitad de las especies animales. En el *Manifiesto Comunista* Marx escribió que los trabajadores "habían perdido todo excepto sus cadenas", y los convocó al grito de "¡Uníos!". El llamado de Marx a la acción no quedó sin respuesta, tal como lo muestra la historia del socialismo de los últimos 165 años. Pero ese llamado ha sido hasta ahora, por sí mismo, insuficiente. La gente que está en el poder ha gozado de confort y de los juguetes que les aporta la tecnología. En contraste, los atascados en la pobreza, sin importar su número, han carecido del poder o de la educación para derribar sistemas económicos y sociales injustos. Las transnacionales han sido capaces de influenciar indebida y excesivamente a los gobiernos y líderes mundiales bloqueando así cualquier reforma. A menos que algo realmente significativo cambie en este planeta, es improbable que se afloje la mortífera zarpa del capitalismo global. Sin embargo, *están* ocurriendo cambios significativos en este planeta. Los científicos concuerdan en que los efectos del trastorno climático se están volviendo cada vez más severos. Los sistemas sociales y económicos tal como los conocemos están soportando una presión constante y muchos van a derrumbarse junto con los gobiernos que se apoyan en ellos. El futuro no será "el negocio de siempre".

Es mucho lo que puede hacerse. Escoger el Bien Común por sobre una economía impulsada por la riqueza significa implementar los principios socialistas implicados por el Marxismo Orgánico. Es hora de que los gobiernos gobiernen para el pueblo y no para los ricos. Es hora de acuerdos internacionales para limitar el poder de las transnacionales, permitiendo a la gente reconstruir las sociedades sobre la base de una economía sustentable en estado de equilibrio[251].

A la humanidad se le abren dos caminos: O dar ahora la espalda al mito de que lo mejor para el planeta es dejar que los ricos manden en interés propio o esperar hasta el colapso de la civilización basada en el capital para iniciar estructuras que sirvan al Bien Común. Ahora, no más tarde, es el momento de actuar.

CONCLUSIONES

La ecología y el marxismo nos recuerdan a cada momento que pensemos en la amplia red de la vida a la que pertenecemos y de la cual dependemos. Los ecologistas estudian cómo las acciones que sostienen la vida trabajan armoniosamente al interior de ecosistemas particulares. La sustentabilidad social también tiene que ver con redes de interacción equilibradas. La filosofía que aspira a fomentar y preservar ese equilibrio es el socialismo.

En estos últimos capítulos hemos resumido la filosofía de proceso y relacionalidad que combina ecología y marxismo. Un filósofo procesual, John Cobb, ha logrado compendiar la cosmovisión resultante en sólo diez sentencias que llama "diez ideas para salvar el planeta"[252]:

1. La realidad está compuesta de eventos interrelacionados.

2. Hay gradaciones de valor intrínseco.

3. Dios (entendido como la función unificadora del proceso) aspira a llevar el valor al máximo.

4. Los seres humanos son (pero de ninguna manera exclusivamente) singularmente valiosos y responsables.

5. La educación es para la sabiduría.

6. La economía debería estar dirigida a la bonanza de la biosfera.

7. La agricultura debería regenerar el suelo.

8. Un hábitat confortable debería imponer exigencias mínimas sobre los recursos.

9. La mayoría de la manufactura debería ser local.

10. Toda comunidad debería ser parte de una comunidad de comunidades.

Por sobre todo, esta cosmovisión enfatiza el proceso. Los filósofos han sido demasiado precipitados para separarse de los procesos naturales de la vida, cosificando al individuo, los efectos de sus acciones y los constructos intelectuales que crea. Pero todo ello son abstracciones: *la realidad más profunda es el proceso mismo.* Lo que los seres vivientes hacen en sus comunidades en cada momento del proceso de su vida —respirar, comunicarse, trabajar, pensar, comprender, dar, participar— es lo que cuenta. Las abstracciones dan lugar a libros magníficos, henchidos de ideales elevados; muy a menudo, sin embargo, las ideas quedan sin aplicar o son inaplicables (ni siquiera los propios autores tratan de llevarlas a la práctica). *Las ideas que importan hacen una diferencia en la realidad concreta vivida,* afectando las interacciones que la gente tiene cara cara en sus comunidades, las agrupaciones que forman y el trabajo que realizan en conjunto.

La civilización ecológica no es una filosofía abstracta, un mero conjunto de principios teóricos. El pensamiento marxista se ha enfocado siempre en ir más allá de los debates abstractos y en mantener en el centro de la atención a la reforma social. Se trata de habitar el mundo de un modo diferente. Esta cosmovisión, que hemos rotulado como Marxismo Orgánico, es convincente. Los lectores de múltiples naciones y culturas saben muy bien cuándo las políticas son justas y vigorizantes y cuándo no. Pasemos a revisar ahora la praxis del Marxismo Orgánico.

13. LA PRAXIS DEL MARXISMO ORGÁNICO

Hay quienes argumentan que el marxismo está, por principio, condenado al fracaso. Así, se quejan los críticos, los socialistas no pueden usar a Marx para formular soluciones económicas y sociales a nivel global, ya que la diversidad existente entre los países es tal que ningún análisis universal puede ser válido. Pero cuando se adaptan los conceptos marxistas para hacerlos calzar con las características específicas de una cultura dada, ellos responden que los principios marxistas ya han dejado, en los hechos, de guiar el análisis económico y las propuestas para el cambio y que ya no es en realidad marxismo. Esta crítica de doble filo es una de las dos que uno escucha más a menudo en Occidente (la otra es que el marxismo "ya se intentó y probó ser falso").

A lo largo de todo este libro hemos puesto en tela de juicio el falso dilema que alimenta esta queja: *o* la teoría marxista es completamente universal, dicen nuestros críticos, y así demasiado abstracta para ser de utilidad; *o* sufre tales modificaciones que ya no es realmente marxista. Rechazamos el pensamiento excluyente del "esto o lo otro" que subyace a esta acusación. Los pensadores europeos del periodo moderno temprano se ocuparon de las tensiones entre las teorías universales y las que se adaptan a los contextos de acción siempre cambiantes del mundo, que calificaron dentro del relativismo. Sin embargo, es parte de nuestra "condición postmoderna" convivir con la imbricación de ideas generales y contextos específicos, sin importar cuán engorrosa sea esa imbricación (cap. 10)[253].

Como paralelo, piense en la teoría post-colonial. Claramente la naturaleza de la colonización y las manifestaciones del régimen colonial variaron grandemente en África, India, China, Latinoamérica y otros lugares; lo que significa que las luchas para zafarse del colonialismo no fueron idénticas. Y sin embargo existen rasgos comunes en nuestra condición post-colonial. Tal como lo dicen Childs y Williams:

> El post-colonialismo tiene una dimensión global ineludible, pero esto no quiere decir que las *teorías* post-coloniales sean inevitablemente totalizantes en un arrogante esfuerzo por controlar y explicar todo (totalizar en 'mal' sentido) (…) la inexorable, aunque desigual, expansión del capitalismo desde su base europeo occidental ha sido una constante —algunos podrían decir *la* constante— de la historia mundial, hasta el punto de que ya no hay hoy rincón del globo que haya quedado indemne (…) este proyecto de globalización de más largo alcance del capitalismo, no bien que todavía incompleto, es lo que un número de críticos post-coloniales, especialmente aquellos que trabajan en Marxismo o con conceptos de derivación marxista, comprenden como imperialismo. Para ellos es, quizá, el concepto explicativo clave[254].

Pero el alcance explicativo no excluye formas altamente adaptadas de micro-análisis a nivel local y tal es el caso con el análisis marxista.

Hemos sostenido que el poder se mantiene y ejerce en grados cada vez mayores por el segmento más adinerado de la sociedad (individuos y corporaciones). El poder no se distribuye meramente "a la suerte", persona a persona; no, las jerarquías de poder expresan relaciones diferenciadoras entre clases. Hemos mostrado también que la economía, filosofía y práctica capitalistas han ocasionado como un subproducto vastas inequidades e injusticias, y que sólo cuando las sociedades se zafen de aquellos supuestos podrán superarse las injusticias. Todas estas son reivindicaciones generales y no se ven de ningún modo debilitadas cuando se adaptan e implementan *orgánicamente* reformas socialistas específicas para cubrir las necesidades de ciudades, países o culturas específicas. Que múltiples "marxismos abiertos" estén evolucionando para abordar el contexto específico del capitalismo actual y la creciente catástrofe ambiental no falsifica al marxismo. Al contrario, demuestran con ello su continua utilidad como una alternativa social y económica ante el modo como el capitalismo trata a la sociedad y al medioambiente.

Este capítulo va desde lo general a lo específico. Con el fin de detallar la praxis del Marxismo Orgánico, debemos formular primero sus cuatro principios rectores y luego sus tres directrices políticas específicas. Sólo entonces podremos recomendar una serie de acciones concretas en el apartado conclusivo.

PRINCIPIOS RECTORES

Cuatro principios generales han sido los hilos conductores de todos los capítulos precedentes. Ahora es posible exponerlos clara y sucintamente:

(1.) Orientación al Bien Común. La mayoría de los comentadores toman como un axioma el que la democracia existe para el bien del pueblo. Después de todo, la palabra "democracia" significa "gobierno del pueblo". Pero una evidencia abrumadora muestra que la mayoría de las democracias del mundo sirven hoy primariamente para aumentar la riqueza de los más ricos de sus miembros. Un artículo reciente del Harvard Magazine muestra cómo incluso la gente educada de Norteamérica ignora completamente las disparidades de ingreso de su propio país. Pocos saben que más del 80 % de la riqueza de los Estados Unidos está en manos de sólo el 20 % de la población. En contraste, el 40 % más pobre la población posee un mero 0,3 % de la riqueza. Los miembros de este grupo tienen un ingreso promedio anual de USD 2.200[255]. A finales del 2011, según el Wall Street Journal, el ingreso promedio anual del 7 % más rico de los norteamericanos se había incrementado cerca de un 30 % sobre lo que tenía antes de la crisis de Wall Street de 2008:

> Por contraste, la riqueza promedio del 93 % restante de Norteamérica, cerca de 111 millones de hogares, cayó en un 4 % real[256].

Son contradicciones como ésta la que condujeron a David Harvey a declarar "el fin del capitalismo" en su más reciente libro[257]. La renovación política comienza con reformas que sirvan al Bien *Común*.

(2.) Un marco orgánico y ecológico. Comprender la situación humana en este planeta implica captar un simple principio: la especie humana tendrá éxito sólo en la medida en que retenga una armonía y equilibrio entre ella, el ecosistema global y las otras especies con las que comparte la biosfera. Los académicos usan la expresión "excepcionalismo humano" para aquellas ideologías que tratan a la humanidad como una excepción a los principios naturales que gobiernan a todas las otras formas de vida del planeta. Durante siglos nuestra especie derivó sus valores primariamente de sus propios intereses, tratando a las otras formas de vida como "recursos" para su provecho. Pero hoy —por primera vez en la historia del planeta— esas políticas han dado lugar a un trastorno climático causado por el hombre que amenaza a la civilización como un todo, incluyendo a la propia biodiversidad de la cual depende su supervivencia.

(3.) La clase social importa. La clase adinerada creó, y ahora lucra, de un sistema económico global que mantiene a miles de millones de seres humanos en o bajo la línea de pobreza. El cambio climático ha sido causado en primer lugar por los patrones de consumo de los ricos, no de los pobres. Algunos individuos ricos podrán ser gentiles o groseros, algunos incluso podrán haber donado una porción de su riqueza para causas ecológicas, pero como clase son los únicos que perpetúan sistemas económicos viciados y destructivos. Y de ahí que las soluciones habrán de tener una base de clase e incluir esa realidad. Las políticas de corrección deben ir más allá de decisiones individuales para abordar inequidades de clase, situando la responsabilidad del cambio en el lugar al que pertenece.

(4.) Una perspectiva holística y de largo plazo. Hoy reconocemos que el capitalismo desregulado de las corporaciones tiene como única meta el lucro de corto plazo para sus accionistas, a menudo a expensas del resto de los seres humanos y del medioambiente. Y ya sabemos que cuando un mercado dado o los recursos de un país se han agotado, las transnacionales se trasladan a otros mercados donde pueden conseguir una tasa más alta de retorno para sus accionistas. Algunas veces, es cierto,

estos accionistas votan simbólicamente en pequeña escala a favor de políticas de responsabilidad social que a continuación implementa la gerencia. Pero en la mayoría de los casos los dueños y gerentes actuarán para maximizar las ganancias de su negocio: esa es la naturaleza del sistema. Recuerde la promesa de Adam Smith a los capitalistas de que sus esfuerzos para maximizar las ganancias siempre beneficiarían a la sociedad en el largo plazo (una promesa vacía que todavía los ricos continúan haciéndole a los pobres, como en la "economía de chorreo" de Ronald Reagan).

Para decirlo de una vez, uno no puede pretender que un negocio exista para el bien de toda la población de un país; simplemente no es su razón de ser. Los hombres de negocios toman decisiones para asegurar altas tasa de retorno de la inversión, año tras año. Según cambien las condiciones o se agoten los recursos, el negocio se trasladará a otro mercado o diversificará su portafolio para retener rendimientos "competitivos" para sus dueños o accionistas. Uno de los más claros ejemplos en los años recientes ha sido dado por la industria del petróleo. La tendencia vale tanto para compañías norteamericanas como la *ExxonMobil* (con ventas de USD 400 mil millones el 2012 según Forbes) como para *British Petroleum* o *Royal Dutch Shell*. Las personas educadas de todos los países están conscientes de que las reservas de petróleo acabarán por agotarse y que es necesaria su conservación, y no la sobreexplotación, si es el que planeta se va a desprender de su adicción al petróleo y derivados. Y sin embargo esas compañías, acelerando al aumento de la producción en los años finales de su industria, están obteniendo beneficios rara vez vistos en cualquier otra rama de negocios. Y también están invirtiendo cantidades descomunales de dinero en lobby sobre los gobiernos occidentales, especialmente Estados Unidos, para que se abran nuevos campos de petróleo, se construyan oleoductos y se desmonten las regulaciones y las restricciones.

A uno no lo debería sorprender el comportamiento de las compañías de petróleo y sus gerentes: es lo que uno esperaría. Al contrario, *uno espera* que un gobierno bien dirigido actúe en interés de la gente. La misión de los gobiernos es tomar una perspectiva de mucho más largo plazo, ya que agotar todos los recursos —terrenos agrícolas, ríos y bosques, aire puro y reservas minerales— dejará a la generación siguiente sin la capacidad de prosperar o sobrevivir. Una planificación de largo plazo de este tipo requiere de políticas de conservación y protección de recursos basadas en una perspectiva de largo plazo extremo. Se dice que una familia promedio puede planear para sus nietos, pero que enfrenta dificultades a la hora de pensar en los hijos *de ellos*, esto es, la cuarta generación. Los pueblos originarios de Norteamérica, en contraste, tradicionalmente han utilizado la "Regla de la Séptima Generación": actúa de tal manera que el efecto neto de tus decisiones sea positivo para la séptima generación que te siga: tus tatara tatara tatara tataranietos[258].

Adoptar esta perspectiva de largo plazo requiere de un pensar holístico. Ni siquiera podremos ayudar a la tercera generación cuando nuestras inversiones en industrialización o urbanización dejen al mundo contaminado a tal grado que las ciudades se vuelvan inhabitables, al aire irrespirable y los campos yermos. Las políticas que sólo se basan en obtener ganancias son incapaces de asumir esta perspectiva de largo plazo.

Una planificación de largo plazo es una planificación sistémica. Uno ve a la nación como un todo cuando la considera como un sistema constituido de subsistemas. Planificar para el crecimiento en cualquier área dada debe hacerse a la luz de sus efectos en todas las otras áreas que se ven impactadas por ese crecimiento. Así, las expectativas de una ganancia presente se reducen para que pueda invertirse más en el futuro. En ese punto, el gobierno entra a menudo en conflicto con los hombres de negocios y los intereses comerciales que haya en la nación. El interés por una ganancia rápida lleva a los hombres de negocios a criticar las inversiones de largo plazo en infraestructura, por ejemplo; inversiones cuya retribución puede estar proyectada a décadas en el futuro. Resistir a esas influencias requiere de una resolución firme por parte de los líderes que trabajan en nombre de la gente y de la Tierra. Su visión de largo plazo los llevará a oponerse a las exigencias de altas ganancias personales y comerciales de corto plazo. Hay momentos en un crecimiento de corto plazo en el PIB sólo se obtiene a un alto costo de largo plazo.

Y sin embargo las razones para fijar esos límites son aplastantes: sólo es sustentable una civilización global edificada sobre principios orgánicos.

Los quiebres y las fisuras de las prácticas y políticas no sustentables están ahora ante la vista de los observadores de todo el mundo. Cada vez más, el daño en nuestros patrones climáticos está abiertamente documentado en la prensa y se discute a diario en las calles. Incluso Estados Unidos, donde la "huella de carbono" per cápita está entre las más altas del planeta, se halla ahora estableciendo centro regionales para enfrentar los crecientes efectos del cambio climático en la agricultura y los bosques[259].

DIRECTRICES POLÍTICAS

Los cuatro principios rectores sugieren tres directrices dominantes que, a su vez, proporcionan un marco para iniciativas políticas más específicas:

(1.) Los intereses nacionales dejaron de ser el único contexto para definir la toma de decisiones gubernamental.

En los días en que los recursos planetarios parecían inagotables, era racional (aunque no ético) que cada Estado-nación consumiese tantos recursos como poseyera o pudiera obtener mediante conquista o dominio. Pero hoy sabemos que los recursos del planeta están disminuyendo rápidamente y que deben ser divididos entre todas las naciones, e igualmente entre poblaciones humanas y no humanas. En el pasado, los gobiernos negociaban primariamente con otras naciones para regular el comercio, resolver disputas y finalizar guerras. En los años que se avecinan, por contraste, *la diplomacia medioambiental será elevada por necesidad a la más alta prioridad.* Compartir recursos, reducir desechos y negociar tratados internacionales para limitar la emisión de gases con efecto invernadero y otras clases de polución se volverán las metas más importantes de los estadistas exitosos. Por ejemplo, se espera que en los quince años venideros la falta de agua sea el área más virulenta de disputa medioambiental. La contaminación del aire, los derechos de pesca y la política energética jugarán también un rol creciente en la diplomacia internacional.

Marx ya había comprendido que los tópicos socioeconómicos fundamentales trascendían las fronteras nacionales. El flujo global de capital puede muy bien sostener a gobiernos nacionales en la medida en que ellos satisfacen sus necesidades, pero la dinámica del capital trasciende cualquier nación dada. Las soluciones, entendió Marx, deberían ser entonces internacionales. En su mayor parte, los gobiernos nacionales no han visto el drama de los agricultores, la mala paga de los trabajadores y el desempleo crónico con la urgencia necesaria como para trabajar en conjunto y buscar soluciones. Tampoco han cedido suficiente poder a las Naciones Unidas, o a cualquier otra organización internacional, para que realice cambios significativos. También, las iniciativas para ayudar a la clase media y a los pobres se han limitado a reformas de pequeña escala en el contexto de las estructuras de poder actuales.

Esa era está llegando a su fin. A medida que el cambio climático traiga escasez crónica de alimentos y agua, el deterioro de la situación ocasionará una inestabilidad social demasiado peligrosa como ser ignorada. A lo largo de la historia, las masas de personas hambrientas y desplazadas han sido la fuente más poderosa de revolución e inestabilidad social e incluso de la caída de civilizaciones. Es utópico pensar que los ricos y poderosos, los gobiernos y las transnacionales sentirán súbitamente compasión por los pobres y redistribuirán graciosamente su riqueza. Es más probable que las clases medias, que han sufrido la caída en su estándar de vida y visto incrementada su vulnerabilidad, incitarán demandas de cambio demasiado poderosas como para pasadas por alto. En el mejor de los casos, los cambios al sistema llegarán mediante tratados y procesos democráticos. En el peor, el derrocamiento de las nuevas dinastías de ricos (o lo que Thomas Piketty llama "capitalismo patrimonial"[260]) será mediante revoluciones violentas y un prolongado periodo de caos social y colapso económico. Para ocasionar los cambios globales sistémicos que se necesitan no bastará el esfuerzo desplegado sólo por naciones individuales.

(2.) Es cada vez más urgente que las políticas enfrenten el hecho de que el poder está ahora en manos de un número muy reducido de personas que controlan más y más de la riqueza mundial.

No hemos concebido este libro meramente para calificar tópicos académicos. Se han escrito volúmenes acerca de por qué los análisis de Marx fueron incapaces de convencer a gobiernos, intelectuales y trabajadores. Algunos críticos citan falencias en el trabajo histórico y empírico de Marx o simplemente exhiben la aversión que tienen por su utopismo o teoría del valor. Otros atacan las doctrinas de las escuelas marxistas posteriores (leninista, estalinista, maoísta, etc.), que según ellos crearon confusión en torno a los principios cardinales del marxismo. Y todavía otros citan deficiencias en la implementación de los principios marxistas por los gobiernos socialistas, que produjeron una violenta reacción popular contra esa filosofía política y económica.

Muchas de estas discusiones académicas pierden de vista el meollo de la cuestión: el marxismo critica el sistema económico que domina el mundo y que permite a la gente amasar cuanta riqueza pueda y gastarla a su antojo. ¿Debería acaso sorprendernos que una crítica así genere rechazo? Adquirir cosas y usarlas egoístamente es un gran componente de la naturaleza humana. Los avances tecnológicos —el último Smartphone, la última aplicación, el último modelo de auto— hacen que cada juguete nuevo sea más tentador y adictivo. La tecnología actual, mucho más que la religión, se ha vuelto el opio del pueblo. Por igual, tanto en los países desarrollados y los en desarrollo, la gente añora adquirir y consumir más. La inclinación natural a producir y a poseer no es en sí misma el problema. Durante la mayor parte de la historia humana ha servido bien a la especie. Considere, por ejemplo, los periodos en que los colonos se trasladaron por primera vez a territorio "virgen" y necesitaron construir rápidamente granjas, ciudades e industrias (pero incluso en esos tiempos se requirió de gobiernos para fijar restricciones y aportar estabilidad en infraestructura). Sin embargo, la industrialización y tecnologización del planeta han cambiado fundamentalmente la situación. Ahora reconocemos que esa desenfrenada deriva por poseer y consumir se ha convertido en el motor que, con un *tempo* insostenible, está arrastrando a una economía global incontrolada hasta rebasar los extremos de sus límites planetarios. En este nuevo contexto, una economía de estado estacionario en punto de equilibrio, acuerdos regulatorios, reducción del consumo y la colaboración internacional se han vuelto esenciales para la supervivencia del planeta. Los días del "agarra lo más que puedas" quedaron atrás y el capitalismo sin frenos se ha vuelto disfuncional. En la situación de hoy, la sobre-adquisición y el sobre-consumo son un problema de clase. Los análisis basados en clase se volvieron impopulares en los 50', cuando la clase media creció rápidamente y redujo la brecha de riqueza con las clases altas (tampoco ayudó la mentalidad de la Guerra Fría). En las últimas décadas, sin embargo, las clases se están separando bruscamente de nuevo. Para los pobres del mundo, que están localizados predominantemente en el Sur del planeta, una existencia de clase media ha quedado irremediablemente fuera de alcance. Asimismo, el nivel de riqueza y poder de la clase alta comprime al de la clase media y la brecha aumenta con rapidez creciente[261].

Para ser efectivas, las políticas deberán encarar las vastas discrepancias en poder, riqueza y consumo de las clases alta, media y baja. No podemos comenzar a abordar una economía que gira desbocada hasta que hagamos visibles las fuentes de poder que la controlan. Gracias a internet, los datos, como nunca antes, están a disposición de todos. Una clase media educada y cada vez más excluida comenzará a hacerse oír más fuertemente frente a un sistema inclinado a favor de las grandes corporaciones y familias pudientes. Insistimos, es mucho mejor que los políticos encaren las inequidades ahora a esperar la irrupción del descontento social.

(3) *"De cada cual según su capacidad, a cada cual según su necesidad"*.

La famosa frase de Marx refleja su teoría de la justicia distributiva. Ya vimos en el cap. 8 cuán diferentemente es concebida la justicia en los sistemas capitalista y marxista. En el sistema capitalista ideal, cada persona decide en qué rama del mercado trabajar y con qué intensidad. El mercado (supuestamente) distribuirá las recompensas con completa justicia de acuerdo a la propia inteligencia y esfuerzo. Si el planeta fuera de tamaño infinito y sus recursos ilimitados (como lo asumía Adam Smith), los gobiernos no necesitarían restringir el consumo individual. Es por eso que Smith sostenía que el sistema capitalista era justo y equitativo para todos: los altos ingresos de su vecino no significan que usted (o cualquier otro) vaya a recibir menos. Si todos trabajan duro, todos van a cosechar más y más de este planeta. Pero estaba equivocado. Porque virtualmente para cada recurso natural —agua, minerales, tierra de cultivo, bosques, incluso el aire que respiramos y la temperatura promedio del planeta— los científicos pueden calcular ahora la cercanía al límite. Los límites producen los que los economistas llaman "juego de suma cero": mayor consumo por parte de su vecino implica menor consumo para usted; cuando el rico se vuelve más rico, el pobre se vuelve más pobre[262].

A los seres humanos no les gusta que les restrinjan lo que pueden adquirir o consumir. Esto explica la preferencia, en la mayoría de las sociedades, por gobiernos cuya facultad de restringir sea limitada. Pero en un juego de suma cero es necesario que los gobiernos frenen los excesos. Lo que es todavía más cierto cuando los recursos disponibles están llegando a sus límites. En tiempos de guerra, hambruna, sequía y emergencia nacional, la gente ha estado dispuesta a someterse a limitaciones para que la sociedad sobreviva. Ahora, por primera vez en la historia, es una emergencia *global* la que justifica el rol de los gobiernos. Y de allí la necesidad de políticas edificadas sobre el principio marxista de "a cada cual según su necesidad".

LAS PRÁCTICAS DEL MARXISMO ORGÁNICO

¿Cómo puede un marxismo más orgánico otorgar una guía específica para responder sabia y apropiadamente a estos desafíos? Puesto que los gobiernos y economías se estructuran diferente dependiendo del país y la cultura, las políticas variarán en consecuencia y las propuestas concretas deberán ser puestas por escrito por los expertos del caso en cada país. No obstante, los principios del Marxismo Orgánico que hemos estado examinando ofrecen guías severas para diseñar políticas. Los acápites que siguen adelantan un primer esbozo de esas implicancias que, discutidas con expertos de cada campo de la política, pueden ser fácilmente concretarse en programas de acción amplios.

Parámetros económicos y PIB. El Marxismo Orgánico propone cambios radicales en el modo en que las sociedades humanas interactúan con el medioambiente. Hace un llamado a la reestructuración de las economías globales para que se enfoquen ante todo en "la bonanza de la biosfera", según las palabras de John Cobb ya citadas. Además, los estudiosos están reconociendo que el crecimiento material a menudo no contribuye a la felicidad de los ciudadanos de una nación[263]. Actualmente, el Reino de Bután es el único país que mide su progreso económico en términos de "Felicidad Nacional Bruta", un indicador holístico del bienestar de los ciudadanos[264]. En 2013, dando otro paso hacia el holismo en el pensamiento económico, Singapur expresó el deseo de afianzar sus "reservas sociales" tanto como sus reservas financieras[265]. Pero incluso utilizar la felicidad como indicador económico no es suficientemente radical, a menos que uno tome en cuenta los costos para las clases desposeídas y los ecosistemas de los cuales los seres humanos dependen. El Marxismo Orgánico propone una teoría económica que mida el progreso en términos de bienes sociales. Los políticos chinos, que se han focalizado por muchos años fuertemente en el aumento del PIB, están comenzando a expresar su inquietud respecto a muchos otros indicadores cruciales de éxito no considerados y, en algunos casos, adversamente afectados por la medida estándar del PIB. Desafortunadamente, los Estados Unidos no ofrecen un buen modelo para calcular el impacto de sus políticas en *todos* sus ciudadanos. En ausencia de mediciones holísticas para saber si acaso una sociedad está prosperando como un todo, las medidas vigentes tienden sólo a reflejar las ganancias conseguidas por los ciudadanos más ricos.

Agricultura. La agricultura en particular es un área que requiere de atención urgente. Así como Mao se concentró en los campesinos para que fuesen la columna vertebral de su movimiento de reforma en China, el Marxismo Orgánico alienta la combinación de sabiduría ancestral con las nuevas técnicas agrícolas a fin de alcanzar justicia social y ambiental. Algunas técnicas, tales como los huertos familiares, cultivos orgánicos y producción local de alimentos, han sido la norma durante milenios. El abuso de pesticidas y el transporte de alimentos a lo largo de grandes distancias es algo que comenzó a dominar sólo en el siglo XX. Además, fue únicamente a partir de la Revolución Industrial que los capitalistas decidieron aplicar patrones industriales a la agricultura con resultados desastrosos para la preservación del suelo, rotación de cultivos, simbiosis entre plantas y, sobre todo, para las tradiciones culturales del planeta que dependían de comunidades de pequeños agricultores.

Los problemas creados por esas prácticas comenzarán a atenuarse a medida que comencemos a regresar a modelos más tradicionales para el sector agrícola. Organizaciones como el *Agricultural Sustainability Institute, el Land Institute y el Sustainable Agriculture, Biodiversity and Livelihoods Programme of the International Institute for Environment and*

Development (IIED) han traído avances significativos en la ciencia de una agricultura sustentable[266]. Uno de los pioneros en este campo es Wes Jackson. Libros tales como *New Roots for Agriculture; Rooted in the Land: Essays on Community and Place* y *Nature as a Measure* echan las bases para prácticas agrícolas sustentables, explicando métodos tradicionales de agricultura a mediana escala, tales como la rotación de cultivos y métodos biológicos de control de plagas[267]. En ellos resuena la profunda sabiduría que fue para los seres humanos sentido común hasta la Era Industrial. Por ejemplo, Jackson muestra a los lectores cómo "consultar al genio del lugar", aprendiendo de la tierra y de los ecosistemas, trabajando con ellos de modo armonioso y no en virtud de la dominación[268]. Otros autores han seguido las sugerencias igualmente específicas de Dean Freudenberger, que ofrece políticas concretas que incluyen rotación de cultivos, siembra sin arar y el uso de plantas que fijan nitrógeno al suelo[269]. Algunos retos relativos a la agricultura requerirán de nuevas investigaciones. Por ejemplo, la *Yunnan Academy of Agricultural Sciences* ha estado trabajando en el desarrollo de una variedad de arroz perenne que permitiría a los agricultores cosechar de una misma siembra durante muchos años. Actualmente, las variedades de arroz anual dejan que la lluvia erosione el suelo y cuele los nutrientes[270]. Aún cuando el arroz perenne no está todavía disponible para uso en agricultura a gran escala, representa un desarrollo promisorio que necesita ser apoyado y estimulado con las políticas correspondientes. Pero los avances técnicos por sí mismos no bastarán mientras la agricultura comercial continúe anulando a los agricultores y separándolos de los frutos de su trabajo. Las prácticas y aldeas agrícolas tradicionales ofrecen opciones concretas para una agricultura sustentable postmoderna.

Manufactura. El Marxismo Orgánico también podría sugerir nuevos métodos de manufactura. El antiguo modo en que las sociedades humanas producían cosas era mediante un artesano que creaba manualmente cada cosa individual. Con el surgimiento de la industrialización los artesanos fueron reemplazados por operarios de montaje, lo que implicaba —como Marx comprendió— que los trabajadores no poseían los medios de producción y estaban alienados de su labor. Es imposible, obviamente, regresar a una sociedad pre-industrial. Y sin embargo hay cosas que una sociedad postmoderna podría aprender al considerar las características de la relación que tiene un artesano con su trabajo, incluyendo técnicas para inculcar destreza y amor propio, identificación con el trabajo de uno mismo, distintivos regionales e incluso exclusividad individual en la elaboración de productos. Inevitablemente, se irá volviendo necesario en una medida cada vez mayor que la manufactura se realice localmente, para reducir la dependencia de combustible fósil consumido en el transporte. Este ajuste implicará un rango más limitado de productos disponibles. Lo cual ya es cierto en muchos países del mundo, y no es para nada evidente que tener menos opciones de compra reduzca la calidad de vida de un ciudadano promedio. Como lo señala Cobb:

> La mayoría de nosotros los norteamericanos tenemos más bienes de los que necesitamos. Nuestro problema es almacenarlos o vaciar nuestros armarios para hacerle espacio a los nuevos. Esta avalancha de bienes reemplazó una situación en que la mayoría de las cosas que la gente realmente necesitaba era producida a mano. Hoy, el trabajo manual es más bien un hobby que una ocupación primaria, pero sería muy bienvenido el retomar esa dirección. Si el trabajo manual fuese valorado y sus productos ventajosamente vendidos, el desempleo dejaría de ser un problema de proporciones. Usaríamos menos recursos y poseeríamos menos bienes, pero lo que obtuviésemos nos granjearía una satisfacción mayor y su producción sería algo creativo en vez de una rutina[271].

Gestión. Desde la perspectiva actual, uno puede ver más claramente lo que Marx exigía: limitar el dominio del capital (en parte mediante la redistribución del poder, en parte mediante la edificación de estructuras sociales sobre un conjunto de valores más profundos). Naturalmente, es más fácil dirigir un negocio si uno elige no tomar en cuenta la calidad de vida de los trabajadores (además de que las ganancias de los dueños serán mayores también). Similarmente, la gestión es más simple cuando uno asume que los recursos naturales son ilimitados y no incluye el impacto ambiental entre los costos de operación reales. La aproximación estándar para hacer crecer el capital ha sido limitar la economía —en este caso, la razón ganancia/pérdida— a efectos de corto plazo, haciendo oídos sordos a los costos de operación de largo plazo y más profundo impacto. En contraste, una gestión sustentable es más desafiante, porque exige asumir una perspectiva sistémica u holística y administrar en vista de beneficios sociales y ambientales de largo plazo[272].

"Socialismo de mercado": reformas dentro del modelo de base capitalista. La literatura está repleta de reformas sociales cuyos defensores creen viables dentro del modelo económico capitalista[273]. Algunos defienden que la propiedad total de las compañías sea de los trabajadores; otros, como Pat Devine, que haya una propiedad compartida entre los trabajadores y

> sus clientes, proveedores y representantes de las comunidades locales y del comité de planificación[274].

Ambas opciones retienen el marco estructural de la competencia capitalista limitándose a una mera modificación de los cánones de propiedad. Otros académicos sugieren que las corporaciones sean repensadas de un modo más democrático y participativo. En el modelo de "economía participativa" de Albert y Hahnel, por ejemplo, el poder es compartido (y los precios se definen) mediante una especie de equilibrio alcanzado entre asambleas de trabajadores y asambleas de consumidores[275]. Un modelo adelantado por John Roemer en *A Future for Socialism* retiene algo como las "participaciones" en las sociedades pero impide que se conviertan en dinero efectivo: sólo pueden ser transadas con otras participaciones[276]. Esos y otros modelos similares proponen concesiones entre el mercado y las economías socialistas. Nos preocupa el alcance de las concesiones que se están invocando. Es crucial seguir la pista de las relaciones de poder efectivas. La ideología de una firma o cultura puede aparentar que todos sus empleados cuentan, cuando de hecho los que toman las decisiones son un número muy pequeño de personas (esto es, el directorio). Una de las señales de que realmente se comparte el poder es cuando el cálculo del valor se determina sobre la base del trabajo. Po ejemplo, Cockshott y Cottrell sostuvieron veinte años atrás que era posible calcular el valor de trabajo de los productos y luego ajustar los precios al valor del trabajo en el largo plazo. Con los avances actuales en computación, software y manejo de bases de datos, su tesis se ha vuelto hoy incluso más plausible[277].

La banca: crédito, no capital. Abolir el sistema bancario vigente es el primer paso para alcanzar una genuina economía socialista. Las naciones capitalistas actuales se han vuelto completamente dependientes de los grandes bancos: instituciones privadas cuya única meta es el lucro. Y puesto que gozan del poder para crear capital mediante préstamos y trasladar libremente sus ganancias a través de las fronteras, ese tipo de bancos lleva hoy a cabo funciones que, en otro tiempo, estuvieron sólo reservadas a los gobiernos.

En una serie de artículos, John Roemer ha propuesto un sistema económico basado en el crédito. Ya que en su propuesta las "participaciones" en las sociedades no pueden ser convertidas en dinero efectivo, no pueden utilizarse para aumentar el capital. En vez de eso, serán bancos de propiedad pública quienes proporcionarán el crédito para los negocios[278]. Deberían ser

> bancos públicos que no pudieran transformarse en bancos comerciales, esto es, adquirir un interés en el capital de instituciones financieras y no financieras, según explica Andréani[279].

Y como lo reafirma Roemer en *A Future for Socialism*:

> Las ganancias del banco (incluida su participación en las ganancias de las compañías de su grupo) volverían en gran parte al gobierno para ser invertidas en bienes de utilidad pública, servicios de salud, educación, etc. y esto constituiría una parte del consumo ciudadano de ganancias sociales[280]

En efecto, la propuesta de Roemer trata a los bancos como empresas de servicio. Muchas naciones capitalistas establecen diferentes reglas para las grandes áreas de servicio porque lo que proporcionan es indispensable para la sociedad; por ejemplo, agua, gas natural y electricidad. Esta propuesta asume que ofrecer crédito a las empresas es algo debería ser hecho en interés público. Algunos teóricos prefieren la idea de que las reformas bancarias deberían emprenderse lentamente, sobre las bases capitalistas actuales. Por ejemplo, Thomas Weisskopf ha sugerido que los bancos privados podrían ser parte de una forma de socialismo de mercado con "base empresarial"[281]. Marc Fleurbaey también apoya una forma híbrida de libre empresa, basada en créditos más que en capital. Los bancos, propone, podrían continuar en manos de privados pero deberían estar mucho más constreñidos respecto de los negocios que pudieran emprender. En cierto modo la propuesta de Fleurbaey suena al viejo modelo de "ahorro y préstamos" norteamericano: las familias depositan efectivo en los bancos que a su vez realizan préstamos a los hogares y extienden su crédito a las empresas[282]. De modo similar, Tony Andréani permitiría que los bancos fuesen gestionados privadamente y que compitieran entre sí, ya que sería suficiente que estuviesen bajo el alero de un

> fondo de financiamiento nacional que asignara montos crediticios a los bancos dependiendo de la calidad de su gestión (gestión cuyo rasero es siempre la maximización de la renta del trabajo) (…) esta forma descansa en consecuencia en una piedra angular pública: todo préstamo de capital está en última instancia centralizado y es asignado por el fondo. Además, el modelo comprende la supervisión del mercado del trabajo[283].

Tal como en los modelos precedentes, Andréani cree que una economía impulsada por el crédito puede ser planificada centralmente (aunque indirectamente) a fin de evitar los excesos del sistema actual de Occidente, donde gigantescos bancos animados por el lucro controlan los destinos de sociedades completas. Por otro lado, afirma que las economías centralmente *gestionadas* son menos eficientes y carecen de un nivel de respuesta adecuado. En contraste, la planificación es

> el espacio privilegiado de las decisiones democráticas, el lugar donde se realizan en implementan opciones sociales cruciales referentes a la jornada de trabajo, al equilibrio entre consumo e inversión, tramos de ingreso, programas prioritarios, etc.[284]

La planificación centralizada sin gestión centralizada también permite el surgimiento de economías y empresas locales, lo que traerá los mismos tipos de ventaja que la agricultura local, los huertos familiares y las pequeñas comunidades. Nosotros, empero, somos menos optimistas en cuanto a alcanzar el nivel de reformas necesario en lugares como los Estados Unidos, sin desafiar primero el control dominante de un pequeño número de individuos extremadamente ricos y el de las corporaciones que sirven a sus intereses. La evidencia de los últimos veinte años —especialmente el colapso financiero global de 2008 en el que los abusos de la banca jugaron un rol central— aportan evidencia contra la visión optimista de que los extremadamente ricos limitarán voluntariamente sus ganancias y actuarán en interés de las clases más desposeídas. Cualquier reforma real tendrá que alejarse de la esfera del control del capital y de aquellos que concentran la mayor cantidad de él. Tales reformas son imposibles sin un rediseño radical del sistema bancario. En particular, somos escépticos respecto a que los bancos autogestionados vayan a escoger aumentar graciosamente el ingreso laboral. Más atractiva es la sugerencia de David Schwieckart de que los bancos funcionen como

> cooperativas de segundo grado, dirigidas por representantes de sus empleados, de los inversionistas y de sus clientes empresariales (en su modelo, como en el Roemer, los bancos deberían ser) instituciones públicas, financiadas con los impuestos, cuyos miembros fuesen servidores públicos interesados únicamente en aportar beneficios[285].

Sólo creados de este modo podría uno esperar que promoviesen genuinamente bienes sociales, tales como la creación de trabajo e inversión sustentable. Los bancos movidos por el afán de lucro simplemente no están interesados en servir al bien público.

14. ¿CÓMO SE VE UNA CIVILIZACIÓN ECOLÓGICA?

¿POR QUÉ CREEMOS EN LA POSIBILIDAD
DE UN CAMBIO POLÍTICO?

UN RASGO BÁSICO DE LA EXISTENCIA HUMANA es organizarse en sistemas sociales. Entre los más significativos están los sistemas políticos: las estructuras formales en virtud de las cuales los seres humanos se gobiernan o son gobernados por otros.

Las decisiones acerca de los sistemas políticos jamás se toman en el vacío. Reflejan las creencias y valores de un grupo de personas (ciudad, Estado o nación), se ven influenciadas por lo que la gente ve en un momento dado como opciones factibles y son en gran medida determinadas por qué personas y qué ideas tienen poder. El poder se manifiesta de muchas maneras, incluyendo riqueza, ejércitos, posesión de la tierra y control de las grandes instituciones públicas y privadas. La historia muestra que es muy raro que la gente con poder escoja compartirlo con quienes no lo tienen. Y pese a la gran cantidad de sistemas políticos diferentes existentes hoy en el mundo, en la mayoría de ellos, quienes tienen el poder lo ejercen en gran medida en beneficio propio. Algunos de ellos son estados comunistas; otros, eligen partidos socialistas que acceden al poder de cuando en cuando, y la mayoría está pura y descaradamente basada en supuestos capitalistas, tal como Estados Unidos. Pero lo que todos comparten en común es que sus políticas vigentes tienden a favorecer los intereses de aquellos que concentran la mayor cantidad de poder. *Pero si los poderosos rara vez renuncian al poder, ¿por qué debería uno creer que las reformas son posibles?* Karl Marx es famoso por defender metas más altas y más nobles que las mantenidas por los sistemas políticos basados en el capital. En la situación que soñó, los individuos no ejercerían el poder para su propio interés; cada uno contribuiría con lo mejor de sus capacidades y los recursos serían compartidos a través de la sociedad por vías que servirían de la mejor manera al Bien Común.

Es hora, aquí al final de nuestro libro, de ser francos. A la luz de los hechos históricos que acabamos de compendiar, no creemos verosímil que los capitalistas vayan a apoyar de buen grado un sistema socialista. Las grandes masas del planeta ya saben que los "super-ricos" son egoístas y que lo justo sería una retribución más equitativa de la riqueza. Pero, ¿qué podría compelerlos a soltar su poder y riqueza en interés de promover un bien mayor?

Estamos convencidos de que la inminente catástrofe ambiental aportará el catalizador necesario. La experiencia muestra que es usualmente insensato apostar contra modelos científicos bien establecidos cuando están apoyados por el consenso de la comunidad científica (durante las décadas y centurias pasadas han sido a menudo los creyentes religiosos quienes han apostado contra la ciencia…y generalmente han perdido la apuesta). Los modelos científicos concuerdan en que el cambio climático inducido por la humanidad forzará, y finalmente quebrará, las estructuras sociales y políticas de las que dependen actualmente los seres humanos. Si estos bien establecidos modelos científicos son certeros —y generalmente lo son— el cambio se avecina…estemos listos o no para encararlo.

La humanidad puede reaccionar de tres modos diferentes. Una posibilidad es que esta crisis —la primera crisis global real que jamás haya enfrentado nuestra especie— saque a luz lo peor de ella. De ser así, los poderosos usarán su poder para protegerse, sin importan cuántos salgan perjudicados. Las naciones opulentas se valdrán de su tecnología y riqueza para alimentar y proteger a sus ciudadanos acaudalados repeliendo con ejércitos y bombas a los millones de hambrientos que se acerquen a sus fronteras. Las decisiones serán miopes y egoístas. Los animales, la naturaleza y los pobres sufrirán al máximo. Mucha gente morirá y otras tantas especies se extinguirán. Por desgracia, de servir de algo la historia humana, este es el escenario más probable.

Hay, sin embargo, dos otros posibles. A medida que el colapso civilizatorio esté cada vez más cerca y quienes detenten el poder comiencen a darse cuenta de que no va a ocurrir ningún milagro, es posible que la crisis global saque a luz el lado más noble de los poderosos y los haga usar su riqueza e influencia en aras del planeta y sus habitantes. Incluso si sus motivaciones no son puramente altruistas, puede ser que los capitalistas y las corporaciones sientan la presión para responder constructivamente a la crisis, tal como a veces lo hacen los gobernantes benevolentes.

Finalmente, es posible que las masas vean que los ricos se están protegiendo y abandonando al resto, y se rebelen contra esa actitud. Al darse cuenta que se están convirtiendo en las víctimas de la catástrofe, puede que se vean motivados a actuar en conjunto en aras de su interés común: "Dado lo numerosos que somos, podríamos de verdad cambiar el sistema a condición de que estemos unidos para la acción". Cuando el ojo del huracán se nos venga encima, es muy posible que el 99 % se convierta en semilla de cambio revolucionario.

NUNCA ES DEMASIADO TARDE

En 1972 John Cobb publicó un libro titulado *Is It Too Late?*[286] Dada la evidencia de destrucción ambiental que ya estaba emergiendo en 1960, Cobb preguntó proféticamente:

> ¿Es acaso demasiado tarde para que los seres humanos reviertan la situación y comiencen a construir una civilización ecológica?

Aunque el libro fue publicado hace más de cuarenta años, es claro que la humanidad no ha revertido la situación.

Noam Chomsky, uno de los más conocidos y francos críticos de la política exterior norteamericana, expuso recientemente frente a audiencias multitudinarias en una gira por Asia. Una de sus conferencias llevaba como título "Democracia Capitalista y Perspectivas de Supervivencia". Durante una pausa, se le preguntó cómo respondería a la pregunta que encabezaba su conferencia: ¿Cómo ve las perspectivas para el planeta si el capitalismo continúa dominando las interacciones humanas? La réplica de Chomsky fue inequívoca: "La respuesta rápida es: *sombrías*". Si cuatro décadas atrás era *casi* "demasiado tarde", ¿no es obvio que hoy *ya* es demasiado tarde?

La respuesta es no; nunca es demasiado tarde. *Es* demasiado tarde, por supuesto, para detener el cambio climático, el derretimiento de los glaciares, el aumento del nivel de los mares, la extinción de varias especies y la muerte de muchas personas como resultado de lo que se avecina. *Pero no es demasiado tarde para echar las bases de un nuevo tipo de civilización.* Con cada año que pasa, más y más gente se da cuenta de que los seres humanos construyeron en la era moderna un modo de vida insostenible para este planeta que está comenzando a derrumbarse a nuestro alrededor. Captar este hecho es reconocer la necesidad que tenemos de comenzar a edificar un nuevo tipo de sociedad. El tiempo de colocar los cimientos para una civilización diferente es *ahora*.

¿CÓMO SE VE UNA CIVILIZACIÓN ECOLÓGICA?

La antigua sabiduría china conocida como Taoísmo es famosa por su énfasis en la armonía. La naturaleza consta de intereses en pugna, de fuerzas que tironean en distintas direcciones. El sabio es el que reconoce que las ideas contrapuestas no necesitan excluirse mutuamente. Reconociendo en ellas dimensiones complementarias de la única Vía, el taoísta busca aproximaciones que dejen a las diferentes perspectivas trabajar en conjunto de modo fructífero.

La sabiduría del Tao contrasta con el "sentido común" de la modernidad, que consistentemente convierte a ideas complementarias en filosofías (religiones, naciones) que están en guerra unas con otras. La noción de "propiedad privada" nos brinda un ejemplo excelente. Para John Locke y Adam Smith, la propiedad es el fundamento de la interacción humana y protegerla es la piedra angular del Estado. Pero para su oponente de la Ilustración Francesa, Rousseau, la propiedad privada era el equivalente social del concepto cristiano de pecado original, el momento en que irrumpieron todo tipo de males y se trastocó la armonía natural de la humanidad:

> El primer hombre a quien, cercando un terreno, se lo ocurrió decir esto es mío y halló gentes bastante simples para creerle fue el verdadero fundador de la sociedad civil ¡Cuántos crímenes, guerras, asesinatos; cuántas miserias y horrores habría evitado al género humano aquel que hubiese gritado a sus semejantes, arrancando las estacas de la cerca o cubriendo el foso: "Guardaos de escuchar a este impostor; estáis perdidos si olvidáis que los frutos son de todos y la tierra de nadie"![287]

Durante los siglos que siguieron, los seguidores de ambos bandos fueron criticándose con mayor intensidad hasta llegar a posiciones extremas. El socialismo quedó identificado con la negación de toda propiedad privada y el neoliberalismo quedó identificado con la negación de los servicios sociales, incluso a los más necesitados. Si volvemos nuestra mirada al Tao, a la vía media, en este debate, no necesitamos exigir un comunismo total en el que a nadie se le permite tener nada. La deriva humana hacia la propiedad y la competencia no es inherentemente mala, son sus excesos los que necesitan ser restringidos.

Considere otro ejemplo. Muchos en Occidente reconocen los daños causados por el consumismo y el individualismo extremo: la injusticia, la destrucción medioambiental. Es gente que apoya reformas radicales, incluyendo cambios al sistema mismo, pero se les ha enseñado que la única alternativa es una forma de comunismo violenta y abusiva: la que el mundo contempló durante los años más negros de la dictadura de Stalin o en los abusos de la Guardia Roja China. ¿Por qué deberían continuar los debates formales como si sólo existieran esas dos posibilidades? Al exigir una elección forzada entre dos variantes extremas, los líderes de Oriente y Occidente nos han dejado acorralados. Es imposible que podamos echar las bases de un nuevo tipo de organización social (y global) a menos que pongamos en tela de juicio los supuestos sobre los que se han edificado estructuras viciadas. El primero de todos los supuestos que hay que eliminar es la creencia impuesta al mundo por la modernidad de tener que escoger en todos los casos entre dos opciones mutuamente excluyentes: capitalismo *o* socialismo de viejo cuño; individualismo *o* comunismo; riqueza ilimitada para el poderoso *o* abolición de la propiedad privada; seres humanos *o* naturaleza. Hemos impugnado tal supuesto a todo lo largo de este libro. Si hay alguna esperanza de un giro postmoderno, tal como los postmodernistas constructivos creen, yace en las renovadas aperturas de las *soluciones híbridas*. Por ejemplo, tal como la mayoría de los profesores occidentales de filosofía, debatimos en nuestras clases entre "individualismo" o "comunismo" y escribimos *papers* defendiendo una posición contra la otra. ¿Por qué los profesores las tratan como opciones excluyentes?, ¿no es acaso una *comunidad plena de sentido* una respuesta al vacío del aislamiento individual creado en las grandes ciudades del mundo?, ¿no debería ser nuestra meta explorar nuevas posibilidades para vivir creativamente en comunidad unos con otros?[288] Las sociedades capitalistas modernas han acarreado el colapso de la comunidad aldeana, los clanes de parentesco y la familia extendida. Hoy, cada vez menos niños crecen en familias nucleares intactas. Nuestro tecnologizado estilo de vida y el ritmo que impone ha ido reduciendo las oportunidades de una significativa interacción cara a cara. La gente también siente la falta de encuentros profundos con la naturaleza y otras especies.

El Marxismo Orgánico no es entonces sólo una filosofía económica y política; es también una respuesta a ese anhelo de comunidad entre nosotros y con la naturaleza. Por supuesto, los tópicos de la riqueza, el poder o la injusticia no van simplemente a desaparecer; habrá que enfrentarlos. Tampoco enfatizar la comunidad es por sí mismo una respuesta. El capitalismo crea "comunidades" de consumidores a fin de que las campañas de marketing puedan dar en el blanco con más eficiencia. Elegir libremente entre los productos y el "estilo de vida" que las empresas ofrecen a su comunidad no causa ningún cambio fundamental al sistema, sólo incrementa las ganancias corporativas. Tal como destaca Joerg Rieger (en correspondencia personal), uno puede elegir pertenecer al Rotary Club o a una comunidad cerrada. En la práctica, ese tipo de comunidades refuerza las diferencias de clase y el *status quo* más que socavarlos[289]. Pero aun así, la idea de que la gente y el medioambiente puedan reunirse de nuevo no es un sueño romántico; es un ansia básica que brota de la naturaleza de nuestra especie. Buscamos participar en comunidades vibrantes y orgánicas porque los humanos somos animales sociales; buscamos experiencias gratificantes de trabajo porque nos actualizamos a nosotros mismos a través de lo que hacemos; buscamos expresión creativa y artística porque es propio de nuestra naturaleza el soñar con un mundo mejor al que vemos en torno nuestro.

MARXISMO ORGÁNICO: UNA TERCERA VÍA

En esta exploración hemos tratado de examinar los recursos de la filosofía de Karl Marx con ojos nuevos, postmodernos. Tal como Tom Rockmore en su famoso *Marx after Marxism*, tampoco aceptamos que la historia del marxismo sea la última palabra sobre Marx. Rockmore insiste en que la mayoría de las filosofías contemporáneas

> son pobres en comparación con la teoría marxista de la sociedad moderna. En este respecto, Marx es obviamente un genuino gigante, el autor de la más impresionante teoría comprensiva del mundo moderno de que podamos disponer. Una teoría que, pese a sus muchas deficiencias, no tiene seria competencia (…) Marx fue el primero en ofrecer un marco teórico creíble para entender la vida moderna como un todo. En esto, no tiene rivales: no hay otra teoría de tamaño y alcance similares con la que pueda compararse[290].

Al igual que Rockmore, no hemos tratado al marxismo como un "sistema cerrado" sino como un "sistema abierto". Leído con este espíritu de apertura, muchos detalles del análisis de Marx nos increpan más vivamente hoy que en el pasado: ¿Qué significa distribuir la riqueza y el poder con justicia?, ¿por qué el 1 % se vuelve más rico mientras el 99 % se vuelve más pobre?, ¿cómo se puede acortar la trágica brecha entre valor de uso y valor de cambio?, ¿por qué el capitalismo está conectado con la devastación ecológica? etc. En particular, y según hemos visto, la reformulación ecológica de los principios marxistas abre puertas a perspectivas contemporáneas que uno no encuentra en otros sistemas. Los análisis marxistas de ecología social, tales como los ahora clásicos argumentos presentados por Murray Bookchin en *Remaking Society: Pathways to a Green Future*, demuestran por qué los patrones de dominación de clase tienen que ser corregidos simultáneamente con la dominación de la naturaleza[291].

Hablamos de una "tercera vía" porque esta fusión de socialismo y principios ecológicos no es idéntica al marxismo clásico. Las políticas del Marxismo Orgánico no se centran en descomunales industrias estatales ni buscan eliminar toda propiedad privada, pequeñas industrias familiares o el intercambio mercantil. Recuerde que uno de los sistemas socioeconómicos más orgánicos habidos en toda la historia de la humanidad fue la pequeña comunidad agrícola, que combinaba una producción centrada en la familia y los mercados locales con altos niveles de cooperación y colaboración en aras de toda la comunidad.

Tres características en particular distinguen a esta vía media: (i) El Marxismo Orgánico aboga por la (re)emergencia de los sistemas híbridos, con la adquisición de riqueza constreñida según necesidades sociales; (ii) apoya la existencia de propiedad privada dentro de los límites fijados por la capacidad de sustentación del planeta, lo que significa que los valores y las restricciones se basan en el Bien Común comunitario y planetario y (iii) avala sistemas educacionales —a nivel primario, secundario y superior— que inculquen conocimiento y valores que reflejen necesidades ecológicas y demandas de justicia. Desde el momento en que esos tres principios compendian nuestras conclusiones centrales, cada uno merece un grado de elaboración en estas páginas conclusivas:

(1.) *La emergencia de los sistemas híbridos.* En capítulos anteriores hemos dado nuestro respaldo a un sistema híbrido en el que los mercados estén estructurados para estimular la prosperidad en todos los niveles: colaboraciones locales, asociaciones regionales y la comunidad global. Ni una de las dos formas económicas "puras" —capitalismo y socialismo puros— ha beneficiado consistentemente a esos tres niveles. Uno tiene el deber de reconocer que, históricamente, las ineficiencias de las economías completamente socialistas no produjeron beneficios adecuados para sus ciudadanos. Es obvio, el nivel de corrupción en economías tales como la de antigua Alemania Oriental o la de Corea del Norte no va en interés del pueblo. Tales economías, sugerimos, serán reemplazadas en escala cada vez mayor por sistemas híbridos que combinen actividades lucrativas con regulaciones diseñadas para prevenir la corrupción, el daño medioambiental y la desenfrenada adquisición de riqueza por parte de un pequeño número de ciudadanos. Gestionar modelos socioeconómicos híbridos requiere una perspectiva de "sistemas abiertos". La hibridez es un rasgo distintivo de múltiples sistemas imbricados e interdependientes: humanos y no humanos, económicos y culturales y, por supuesto, de mercado y regulatorios. Mientras que el marxismo de la Era Industrial fue sinónimo de colosales economías estatales de administración centralizada, el Marxismo Orgánico se adapta a la Era de la Información. Aquí el foco se desplaza a comunidades de pequeña escala, sistemas microeconómicos y planificación basada en capacidades. En los sistemas deterministas, los directivos buscan controlar las salidas del sistema mediante intervenciones dirigidas. En cambio, en los así llamados sistemas caóticos, los directivos (incluido el Estado) co-participan en sistemas evolutivos imposibles de controlar o predecir completamente por nadie[292].

(2.) Más allá de la dicotomía público-privado. Los debates de teoría política han tendido a priorizar como su foco primario ya sea al sector público o al privado. Unos, buscan ampliar el reino de lo que consideran privado y ponerlo a resguardo del escrutinio público (liberales, neoliberales); otros, intentan proyectar los valores familiares al exterior e imponerlos a la nación como un todo (la derecha religiosa). Como marxistas orgánicos sostenemos que ninguna de esas tendencias aporta la solución. En un planeta en peligro uno debe preguntarse cómo *los valores del todo* pueden guiar la toma de decisiones individual y familiar, y uno necesita explorar cómo las estructuras de apoyo de la familia y la comunidad del lugar pueden ayudar a construir una autonomía local y regional. A lo largo de la historia humana, la respuesta típica a esas cuestiones han sido las pequeñas economías aldeanas de tradición rural.

En esta "vuelta a Marx", los estudiosos han investigado y presentado los valores y compromisos expresados a lo largo de su obra; por ejemplo, su descripción del capitalista, del burgués y del proletario. A causa de los estándares de "cientificidad" (*Wissenschaflichkeit*) imperantes en su tiempo, Marx estaba convencido que todos los valores debían estar basados en estudios socioeconómicos e históricos objetivos. Esta convicción típica de la modernidad lo llevó a minimizar el importante rol transformador de los valores en culturas específicas, enfatizando al contrario las leyes universales de la lucha de clases. Son esas convicciones las que han puesto en riesgo la efectividad de los movimientos marxistas previos, ya que les impidió su pleno engaste cultural. Jamás subestime el poder de los relatos originarios y de los textos clásicos para desafiar al *status quo* y promover el cambio.

En otras palabras, el Marxismo Orgánico significa engastar el sueño de Marx de una sociedad igualitaria en el contexto orgánico de un pueblo y cultura dadas. Oponga este enfoque a las tendencias neoliberales de la sociedad norteamericana. Los neoliberales limitan el "interés público" para proteger la vida, la libertad y la propiedad de los ciudadanos trasladando las preocupaciones acerca de la calidad de vida y valores más profundos a la esfera privada[293]. El problema es que tales valores son la argamasa que mantiene unida a la sociedad, llevando la atención más allá del interés individual hasta los intereses de la comunidad como un todo. Tal como lo reconoció Michael Walzer, las naciones no pueden sobrevivir sobre una plataforma de valores "delgada"[294]. Muchos de los valores que nos sostienen han nacido en el hogar y desde la Tierra, están capturados por las creencias religiosas folklóricas de los pueblos y han sido nutridos por las artes y la literatura. El trazar líneas divisorias absolutas entre lo privado y lo público impide que los valores medulares de un pueblo fluyan hacia sus instituciones públicas y nutran y guíen sus debates en un espacio abierto.

Un trazado demasiado agudo de estas líneas también bloquea los valores públicos o nacionales, sin dejarles ejercer su poder transformador sobre individuos, familias y comunidades. Desde 1980 los Estados Unidos, y otras naciones desarrolladas más recientemente, han comenzado a ver una generación de profesionales jóvenes —algunos de los ciudadanos más dotados y mejor educados del país— que escogen sus carreras basándose puramente en las ganancias que van a conseguir (ésta fue la clase de gente responsable de la crisis financiera global del 2008). Bajo una ideología neoliberal, obviamente, esto era de esperar: la decisión de escoger una carrera es una decisión "privada", relevante sólo para el individuo, sus amigos y su familia. Pero sucede que en un momento de trastorno climático global y de prácticas económicas no sustentables, los tópicos de la carrera y el estilo de vida dejaron de ser puramente privados. No sólo los gobiernos necesitan adoptar una visión sistémica u orgánica frente a la situación global; los ciudadanos individuales, especialmente los de alto nivel educacional y profesional, deben hacerlo por igual. Cuando uno concede este punto, las acaloradas disputas acerca de la propiedad y la propiedad privada ya comienzan a verse diferente. Una sociedad gana con una esfera privada sana y con niveles razonables de propiedad privada. Pero adquirir y afanarse por posesiones labora para el Bien Común únicamente en el contexto de valores cívicos compartidos. Los individuos sólo pueden florecer cuando todo el sistema florece.

(3.) Más allá de una educación avalórica. No hay área que represente más claramente la fusión entre intereses públicos y privados que la educación. No es coincidencia que en países dominados por el capitalismo y las estrategias neoliberales, las universidades se hayan vuelto avalóricas. Los individuos procuran obtener la mejor educación para sí mismos; a su vez, las disciplinas son responsables de sus propios estándares de excelencia pero no de valores "externos"; luego, el mundo de los negocios profita del conocimiento y la tecnología producidos por las universidades y, finalmente, los comercia a su propia conveniencia.

Por supuesto, las universidades jamás han sido realmente avalóricas. Las mejores universidades británicas entrenaron y socializaron a los servidores del Imperio quienes, en su momento, miraron hacia atrás a Oxford o Cambridge como los lugares de su período formativo para el liderazgo nacional. Los programas de artes liberales de las universidades norteamericanas enseñaron el "canon" de los textos clásicos, que impartieron no sólo un sentido acerca de qué constituye la excelencia en el escribir, sino también claras afirmaciones respecto a los valores según los cuales uno debería vivir (las universidades norteamericanas estuvieron más cerca de Confucio de lo que admiten). La crisis creciente de la educación superior norteamericana se inició cuando comenzaron a ser atacados aquellos cánones de conocimiento y valores que todo ciudadano educado *debía tener*. Ahora, los funcionarios gubernamentales buscan maneras más baratas de entrenar a los trabajadores en las técnicas del mercado, por ejemplo, mediante la obtención de grados profesionales on-line. Para muchos, la formación valórica se ha convertido en algo demasiado caro y ha sido eliminada.

El Marxismo Orgánico aboga por un sistema educacional —a nivel primario, secundario y universitario— que inculque conocimiento y valores que sean consistentes con la continuación de la vida en la Tierra y con modos justos de distribución de los recursos y las oportunidades. A todo nivel, desde la niñez hasta la edad adulta, la educación no puede dejar de inculcar valores, ya sean explícitos o implícitos. Al pretender ser avalóricas, lo que muchas universidades occidentales hacen de hecho es fomentar los valores de la competencia, el nacionalismo y el libre mercado. La mayoría reconoce que hoy el planeta necesita ciudadanos globales y no individuos movidos puramente por los intereses de su comunidad particular o nación, o por el deseo de obtener beneficio personal. En este sentido, uno de los cambios necesarios más urgentes en Occidente es una reforma universitaria encaminada en esa dirección; el impacto de la vida universitaria fija valores para la vida y el trabajo de las personas, no sólo en los primeros años de sus carreras sino a lo largo de casi toda su vida adulta. Los estudios continúan mostrando que los individuos que gozan de una formación sólida en artes liberales —esto es, entrenados en pensamiento claro, buena redacción y reflexión basada en valores— son los que más verosímilmente escalarán a las posiciones más altas durante el curso de sus carreras. Si las raíces de una civilización ecológica no crecen durante los años universitarios, es muy poco probable que lo hagan más tarde. Es claro que no se necesita de un adoctrinamiento superficial (que a menudo acarrea un efecto contrario al perseguido). Mucho más provechoso es implementar reformas educacionales basadas en el fomento de una profunda reflexión en torno a valores y en cómo ellos pueden influenciar las acciones consecuentes. Se requiere reformas de largo plazo si la educación ha de aportar una rica base de *valores compartidos* para los ciudadanos globales del futuro.

En cada una de estas tres importantes áreas, el Marxismo Orgánico se presenta claramente como una tercera vía. No se trata de un retiro romántico a un pasado primitivo ni de una postura anti-tecnológica que arrebata a la humanidad las herramientas que necesita. Pero de ninguna manera avala el consumismo desenfrenado y la ganancia personal como las únicas motivaciones posibles. Si hay algo que sorprende al reflexionar, es cómo hemos reducido el rico rango de opciones complementarias sólo a dos competidores antagónicos. La alternativa real al consumismo, por ejemplo, es sacar a luz un conjunto de valores sociales más profundos —valores orgánicos— que lo vinculen a uno de nuevo con el terruño, la naturaleza y con aquellas tradiciones culturales que alientan a aquellos valores. De modo similar, la alternativa real al individualismo radical es el redescubrimiento de una comunidad vibrante y transformadora.

CONCLUSIONES FINALES

Vivimos en una era en que, incluso en culturas de gran tradición comunitaria como China o India, dominan formas de individualismo cada vez más fuerte. Este incesante foco en el individuo es un subproducto de la nueva dominación global del capitalismo y consumismo occidental. En palabras recientes del *Worker's Vanguard*:

> Reduciendo la relación humana con la naturaleza sólo a términos de posesión individual (a pesar de todo su progreso tecnológico), el capitalismo equivale así no tanto a desarrollar plenamente las necesidades y poderes humanos en relación a los poderes de la naturaleza, sino a alienar a la naturaleza de la sociedad para desarrollar una relación unilateral y egoísta con el mundo[295].

El Marxismo Orgánico representa una fuerza de resistencia importante contra el individualismo y consumismo radicales, ya que coloca un poderoso énfasis en la importancia de las comunidades, al interior de las cuales la identidad individual y la resistencia al *status quo* son estimuladas, cultivadas y desarrolladas. La comunidad existe a niveles muy diferentes: familia, escuela, trabajo, agrupaciones deportivas, aldeas, pueblos, ciudades, provincia, nación. La naturaleza comunitaria en cada uno de esos niveles específicos es diferente. Pero los principios compartidos de una comunidad orgánica se mantienen en cada caso. La meta de este movimiento es desposar los rasgos positivos de las comunidades orgánicas pujantes con un consistente énfasis marxista en el Bien Común.

La nuestra es una época extraña. Es doloroso y frustrante para la ciencia y los ciudadanos del mundo tener claro lo que debe hacerse a fin de evitar una catástrofe climática global y que los pasos obvios que hay que dar estén bloqueados por las grandes compañías, que no están dispuestas a renunciar a su lucro, y por la inacción de los gobiernos, que colocan sus intereses nacionales por sobre las necesidades del planeta. ¿Por qué, al estar enfrentados a esta urgente necesidad de cambio, los seres humanos continúan creando camarillas vociferando que los valores "buenos" sólo están en la suya y demonizando a todas las otras? En los debates nacionales y globales, los líderes levantan falsas oposiciones para insistir luego que las respuestas correctas sólo se hallan en su facción particular. Hemos ido viendo en todos los capítulos anteriores cómo las vías para políticas sensatas y justas han sido bloqueadas por batallas ideológicas. Los observadores de Washington pueden dar testimonio de los más dolorosos ejemplos de inacción debidos a la incapacidad de ceder de las partes (aunque no es para nada difícil agregar ejemplos similares de otras partes del mundo).

Con la ayuda de análisis marxistas contemporáneos, advertimos que las razones para este punto muerto son sistémicas. No se trata de que los líderes se opongan políticas sustentables centradas en el planeta. Es que el sistema del capitalismo moderno es simplemente incapaz de cambiar de registro. Las naciones con el PIB más alto de mundo no desean modificar las reglas en boga de la economía global porque son justamente ellas las que traen riqueza y confort a gran parte de sus ciudadanos. Las naciones en desarrollo deben jugar bajo las reglas económicas establecidas en Europa y Norteamérica por la sencilla razón de que no hay otro modo de elevar el estándar de vida de sus ciudadanos. Gracias al Fondo Monetario Internacional, el Banco Mundial y otras organizaciones internacionales establecidas por las naciones más ricas, las naciones pobres van quedando inexorablemente bajo el control de los poderes dominantes. Una vez que comprendemos las reglas fijadas por el sistema global, y a quiénes sirven, captamos de inmediato que no hay "remedio instantáneo". Las metas del movimiento medioambiental ya no pueden seguir limitándose a dar pasos simbólicos o a colocar vendas adhesivas a un planeta agonizante. Lo que se necesita es algo no inferior a un cambio de civilización. Movimientos líderes alrededor del planeta ya están comenzando a echar las bases para una nueva civilización ecológica porque se han dado cuenta de la necesidad de cambios fundamentales en el modo de pensar de la gente y en cómo organizamos la sociedad humana a nivel local y global.

A lo largo de estas páginas hemos rastreado la historia y los conceptos a partir de los cuales se está construyendo esta nueva civilización ecológica. Lamentablemente, es muy frecuente que los principios sociales, políticos y económicos de la modernidad pasen todavía inadvertidos. Marx proporcionó algunas de las herramientas más efectivas para sacarlos a luz, y es por eso que hemos insistido en que los análisis marxistas son indispensables. Pero los principios socialistas transformadores necesitan estar engastados en las culturas y encarnados en comunidades post-capitalistas. Y es por esa razón que hemos utilizado "orgánico" como término-paragua para expresar las características centrales de la civilización que en este momento está siendo dada a luz en este planeta: sustentable, cultural e históricamente engastada, constructivamente postmoderna, basada en el proceso, fundamentalmente local y comunal en su orientación. En una palabra: ecológica.

El ímpetu hacia un cambio civilizatorio está ahora aumentando en todo el planeta: prácticamente en cada país ya son visibles movimientos ciudadanos orientados a lograr cambios revolucionarios[296]. Dichos movimientos reciben su impulso de las noticias diarias acerca de la creciente catástrofe ambiental, del propio aire que respiramos (¡lo que debería darnos vida se ha vuelto tóxico!), de nuestro innato sentido de justicia y del sentido común. Los ciudadanos de este planeta no nos vamos a quedar sentados mirando cómo lo destruyen delante de nuestros ojos, despojando así a nuestro hijos y nietos de un hábitat saludable, sólo porque los ricos y poderosos no se dignan cambiar.

Estamos convencidos de que este creciente ímpetu de cambio no se detendrá hasta que hasta que muchas de las características de la modernidad europea tardía hayan sido reemplazadas. Las condiciones para una transformación así de radical no estaban dadas en el momento en que Marx escribió. Tristemente, ha tenido que ocurrir la primera crisis global verdadera desde que comenzó la civilización —una crisis causada por la propia humanidad— para ocasionar el ímpetu planetario requerido. Sólo si este movimiento orgánico se vuelve global, se hará por fin realidad el sueño de Marx de reformas que crucen todas las fronteras.

Despunta una nueva forma de civilización humana. Individuos, sociedades y naciones están decidiendo ahora si es preferible continuar luchando para preservar este orden agonizante o tomar el liderazgo para construir uno nuevo. No se trata de recabar más datos; ya sabemos lo que las viejas prácticas le están haciendo a nuestro planeta, y sabemos lo que se necesita para construir una sociedad global que sea sustentable a nivel social, económico y ambiental. Los que marcarán la diferencia serán aquellos que trabajen y vivan con sabiduría, diplomacia y moderación colocando el bien de todo el planeta en primer lugar.

NOTAS

Prefacio

1. Joerg Rieger, ed. *Religion, Theology, and Class: Fresh Engagements after Long Silence* (New York: Palgrave Macmillan, 2013), 4. La famosa cita original del Warren Buffet es la siguiente: "Hay una guerra de clases, pero es mi clase, la de los ricos, la que está haciendo la guerra, y la estamos ganando" (t.).

2. Liu Junxian, "China is the Place Most Likely to Achieve Ecological Civilization — An interview with Constructive Postmodern Thinker John Cobb", *Journal of China Executive Leadership Academy Pudong* 3 (2010): 5–10, citado en Wang Zhihe, "Constructive Postmodernism, Chinese Marxism, and Ecological Civilization", comunicación presentada en la 9a Conferencia Internacional Whitehead sostenida en Cracovia, Polonia en Septiembre de 2013.

Capítulo 1

3. *El fin de la historia y el último hombre.* Editorial Planeta. 1992. ISBN 978-84-320-5954-4.

4. http://www.globalissues.org/article/26/poverty-facts-and-stats#srcl

5. Shaohua Chen y Martin Ravallion, "El mundo en desarrollo es más pobre de lo que pensábamos, pero no menos exitoso en la lucha contra la

pobreza", Banco Mundial, Agosto de 2008 (en inglés): http://www.globalissues.org/article/26/poverty-facts-and-stats#srcl.

6   http://www.ipcc.ch/home_languages_main_spanish.shtml.

7   Cf. David Ray Grffin, http://www.sunypress.edu/p-722-the-reenchantment-of-science.aspx, http://www.sunypress.edu/p-1618-postmodern-politics-for-a-plane.aspx, http://www.sunypress.edu/p-4412-whiteheads-radically-different-.aspx, Philip Clayton, *Science and Ecological Civilization: A Constructive Postmodern Approach*, de próxima aparición en Chino (Beijing, 2014).

8   Marx, Karl *El Dieciocho Brumario de Luis Bonaparte*, Cap. 1 https://www.marxists.org/espanol/m-e/1850s/brumaire/brum1.htm.

9   Cf. *Atheismus in Christentum*. «Zur Religion des Exodus und des Reichs», Suhrkamp Verlag, Frankfurt am Main 1968. Recensión en castellano en http://www.opuslibros.org/Index_libros/Recensiones_1/bloch_ath.htm.

10 http://www.china.com.cn/17da/2007-10/24/content_9119449_4.htm.

11 "International Whitehead Conference Discusses Ecological Civilization in China", *Global Times*, September 13, 2013.

12 http://www.china.com.cn/18da/2012-11/11/content_27074139.htm.

13 Xi Jinping, "Further Deepen the Construction of Ecological Civilization". http://www.forestry.gov.cn/portal/main/s/195/content-531588.html.

14 Wang Zhihe, "Constructive Postmodernism, Chinese Marxism, and Ecological Civilization", comunicación presentada en la 9ª Conferencia Internacional Whitehead sostenida en Cracovia, Polonia en septiembre de 2013.

15 https://www.marxists.org/espanol/m-e/1840s/45-feuer.htm.

Capítulo 2

16 https://es.wikisource.org/wiki/Vidas_paralelas:_Sol%C3%B3n Traducción del Griego por Antonio Ranz Romanillos, Publicado en 1821.

17 De la versión de Jowett en Hoboken, NJ: Capstone 2012, 133 (Libro IV).

18 https://es.wikipedia.org/wiki/Declaraci%C3%B3n_de_Independencia_de_los_Estados_Unidos.

19 Los Estados norteamericanos también restringieron el derecho a voto a los varones propietarios hasta que estas restricciones comenzaron a suprimirse a comienzos de 1800.

20 *Two Treatises on Government and A letter Concerning Toleration*, ed. Ian Chapiro (New Haven: Yale University Press, 2003), 108.

21 *El Príncipe* cap. XVII http://xavier.balearweb.net/get/El%20principe%20MAQUIAVELO.pdf.
22 Op. cit. Cap. XVIII.
23 Op. cit. Cap. IX.
24 *El Contrato Social* cap. VI De la Ley http://www.enxarxa.com/biblioteca/ROUSSEAU%20El%20Contrato%20Social.pdf.
25 *Fenomenología del Espíritu*, Prólogo. FCE, México 1ra. Ed. 1966.
26 *La Riqueza de las Naciones*, cap. I De la división del trabajo. http://www.elortiba.org/smith.html.
27 *La Riqueza de las Naciones*, Libro I, cap. IV Del origen y uso de la moneda.
28 *La Riqueza de las Naciones*, Libro I, cap. VII Del precio natural y del precio de mercado de los bienes.
29 La frase *laissez faire, laissez passer* es una expresión francesa que significa "dejen hacer, dejen pasar", refiriéndose a una completa libertad en la economía: libre mercado, libre manufactura, bajos o nulos impuestos, libre mercado laboral y mínima intervención de los gobiernos. Fue usada por primera vez por Vincent de Gournay, fisiócrata del siglo XVIII, contra el intervencionismo del gobierno en la economía. De forma completa, la frase es: *Laissez faire et laissez passer, le monde va de lui même*; "Dejen hacer, dejen pasar, el mundo funciona por sí mismo". Desde el ámbito jurídico del positivismo formal, esta frase se presenta como una aparente despolitización del Estado, para asegurar la libertad económica, política y social. Cf. https://es.wikipedia.org/wiki/Laissez_faire (n. del t.).
30 *Teoría de los sentimientos morales*, Part IV: Of the Effect of Utility upon the Sentiment of Approbation. Cf. https://es.wikipedia.org/wiki/Mano_invisible.
31 *La Riqueza de las Naciones*, Libro IV cap. II De las restricciones impuestas a la introducción de aquellas mercancías extranjeras que se pueden producir en el país. Cursivas añadidas.
32 *La Riqueza de las Naciones*. Libro I cap. II Del principio que motiva la división del trabajo.
33 John Stuart Mill, "On the Definition of Political Economy, and on the Method of Investigation Proper to it", first published in the *London and Westminster Review* (October 1836); republished in Mill, *Essays on Some Unsettled Questions of Political Economy*, 3rd ed. (London: Longmans, Green, Reader & Dyer, 1877), 137, cursivas añadidas.
34 Ibid.

Capítulo 3

35 También conocido como *Dow Jones Industrial Average* (DJIA), Dow-30 o informalmente Dow Jones o Dow, es uno de muchos índices bursátiles creados por Charles Henry Dow, editor del periódico The Wall Street Journal durante el Siglo XIX y co-fundador de la empresa Dow Jones & Company. Mide el desempeño de las 30 mayores empresas públicas con base en Estados Unidos. Cf. https://es.wikipedia.org/wiki/Promedio_Industrial_Dow_Jones (n. del t.).

36 Más evidencia favor del rol de los comportamientos cooperativos y de la selección grupal en evolución en Elliot Sober y David Sloan Wilson, Unto Others: *The Evolution and Psychology of Unselfish Behavior* (Cambridge, MA: Harvard University Press, 1998).

37 De *In Memoriam A. H. H*, la extensa elegía escrita en recuerdo de su amigo Arthur Henry Hallam. Cf. https://es.wikipedia.org/wiki/In_Memoriam_A.H.H. (versión castellana del traductor).

38 Robert Jay Lifton, *The Nazi Doctors: Medical Killing and the Psychology of Genocide* (New York: Basic Books, 1986), especialmente la Introducción.

39 Cf. *La ética protestante y el espíritu del capitalismo* Max Weber FCE México, 2003.

40 Thomas Piketty, *El Capital en el siglo XXI*. CFE Chile 2014.

41 Para los Estados Unidos ver https://en.wikipedia.org/wiki/Household_income_in_the_United_States.

42 http://www.payscale.com/research/US/School=University_of_Madras/Salary.

43 https://en.wikipedia.org/wiki/List_of_countries_by_average_wage#OECD_statistics.

44 http://www.gallup.com/poll/166211/worldwide-median-household-income-000.aspx.

45 http://www.worldbank.org/en/topic/poverty/overview.

46 https://en.wikipedia.org/wiki/Household_income_in_the_United_States.

Capítulo 4

47 *Filosofía del Derecho*, Prefacio.

48 James Gleick, *Caos: La creación de una ciencia*, Seix Barral 1987.

49 Stuart Kauffman y Philip Clayton, "On Emergence, Agency, and Organization", *Philosophy and Biology* 21 (2006): 501–21. Ver también Charles

Lineweaver, Paul C. W. Davies, y Michael Ruse editores, *Complexity and the Arrow of Time* (New York: Cambridge University Press, 2013), capítulo conclusivo de Philip Clayton, "On the Plurality of Complexity-Producing Mechanisms", 332–51.

50   http://churchandpomo.typepad.com/conversation/2008/02/thought-or-econ.html.

51   Ver por ejemplo, Friedrich Hayek, "The use of Knowledge in Society", *American Economic Review* 35 (1945): 519–30; John Maynard Keynes, *The General Theory of Employment, Interest and Money* (London: Macmillan, 1936).

52   Stephen Jay Gould, *La flecha del tiempo*, Alianza 1987.

53   *La Ideología Alemana II* (17) https://www.marxists.org/espanol/m-e/1840s/feuerbach/2.htm.

54   *La Ideología Alemana III* (30) https://www.marxists.org/espanol/m-e/1840s/feuerbach/3.htm.

55   Cf. https://www.insidehighered.com/ Abril 2014.

56   https://www.marxists.org/espanol/m-e/1840s/45-feuer.htm.

57   *Del Socialismo Utópico al Socialismo Científico II* https://www.marxists.org/espanol/m-e/1880s/dsusc/2.htm.

58   "Una actividad creativa que reutiliza lo preexistente por medio del empleo de los más variados recursos"… "una técnica donde se crea a partir de materiales diversos comunes o a la mano". Cf. https://es.wikipedia.org/wiki/Bricolaje (n. del t.).

59   Jacques Derrida, *La Escritura y la Diferencia*, Anthropos, Barcelona 1989, 391.

Capítulo 5

60   *Manifiesto Comunista*. I Burgueses y Proletarios. https://www.marxists.org/espanol/m-e/1840s/48-manif.htm.

61   Robert Service, *Comrades!: A History of the World Communism* (Cambridge, MA: Harvard University Press, 2007), 46.

62   Herbert McClosky and John E. Turner, "The Russian Legacy", in *Comparative Communism: The Soviet, Chinese, and Yugoslav Models*, ed. Gary K. Bertsch and Thomas W. Ganschow (San Francisco: W.H. Freeman, 1976), 41.

63   McClosky and Turner, "The Russian Legacy", 48–49.

64   McClosky and Turner, ibid.

65   Theodore H. Von Laue, "Leninism", in *Comparative Communism: The Soviet, Chinese, and Yugoslav Models*, 21.

66   McClosky and Turner, "The Russian Legacy", 40–41.
67   McClosky and Turner, "The Russian Legacy", 43–46.
68   Bill Brugger and David Kelly, *Chinese Marxism in the Post-Mao Era* (Stanford, CA: Stanford University Press, 1990), 22–23.
69   *Elementos fundamentales para la crítica de la economía política (Grundrisse) I* Siglo XXI Editores, vigésima edición, México 2007, pags. 435–6. http://www.socialismo-chileno.org/febrero/Biblioteca/Marx/Grundrisse_Tomo_I.pdf.
70   *El Capital* Cap. III http://pendientedemigracion.ucm.es/info/bas/es/marx-eng/capital1/3.htm.
71   Bill Brugger and David Kelly, *Chinese Marxism in the Post-Mao Era*, 23.
72   Bill Brugger and David Kelly, *Chinese Marxism in the Post-Mao Era*, 23.
73   Mao Tse Tung, *Quotations from Chairman Mao Tsetung* (San Francisco: China Books, 1972), 9.
74   Ibid., 29.
75   John K. Fairbank, "The Chinese Pattern", in *Comparative Communism: The Soviet, Chinese, and Yugoslav Models*, ed. Gary K. Bertsch and Thomas W. Ganschow, 58.
76   Judith A. Berling, "Confucianism", *Focus on Asian Studies* 2, no. 1 (1982): 5–7.
77   McClosky and Turner, "The Russian Legacy", 38.

Capítulo 6

78   Jacques Derrida, *Posiciones*, Pre-Textos, Valencia 1977, 2 http://es.scribd.com/doc/231633008/Derrida-Jaques-Posiciones#scribd.
79   Jacques Derrida, *De la Gramatología*, Siglo XXI México, 4 ed. 1986, 58.
80   *Espectros de Marx. El Estado de la deuda, el trabajo del duelo y la nueva internacional* Trotta, Madrid 1995.
81   Jacques Derrida, Specters of Marx: *The State of the Debt, the Work of Mourning, and the New International* (New York: Routledge, 1994), 14 (traducción del traductor).
82   Ibid., 100–03.
83   Ibid., 108.
84   Ibid., 39.
85   Ibid., 16.

86 *The Puppet and the Dwarf: The Perverse Core of Christianity* (Cambridge, MA: MIT Press, 2003), 140. Hay versión española, *El títere y el enano. El núcleo perverso del cristianismo*, ed. paidos, Buenos Aires, 2005.

87 *In Defense of Lost Causes* (London; New York: Verso, 2008), 453. Hay versión española, *En defensa de causas perdidas*, Akal, Madrid, España, 2011.

88 *In Defense of Lost Causes*, 426–27.

89 Ibid., 429.

90 Ibid., 459.

91 Ibid., 459.

92 Ibid., 442.

93 Ibid., 461.

94 *Repeating Lenin* (Zagreb: Bastard Books, 2001). Hay versión española, *Repetir Lenin*, ed. Akal (Col. Cuestiones de Antagonismo 29), Madrid, 2004, 157.

95 Ver McSweeney, "Finitude and Violence: Žižek versus Derrida on Politics", *Kritike* 5, no. 2 (2011): 56.

96 Hay versión española, *Urbanismo y desigualdad social* (1992) Siglo XXI de España.

97 Hay versión española, *Los límites del capitalismo y la teoría marxista* (1990) México: Fondo de Cultura Económica. ISBN 968-16-3302-4.

98 Hay versión española, *El nuevo imperialismo* (2004) Madrid: Akal. ISBN 84-460-2066-1.

99 https://www.timeshighereducation.com/news/most-cited-authors-of-books-in-the-humanities-2007/405956.article.

100 *The Condition of Postmodernity: An Enquiry into the Origins of Cultural Change* (Oxford: Blackwell, 1989), 132. Hay versión española, *La condición de la posmodernidad: Investigación sobre los orígenes del cambio cultural* (1998) Buenos Aires: Amorrortu editores. ISBN 950-518-652-5.

101 *The Limits to Capital*, 324–29.

102 *The Condition of Postmodernity*, 180.

103 Ibid., 424–31.

104 Ibid., 438. Ver también el uso que hace Harvey de la noción de Luxemburgo de "acumulación por despojo". *The New Imperialism* (Oxford: Oxford University Press, 2005), 137–82.

105 Alex Callinicos, "David Harvey and Marxism", en *David Harvey: A Critical Reader*, ed. Noel Castree and Derek Gregory (Malden, MA: Blackwell Publishing Ltd. 2006), 51.

106 Callinicos, "David Harvey and Marxism", 51.

107 Derek Gregory, "Introduction: Troubling Geographies", en *David Harvey: A Critical Reader*, 20.

Capítulo 7

108 Lin Chun, *The British New Left* (Edinburgh: Edinburgh University Press, 1993), 78.

109 Cf. Marx *Crítica de la Filosofía del Derecho de Hegel* (cap. 2), Editorial Claridad, Buenos Aires, 1968.

110 https://es.wikipedia.org/wiki/Primera_Enmienda_a_la_Constituci%C3%B3n_de_los_Estados_Unidos

111 http://www.nytimes.com/2014/02/22/us/religious-right-in-arizona-cheers-bill-allowing-businesses-to-refuse-to-serve-gays.html

112 Ibid.

113 Mary Efrosini Gregory, *Freedom in French Enlightenment Thought* (New York: Peter Lang, 2010), 3. Cursivas añadidas.

114 Ibid., 2–3.

115 Peter Nolan, *Capitalism and Freedom: The Contradictory Character of Globalisation* (New York: Anthem Press, 2008), 13. Itálicas del traductor.

116 David Harvey, *A Brief History of Neoliberalism* (Oxford: Oxford University Press, 2005), 204. Hay versión castellana, *Breve historia del neoliberalismo*, Akal, Madrid, 2007.

117 Milton Friedman, *Capitalism and Freedom*, 40th Anniversary ed. (University of Chicago Press, 2009), 9. Hay versión castellana, *Capitalismo y Libertad*, Rialp, Madrid 1966.

118 Citado en Nolan, *Capitalism and Freedom*, 17.

119 *On the Freedom of the Press and Censorship*, trans. Saul Padover (New York: McGraw-Hill, 1974), 39.

120 *The German Ideology*, abstract of Chapter 3.

121 Alfred North Whitehead, *Adventures of Ideas* (New York: Free Press, 1967), 257.

122 Ibid., 66.

123 Amartya Sen, *Development as Freedom* (New York: Random House, 2001), xii. Hay version castellana, *Desarrollo y libertad*. Editorial Planeta. ISBN 978-84-08-03524-4.

124 Aryeh Neier, *The International Human Rights Movement: A History* (Princeton University Press, 2012), 59.

125 Micheline R. Ishay, *The History of Human Rights: From Ancient Times to the Globalization Era* (Berkeley: University of California Press, 2008), 102.

126 (Levellers en inglés) fue el nombre con el que se denominó al primer cuerpo significativo con pensamiento protodemocrático. Surge en la Inglaterra del siglo XVII, una época de conflicto entre la monarquía y el Parlamento, entre los años 1647–1649, poco antes de la abolición de la monarquía. Cf. https://es.wikipedia.org/wiki/Niveladores (n. del t.).

127 Micheline R. Ishay, op. cit. 93.

128 Ibid., 93.

129 Ibid., 96. La expresión está tomada de la Constitución de un Estado.

130 Tomado de *Kant's Idea of a Universal History with a Cosmopolitan Purpose* (1784). Traducción de H. B. Nisbet en: *Kant, Political Writings*, ed. Hans Reiss, 2nd ed. (Cambridge University Press, 1991), 50.

131 Micheline R. Ishay, op.cit., 103.

132 http://www.ohchr.org/SP/ProfessionalInterest/Pages/CESCR.aspx.

133 Cf. Neier, *The International Human Rights Movement*, 60.

134 *The History of Human Rights*, 152.

135 Deng Xiaoping, *Selected Writings*, vol. 3 (Beijing: The People Press, 1993), 373.

136 George Woodcok, *Pierre-Joseph Proudhon* (London: Routledge, 1956), 47.

137 Li Huibin, "Ecological Rights and Ecological Justice", en *Ecological Civilization and Marxism*, Li Huibin, Xue Xiaoyuan & Wang Zhihe, eds. (Beijing: Central Compilation and Translation Press, 2008), 66.

138 Es el título de un libro de Thomas Merton, *No man is an island*, Harcourt, Brace and Company, New York, 1955. Hay versión española, *Los hombres no son islas*. Sudamericana, 1966 (n. del t.).

139 Cf. Neier, *The International Human Rights Movement*, 62–63.

140 Whitehead, *Adventures of Ideas*, 63.

Capítulo 8

141 Notre Dame, IN: University of Notre Dame Press, 1988. Hay versión castellana, *Justicia y Racionalidad*, S.A. EIUNSA, Madrid 1994.

142 Francis Fukuyama, *The End of History and the Last Man* (New York, Free

Press, 2006), 200. Versión castellana, *El fin de la historia y el último hombre*, Planeta, Barcelona 1992.

143 Op. cit., 43.

144 Ibid.

145 El Instituto Cato, que toma su nombre de las Cartas de Catón, es un laboratorio de ideas con sede en Washington, DC; no afiliado a partidos políticos y con personería jurídica como organización sin ánimo de lucro. Se dedica al lobby y busca la promoción de políticas públicas que sean consistentes con los principios de libertad individual, gobierno limitado, mercados libres y paz, desde un punto de vista generalmente percibido como libertario o pro *laissez faire*. Cf. https://es.wikipedia.org/wiki/Cato_Institute (n. del t.).

146 David Boaz, *Libertarianism*, Chapter 1, "A Note on Labels: Why 'Libertarian'?". Cf. http://www.libertarianism.org/publications/essays/history-libertarianism.

147 Pocos autores se han atrevido a sugerir que los principios libertarios pueden ser combinados con formas de gobierno socialistas. Por ejemplo, Nicholas Vrousalis, "Libertarian Socialism: A Better Reconciliation between Self-Ownership and Equality", *Social Theory and Practice*, 37 (2011): 211–26.

148 Amartya Sen, "Democracy as a Universal Value", *Journal of Democracy* 10.3 (1999): 3–17, cita p. 11.

149 Herman E. Daly and John B. Cobb, Jr., *For the Common Good: Redirecting the Economy toward Community, the Environment, and a Sustainable Future*, 2nd ed (Boston: Beacon Press, 1994), 177.

150 "La interferencia del poder del Estado en las relaciones sociales se va volviendo superfluo en una esfera tras otra y finalmente cesa. El gobierno de las personas es reemplazado por la administración de las cosas y la dirección de procesos de producción. El Estado no es 'abolido', se extingue"*Anti-Dühring*, Pt.3, Chap. 2. Cf. "Withering Away of the State" in *The Encyclopedia of Political Science*, ed. George Thomas Kurian (Washington, DC: CQ Press, 2011).

151 Daly and Cobb, 178–79.

152 Cf. *The Stanford Encyclopedia of Philosophy* http://plato.stanford.edu/entries/justice-distributive/.

153 Alexander Broadie, ed., *The Cambridge Companion to the Scottish Enlightenment* (Cambridge, UK: Cambridge University Press, 2003), 211–12.

154 Broadie, 212. Ver también Samuel Fleischacker, "Adam Smith's

Moral and Political Philosophy" http://plato.stanford.edu/entries/smith-moral-political/.

155 Amartya Sen, *The Idea of Justice* (Cambridge, MA: Belknap Press of Harvard University Press, 2009), 2. Hay versión castellana, *La idea de la justicia*. Taurus, (2010). ISBN 978-84-3060-686-3.

156 Op. cit., 24. El consecuencialismo hace referencia a todas aquellas teorías que sostienen que los fines de una acción suponen la base de cualquier apreciación moral que se haga sobre dicha acción. Así, siguiendo esta doctrina, una acción moralmente correcta es la que conlleva buenas consecuencias y buenos actos. El consecuencialismo se distingue de la deontología ética en que ésta enfatiza el tipo de acción en lugar de sus consecuencias. Cf. https://es.wikipedia.org/wiki/Consecuencialismo (n. del t.).

157 Op. cit., 4.

158 Karl Marx, *Crítica al Programa de Gotha* cap. I https://www.marxists.org/espanol/m-e/1870s/gotha/gotha.htm#i.

159 Franklin Gamwell, *Existence and the Good: Metaphysical Necessity in Morals and Politics* (Albany: State University of New York Press, 2011), 171–72.

160 Cf. Wang Zhihe and Fan Meijun, *The Second Enlightenment* (Beijing: Peking University Press, 2011).

Capítulo 9

161 Jürgen Habermas, *Knowledge and Human Interests*, trans. Jeremy Shapiro (Boston: Beacon Press, 1971). Hay versión castellana, *Conocimiento e Interés*, Taurus, Madrid, 1982.

162 Richard Bernstein, *Beyond Objectivism and Relativism: Science, Hermeutics, and Praxis* (Philadelphia: University of Pennsylvania Press, 1983).

163 Steven Weinberg, *Dreams of a Final Theory* (New York: Pantheon, 1992).

164 Brian G. Henning and Adam C. Scarfe, eds., *Beyond Mechanism: Putting Life Back into Biology* (New York: Lexington Books, 2013).

165 Carl Friedrich von Weizsäcker, *The World View of Physics*, trans. Marjorie Grene (Chicago: University of Chicago Press, 1952). Hay versión española, *La Imagen física del mundo*, BAC Madrid 1958.

166 John Archibald Wheeler with Kenneth Ford, *Geons, Black Holes, and Quantum Foam: A Life in Physics* (New York: Norton, 1998).

167 Bernard d'Espagnat, *In Search of Reality* (Berlin: Springer, 1983).

168 Richard Dawkins, *The Selfish Gene* (New York: Oxford University Press, 1976).

169 La epigenética (del griego epi, en o sobre, y -genética) hace referencia al estudio de los factores que, sin corresponderse a elementos de la genética clásica, básicamente los genes, juegan un papel muy importante en la genética moderna, interaccionando con estos primeros, los genes. Estos factores genéticos que son determinados por el ambiente celular en lugar de por la herencia. Cf. https://es.wikipedia.org/wiki/Epigen%C3%A9tica (n. del t.).

170 Philip Clayton and Paul Davies, eds. *The Reemergence of Emergence* (Oxford: Oxford University Press, 2006); Clayton, *Mind and Emergence: From Quantum to Consciousness* (Oxford: Oxford University Press, 2004).

171 Un transposón o elemento genético transponible es una secuencia de ADN que puede moverse de manera autosuficiente a diferentes partes del genoma de una célula, un fenómeno conocido como transposición. En este proceso, se pueden causar mutaciones y cambio en la cantidad de ADN del genoma. Anteriormente fueron conocidos como "genes saltarines" y son ejemplos de elementos genéticos móviles. Cf. https://es.wikipedia.org/wiki/Transpos%C3%B3n (n. del t.).

172 Gerald M. Edelman, *Neural Darwinism: The Theory of Neuronal Group Selection* (New York: Basic Books, 1987).

173 F. John Odling-Smee, Kevin N. Laland, and Marcus W. Feldman, *Niche Construction: The Neglected Process in Evolution* (Princeton, NJ: Princeton University Press, 2003).

174 Martin Nowak, "Five Rules for the Evolution of Cooperation", Science 314, no. 5805 (2006 December 8): 1560–63. Para un excelente panorama de la nueva teoría de ecosistemas, ver Robert E. Ulanowicz, *A Third Window: Natural Life beyond Newton and Darwin* (West Conshohocken, PA: Templeton Foundation Press, 2009).

175 Para la expresión clásica de este enfoque ver Patricia Smith Churchland, *Neurophilosophy: Toward a Unified Science of the Mind-Brain* (Cambridge, MA: MIT Press, 1986); Churchland, *Brain-wise: Studies in Neurophilosophy* (Cambridge, MA: MIT Press, 2002); Jaegwon Kim, *Mind in a Physical World: An Essay on the Mind-Body Problem and Mental Causation* (Cambridge, MA: MIT Press, 1998).

176 Roger Wolcott Sperry, *Science and Moral Priority: Merging Mind, Brain, and Human Values* (New York: Columbia University Press, 1983). Para un resumen de este debate ver también Philip Clayton, *Mind and Emergence* ya citado arriba.

177 Francisco Varela, Evan Thompson, and Eleanor Rosch, *The Embodied Mind: Cognitive Science and Human Experience* (Cambridge, MA: MIT Press 1991): Evan Thompson, *Mind in Life: Biology, Phenomenology, and the*

Sciences of Mind (Cambridge, MA: Belknap Press of Harvard University Press, 2007).

178 Brian G. Henning and Adam C. Scarfe, eds. *Beyond Mechanism* (ver nota 163).

179 David Joravsky, *The Lysenko Affair* (Cambridge, MA: Harvard University Press, 1970).

180 Stuart Kauffman, "Evolution beyond Newton, Darwin, and Entailing Law", in Henning and Scarfe, *Beyond Mechanism*, 22.

Capítulo 10

181 Cf. Jacques Bidet and Stathis Kouvelakis ed. *Critical Companion to Contemporary Marxism* (Leiden: Brill, 2008).

182 La frase "al borde del caos" es utilizada por mi amigo y co-autor Stuart Kauffman en *Investigations* y numerosas publicaciones. Sobre principios de administración en el contexto de los así llamados "sistemas caóticos", ver David Parker y Ralph Stacey, *Chaos, Management and Economics: The Implications of Non-linear Thinking* (London: Institute of Economic Affairs, 1994) y Tony J. Watson, *In Search of Management: Culture, Chaos and Control in Managerial Work* (London and New York: Routledge, 1994). Ver también cap. 7, "Process Philosophy and Systems Management", en Philip Clayton, *Science and Ecological Civilization: A Constructive Postmodern Approach* (de próxima aparición en chino).

183 https://es.wikipedia.org/wiki/Triple_representatividad (n. del t.).

184 http://www.cronista.com/especiales/La-perspectiva-cientifica-del-desarrollo-segun-Hu-Jintao-20121112-0013.html (n. del t.).

185 Wang Zhihe, "Constructive Postmodernism, Chinese Marxism, and Ecological Civilization", comunicación presentada en la 9a Conferencia Internacional Whitehead de Cracovia, Polonia en 2013.

186 *Dialogues of Alfred North Whitehead*, ed. Lucien Price (Boston: David R. Godine, 2001), 91.

187 Anne Fairchild Pomeroy, *Marx and Whitehead: Process, Dialectics and the Critique of Capitalism* (Albany: SUNY Press, 2004), 9.

188 *Dialogues of Alfred North Whitehead*, 268.

189 Alfred North Whitehead, *Process and Reality*, corrected edition (New York: Free Press, 1978), 25 (cursivas añadidas).

190 Op. cit. 50 (cursivas añadidas).

191 Jay B. McDaniel, "A Process Approach to Ecology", in *Handbook of Process*

Theology, ed. Jay McDaniel and Donna Bowman (St. Louis: Chalice Press, 2006), 243.

192 John B. Cobb and David Ray Griffin, *Process Theology: An Introductory Exposition* (Philadelphia: Westminster Press, 1976), 83–84.

193 https://es.wikipedia.org/wiki/Sistema_comunitario (n. del t.).

194 Alfred North Whitehead, *Adventures of Ideas* (New York: Free Press, 1967), 163.

195 Equivale al proceso de síntesis que es cualquier entidad actual. Del latín *cum-crescere* "crecer con". El fin transitorio del proceso es precisamente un "concreto" (n. del t.).

196 "Sujeto-Superjeto" es una expresión de Whitehead para insistir en el hecho de cualquier sujeto es resultado de su propio proceso de síntesis (n. del t.).

197 Whitehead, *Process and Reality*, 27–28 (cursivas añadidas).

198 Cobb and Griffin, *Process Theology*, 112.

199 Cobb and Griffin, op. cit., 113.

200 Cobb and Griffin, op. cit., 16–17.

201 Whitehead, *Process and Reality*, 220.

202 Whitehead, op. cit., 51.

203 Whitehead, *Modes of Thought* (New York. Free Press, 1968), 119–20.

204 *Modes of Thought*, 111 (cursivas añadidas).

205 Whitehead, *Process and Reality*, 25.

206 *Adventures of Ideas*, 177.

207 Viktor Frankl, el famoso psiquiatra sobreviviente a la Segunda Guerra Mundial, solía decir que si la Estatua de la Libertad estaba en la costa este, deberían de colocar una Estatua de la Responsabilidad en la costa oeste para no olvidar que ser libres también implica ser responsables. Cf https://en.wikipedia.org/wiki/Statue_of_Responsibility (n. del t.).

208 Paul Custodio Bube, "Process Theological Ethics", in *Handbook of Process Theology*, ed. Jay McDaniel and Donna Bowman (St. Louis: Chalice Press, 2006), 152.

209 Fubin Yang, "The Influence of Whitehead's Thought on the Chinese Academy", *Process Studies* 39 (Fall/Winter 2010): 342.

210 También llamada "Madre de las diez mil cosas" (Tao te King cap. 1). La expresión "Diez mil cosas" o "Diez mil seres" (萬物=Wan-Wu) era usada para referirse a toda la diversidad de objetos o seres existentes en el Universo. En este caso la palabra wan (萬) que significa 'diez mil', también

significa 'innumerable' o 'incontable' (n. del t.).

211 Jay McDaniel, "Ten Comparisons between Chinese Thought and Process Thought", de su sitio web http://www.jesusjazzbuddhism.org/.

212 Wang Zhihe, "Constructive Postmodernism, Chinese Marxism, and Ecological Civilization".

213 Tang Yijie, "The Enlightenment and its Difficult Journey in China", *Wen Hui Bao*, November 14, 2011. El profesor Tang ejerce en la Universidad de Pekín y es Director del *Research Institute of Confucianism* de la misma Universidad e igualmente director del *Research Institute of Chinese Culture*.

214 Wang Zhihe, "Constructive Postmodernism, Chinese Marxism, and Ecological Civilization". La cita está tomada de Jan B.F.N. Engberts, "Immanent Transcendence in Chinese and Western Process Thinking", *Philosophy Study* 6 (2012): 377–83.

Capítulo 11

215 John Bellamy Foster, "Marx's Ecology and Its Historical Significance", *International Handbook of Environmental Sociology*, ed. Michael Redclift and Graham Woodgate, 2nd ed. (Northampton, MA: Edward Elgar, 2010), 106.

216 Cf. http://ecosocialisthorizons.com/ecosocialism/. Ver también David Pepper, *Eco-Socialism: From Deep Ecology to Social Justice* (London: Routledge, 1993), para las relaciones entre Marx y el ecosocialismo ver especialmente el cap. 3. Ver también http://climateandcapitalism.com/.

217 Foster, "Marx's Ecology and its Historical Significance", 118.

218 Foster, op. cit., 109.

219 Ibid. Apoyo adicional en John Bellamy Foster, *Marx's Ecology: Materialism and Nature* (New York: Monthly Review Press, 2000).

220 Karl Marx, *The Grundrisse* (New York: Vintage, 1973), 489. Citado en Foster, "Marx's Ecology and its Historical Significance", 118.

221 Barón Justus von Liebig (Darmstadt, 12 de mayo de 1803–Múnich, 18 de abril de 1873) fue un químico alemán, considerado uno de los pioneros en el estudio de la química orgánica. Cf. https://es.wikipedia.org/wiki/Justus_von_Liebig (n. del t.).

222 Foster, "Marx's Ecology and its Historical Significance", 110.

223 Diana Cole, Samantha Frost, eds. *New Materialisms: Ontology, Agency, and Politics* (Durham, NC: Duke University Press, 2010); Jane Bennet, *Vibrant Matter: A Political Ecology of Things* (Durham, NC: Duke University Press,

2010). Clayton Crockett, *Religion, Politics and the Earth: The New Materialism* (New York: Palgrave Macmillan, 2012).

224 Foster, *Marx's Ecology*, 2.

225 Foster, "Marx's Ecology and its Historical Significance", 112.

226 Ibid.

227 Philip Clayton and Paul Davies, eds. *The Re-emergence of Emergence* (Oxford: Oxford University Press, 2006).

228 Foster, "Marx's Ecology and its Historical Significance", 113.

229 Foster, *Marx's Ecology*, 17.

230 *Marx's Ecology*, 19.

231 Robert E. Ulanowicz, *A Third Window: Natural Life beyond Newton and Darwin* (West Conshohocken, PA: Templeton Foundation Press, 2009).

232 Cf. Mario DeCaro y David Macarthur, eds. *Naturalism in Question* (Cambridge, MA: Harved University Press 2004); Philip Clayton, "Mediating Between Physicalism and Dualism: 'Broad Naturalism' and the Study of Consciousness", in Melville Y. Stewart, ed. *Science and Religion in Dialogue*, 2 vols. (Oxford: Blackwell, 2010), chapter 67, II: 999–1010 (éste libro también fue publicado en chino).

233 John C. Cort, *Christian Socialism: An Informal History* (Maryknoll, NY: Orbis Books, 1988).

234 Gustavo Gutiérrez, *A Theology of Liberation: History, Politics and Salvation*, translated and edited by Caridad Inda and John Eagleson (London: SCM Press 1973). *Teología de la liberación: Perspectivas* (Lima: CEP, 1971).

235 Cf. Joerg Rieger, *Christ and Empire: from Paul to Postcolonial Times* (Minneapolis, MN: Fortress Press, 2007); Rieger (with Néstor Míguez and Jung Mo Sung), *Beyond the Spirit of Empire: Theology and Politics in a New Key* (London: SCM press, 2009); Rieger (with Kwok Pui-lan), *Occupy Religion: Theology of the Multitude* (Lanham, MD: Rowman & Littlefield Publishers, 2012); Rieger ed. *Opting for the Margins: Postmodernity and Liberation in Christian Theology* (Oxford: Oxford University Press, 2003); Rieger ed. *Religion, Theology, and Class: Fresh Engagements after Long Silence* (New York: Palgrave MacMillan, 2013).

236 David Ray Griffin, *Two Great Truths: A New Synthesis of Scientific Naturalism and Christian Faith* (Louisville, KY: Westminster John Knox Press, 2004); *Panentheism and Scientific Naturalism: Rethinking Evil, Morality, Religious Experience, Religious Pluralism, and the Academic Study of Religion* (Claremont, CA: Process Century Press, 2014). Ver también A. R. Peacocke, *All That Is: A Naturalistic Faith for the Twenty-First Century*, ed. Philip

Clayton (Minneapolis: Fortress Press, 2007).

237 Se dispone versión digital: http://www.marxismoeducar.cl/me-01a.htm.

238 John Bellamy Foster, "The Fossil Fuels War", *Monthly Review* 65/4 (Sept. 2013): 1–14, quote p. 12.

239 John Bellamy Foster, *Ecology against Capitalism* (New York: Monthly Review Press, 2002).

240 Michael Löwy, "Ecosocialism: Putting on the Brakes Before Going Over the Cliff", en *New Politics* y republicado on-line http://socialistworker.org/blog/critical-reading/2014/02/09/michael-l%C3%B6wy-ecosocialism.

241 "John Bellamy Foster & Co.: 'Ecosocialism' Against Marxism, Part One", Workers Vanguard No. 1032 (18 October 2013), http://www.icl-fi.org/english/wv/1032/ecosocialism.html.

242 Cf. "John Bellamy Foster & Co." en http://www.icl-fi.org/english/wv/1032/ecosocialism.html (cursivas añadidas).

Capítulo 12

243 Referencia al terremoto y tsunami de 2011. Cf. https://es.wikipedia.org/wiki/Terremoto_y_tsunami_de_Jap%C3%B3n_de_2011 (n. del t.).

244 Alfred North Whitehead, *Process and Reality*, corrected ed. (New York: Free Press, 1978), 29.

245 Alfred North Whitehead, *Science and the Modern World* (New York: Free Press, 1967), 123.

246 *República*, Libro VI (de la traducción de Patricio de Azcárate http://www.filosofia.org/cla/pla/img/azf08007.pdf.

247 Cf. https://es.wikipedia.org/wiki/Tian, https://es.wikipedia.org/wiki/Q%C3%AC y https://es.wikipedia.org/wiki/Filosof%C3%ADa_china (n. del t.).

248 Kant afirma que "un ser humano y generalmente todo ser racional existe como un fin en sí mismo" El imperativo correspondiente, la Fórmula de Humanidad, ordena que "uses a la humanidad, tanto en tu propia persona o en la persona de cualquier otro siempre al mismo tiempo como un fin y nunca sólo como un medio". https://es.wikipedia.org/wiki/Fundamentaci%C3%B3n_de_la_metaf%C3%ADsica_de_las_costumbres.

249 http://www.globalissues.org/article/26/poverty-facts-and-stats.

250 Eric Liu, "How America is Rigged for the Rich", www.cnn.com/2014/04/09/opinion/liu-income-inequality.

251 Cf. The Center for the Advancement of the Steady State Economy http://steadystate.org/.

252 http://www.jesusjazzbuddhism.org/ten-ideas-for-saving-the-planet.html.

Capítulo 13

253 Cf. https://es.wikipedia.org/wiki/La_condici%C3%B3n_postmoderna

254 Peter Childs and R.J. Patrick Williams, *An Introduction to Post-Colonial Theory* (London and New York: Prentice Hall/Harvester Wheatsheaft, 1997), pags. 21 y 5 respectivamente. Ver también Robert J.C. Young, *Post-colonialism: An Historical Introduction* (Oxford: Blackwell Publishers, 2001) (traducida al chino en 2006).

255 Elizabeth Gudrais, "What We Know about Wealth", *Harvard Magazine* Nov-Dec 2011, pp. 12-14 http://harvardmag.com/pdf/2011/11-pdfs/1111-12.pdf.

256 Niel Shah, "Only Richest 7% Saw Wealth Gains From 2009 to 2011", *The Wall Street Journal*, April 23, 2013.

257 David Harvey, *Seventeen Contradictions and the End of Capitalism* (London: Profile Books, 2014). Hay version castellana, *Diecisiete contradicciones y el fin del capitalismo*, ed. IAEN, Quito, 2014. Descargable, http://www.cpalsocial.org/documentos/73.pdf.

258 The Native American Foundation, The Seventh Generation Fund http://www.7genfund.org/.

259 "U.S. to build climate hubs against changing climate", Xinhua News Agency, February 6, 2014, http://news.xinhuanet.com/english/world/2014-02/06/c_133094910.htm.

260 Cf. Thomas Piketty, *El Capital en el siglo XXI*. CFE Chile 2014.

261 Cf. Thomas Piketty, *El Capital en el siglo XXI*. CFE Chile 2014.

262 En teoría de juegos no cooperativos, un juego de suma cero describe una situación en la que la ganancia o pérdida de un participante se equilibra con exactitud con las pérdidas o ganancias de los otros participantes. Cf. https://es.wikipedia.org/wiki/Juego_de_suma_cero (n. del t.).

263 Cf. Mark Anielski, *The Economics of Happiness: Building Genuine Wealth* (Gabriola, B.C.: New Society Publishers, 2007).

264 Cf. http://www.grossnationalhappiness.com/ y http://www.capital.cl/vida-y-estilo/2013/12/13/071219-butan-el-reino-de-la-felicidad.

265 Leong Wai Kit, "Singapore Needs Both Financial and 'Social' Reserves to Thrive: President Tony Lan". *Today*, November 5, 2013.

266 Cf. http://asi.ucdavis.edu/front-page/homepage, https://landinstitute.org/, http://www.iied.org/food-agriculture.

267 Wes Jackson, *New Roots for Agriculture* (Lincoln: University of Nebraska Press, 1985); Wes Jackson and William Vitek eds., *Rooted in the Land: Essays on Community and Place* (New Haven, CT: Yale University Press, 1996) y Wes Jackson, *Nature as a Measure: The Selected Essays of Wes Jackson* (Berkeley, CA: Counterpoint Press, distributed by Publishers Group, 2011).

268 Vea el bellísimo ejemplo en "Thoughts on the Natural History of Eden", cap. 16 de Wes Jackson *Consulting the Genius of the Place: An Ecological Approach to a New Agriculture* (Berkeley, CA: Counterpoint Press, distributed by Publishers Group West, 2010). Pero el ejemplo muestra también cómo la naturaleza jamás vuelve a ser la misma luego de nuestras intervenciones.

269 Cf. Dean Freudenberger *Global Dust Bowl: Can We Stop the Destruction of the Land before it's too Late?* (Minneapolis: Ausburg Publishing House, 1990); *Food for Tomorrow?* (Minneapolis: Ausburg Publishing House, 1984) y (com Paul Minus) *Christian Responsibility in a Hungry World* (Nashville: Abingdon Press, 1976). Ver también John Cobb, Jr. "Ecological Agriculture" en http://www.religion-online.org/showarticle.asp?title=3603.

270 Traci Viinanen, "Breeding for Sustainability: Utilizing High-Throughput Genomics to Design Plants for a New Green Revolution", en *Sustainable Agriculture and New Biotechnologies*, ed. Noureddine Benkeblia (Hoboken: Taylor and Francis, 2011), 57.

271 Cobb, "Ten Ideas for Saving the Planet".

272 Philip Clayton, "Process Philosophy and Systems Management", en *Science and Ecological Civilization: A Constructive Postmodern Approach* (traducción al chino en 2015).

273 Una buena sinopsis en Tony Andréani, "Market Socialism: Problems and Models", en Bidet and Kouvelakis, *Critical Companion to Contemporary Marxism* (Leiden: Brill, 2008), 233–54. Disponible on-line http://www.marx.be/Prime/ENG/Books/Bidet_Contemporary_marxism.pdf.

274 Pat Devine, *Democracy and Economic Planning: The Political Economy of a Self-Governing Society* (Cambridge, UK: Polity, 1988).

275 Michael Albert and Robin Hahnel, *The Political Economy of Participatory Economics* (Princeton: Princeton University Press, 1991).

276 John Roemer, *A Future for Socialism* (Cambridge: Harvard University Press, 1994). Hay versión española, *Un futuro para el socialismo*, Crítica, Grijalbo, Mondadori, Barcelona 1995.

277 Paul Cockshott and Allin Cottrill, *Towards a New Socialism* (Nottingham:

Spokesman, 1993), hay versión española on-line, *Hacia un nuevo socialismo*, http://www.dcs.gla.ac.uk/~wpc/reports/tns_spanish.pdf . Ver también Bidet and Kouvelakis, *Critical Companion to Contemporary Marxism*, 236.

278 Ver Pranab Bardhan and John Roemer eds. *Market Socialism: The Current Debate* (Oxford: Oxford University Press, 1993); John Roemer, "Can There Be Socialism after Communism?" *Politics and Society* 3 (1992): 269.

279 Andréani, "Market Socialism" en Bidet and Kouvelakis, *Critical Companion to Contemporary Marxism*, 244.

280 Roemer, *A Future for Socialism*, 269.

281 Thomas Weisskopt, "A Democratic Enterprise-Based Market Socialism", en Pranab Bardhan and John Roemer eds. *Market Socialism: The Current Debate* (Oxford: Oxford University Press, 1993).

282 Bidet and Kouvelakis, *Critical Companion to Contemporary Marxism*, 252.

283 Bidet and Kouvelakis, op. cit., pag. 252–53.

284 Ibid.

285 Bidet and Kouvelakis, op. cit., 251.

Capítulo 14

286 John Cobb, Jr., *Is It Too Late? A Theology of Ecology* (Beverly Hills, CA: Bruce, 1972). No podemos dejar que mencionar que *ningún* libro de John Cobb ha sido traducido alguna vez al castellano (n. del t.).

287 Rousseau, *Discurso sobre el origen de la desigualdad entre los hombres*, 2da parte. De la versión Espasa-Calpe, Madrid, 1923. Cf. https://www.marxists.org/espanol/rousseau/disc.pdf.

288 Las conversaciones tenidas con Brianne Donaldson han influenciado esta sección y le estamos muy agradecidos.

289 Cf. Joerg Rieger, *No Rising Tide: Theology, Economics, and the Future* (Minneapolis: Fortress Press, 2009).

290 Tom Rockmore, *Marx after Marxism: The Philosophy of Karl Marx* (Oxford: Blackwell Publishers, 2002), 197.

291 Murray Bookchin, *Remaking Society: Pathways to a Green Future* (Boston: South End Press, 1990). Obras de Murray Bookchin en castellano: *La Ecología de la Libertad*. Nossa y Jara Editores/Colectivo. Los Arenalejos, Madrid, 1999; *Ecología Libertaria, Madre Tierra*, Madrid 1991; *Historia, Civilización y Progreso*. Nossa y Jara Editores, Madrid, 1997; *Los anarquistas españoles: los años heroicos, 1868–1936*. Grijalbo, Barcelona ,1980 y Ed. Numa, Valencia, 2001; *Por una sociedad ecológica*. Ed. Gustavo Gili,

Barcelona, 1978; *El anarquismo en la sociedad de consumo.* Ed. Kairós, Barcelona, 1974; *Los límites de la ciudad.* Ed. Hermann Blume, Madrid 1974.

292 Cf. Philip Clayton, *Science and Ecological Civilization: A Constructive Postmodern Approach.* Especialmente cap. 7, "Process Philosophy and Systems Management" (de pronta aparición en chino).

293 Como se sabe, los conceptos fundacionales del neoliberalismo y liberalismo norteamericano están en John Stuart Mill en *Sobre la Libertad.* Cf. https://es.wikipedia.org/wiki/Sobre_la_libertad . Disponible on-line http://www.ateismopositivo.com.ar/Stuart%20Mill%20John%20-%20Sobre%20la%20libertad.pdf.

294 Michael Walzer, *Thick and Thin: Moral Argument at Home and Abroad* (Notre Dame: University of Notre Dame Press, 1994).

295 *Workers Vanguard* 1032 (October 18, 2013), http://www.icl-fi.org/english/wv/1032/ecosocialism.html Por cierto, al compartir esta afirmación no apoyamos las referencias hostiles al Marxismo Orgánico hechas por sus autores en otra parte del artículo.

296 Vea en http://350.org/ fotografías del activismo mundial en torno al cambio climático.

www.ingramcontent.com/pod-product-compliance
Lightning Source LLC
Chambersburg PA
CBHW031621160426
43196CB00006B/228